한국의 사리 신앙 연구

사찰연구총서 · 2

적멸보궁의 시원을 찾아서

한국의 사리 신앙 연구

오대산
월정사 편

자현, 남무희, 장미란,
장석재, 이원석, 원혜영

운주사

머리말

자장 스님과 적멸보궁의 역사

한국불교에는 "야산제일통도사野山第一通度寺 고산제일월정사高山第一月精寺"라는 말이 있다. 이는 낮은 산의 가람 중 첫째는 통도사고, 높은 산의 사찰 중 최고는 월정사라는 의미이다. 하고 많은 절들 중 왜 하필 통도사와 월정사일까? 그것은 부처님의 사리가 모셔진 우리나라의 가장 대표적인 사찰이 이 두 곳이기 때문이다. 즉 이 말은 불사리佛舍利를 모신 적멸보궁을 기준을 삼고 있는 것이다.

부처님의 사리를 모신 사찰을 5대 보궁으로 일컬을 때도 있다. 이때는 통도사와 월정사 외에도 태백산 정암사와 사자산 법흥사, 그리고 설악산 봉정암이 들어간다. 이들의 공통점은 모두 자장 스님이 중국 오대산에서 문수보살에게 받아온 사리를 모신 사찰이라는 것이다. 즉 자장스님에 의한 불사리라는 공통점이 있다. 이렇게 놓고 본다면, 자장스님이야말로 한국사리 신앙의 개창자요, 보궁 신앙의 확립자라고하겠다. 이러한 5대 보궁 중 다시 핵심을 뽑은 것이 바로 통도사와 월정사이다.

5대 보궁은 경남 통도사의 1곳을 제외하면, 4곳이 모두 강원도의 인접 지역에 밀집되어 있다. 이 중 사격寺格이나 위치에 있어서 정암사·법흥사·봉정암은 월정사와 비견될 수 없다. 그래서 남북의 최고 불사리가 모셔진 곳으로 통도사와 월정사가 쌍벽을 이루게 되는 것이다.

그런데 월정사에 불사리를 모신 적멸보궁이 존재하는가? 그렇지 않다. 정확한 불사리 봉안처는 월정사가 아니라, 바로 오대산 사자암 위의 중대中臺이다. 월정사가 속한 오대산은 5방에 다섯 봉우리가 연꽃처럼 둘러 있는 모습이 중국 오대산과 흡사하다고 해서 붙은 명칭이다. 이 오대산의 다섯 봉우리를 각각 동대·남대·서대·북대·중대라고 하는데, 적멸보궁은 이 중 중대에 위치한다.

그런데 왜 중대가 아닌 월정사를 통도사와 병칭하는 것일까? 그 이유는, 오대산은 특이하게도 산 전체가 문수성지로 묶인 하나의 성산聖山이기 때문이다. 한국불교에서 산 전체가 특정 보살의 성산인 경우는 북한 법기法起보살의 성산인 금강산과 남한의 문수성지 오대산뿐이다. 금강산이 그리운 산하라는 점을 고려한다면, 현재는 오대산이 유일한 성산이라고 하겠다. 이 오대산의 총괄 사찰이 바로 월정사이다. 그러므로 통도사와 병칭되는 월정사 속에는 중대의 의미가 포함된다. 즉 이런 경우 월정사는 광의적인 것으로 '월정사＝오대산'의 의미인 것이다.

오대산 중대 적멸보궁은 최고의 명당으로도 유명하다. 전해오는 말에 의하면, 조선 영조 때 암행어사로 유명한 기은耆隱 박문수朴文秀가 불교를 싫어해서 탄압하다가 중대 적멸보궁에 와 보고는 "어떤 복으로 승려들이 좋은 기와집에서 신도들의 공양으로 편히 사는지 궁금했었는데, 이렇듯 제 조상의 묘가 훌륭한 명당이었기 때문이구나"라고 하면서, 불교탄압을 그만두었다고 한다. 이를 통해서 본다면, 월정사와 통도사를 아울러 말하는 것에는 최고의 명당이라는 의미도 존재한다고 하겠다. 물론 이런 경우 통도사는 지형지세로 봤을 때 중대 적멸보궁에 미치지 못한다.

사실 자장 스님의 창건과 관련해서도 월정사는 643년(선덕여왕 12) 스님이 당나라에서 귀국한 그해에 창건된 반면, 통도사는 645년 황룡사 9층목탑을 완공하고 이듬해인 646년에 개창된다. 즉 월정사가 통도사에 비해서 3년 먼저 건립된 것이다. 이는 자장 스님이 중국 오대산의 태화지太和池에서 문수보살에게 기도 후 감응하여 불사리를 전해 받고, 문수보살의 명으로 한국 오대산을 개창하여 문수성지로 만든 것을 통해서도 이해될 수 있다. 즉, 오대산이야말로 통도사보다도 자장 스님에게는 더욱더 의미가 깊은 사찰인 것이다.

그래서인지 부처님의 사리를 모신 적멸보궁이라는 표현도 오대산 중대에서 가장 먼저 나타나게 된다. 우리는 흔히 적멸보궁 하면 의례히 통도사를 생각하지만, 실제로 통도사에 적멸보궁이라는 표현이 나타나는 것은 100여 년 정도밖에 되지 않았다. 즉 지금은 일반화되어 있는 적멸보궁이라는 명칭이 사실은 중대에서 시작된 것이며, 이것이 점차 확대되는 가운데 통도사도 이 명칭을 취한 것일 뿐이다. 이렇게 놓고 본다면, 보궁 중의 보궁은 오대산 중대라는 판단도 가능하다.

유사 이래 오늘날처럼 한국불교에 사리가 많은 때도 없다. 일정 규모의 사찰들은 거개가 부처님 사리를 모신 사리탑을 가지고 있다. 그러나 어떻게 과거에는 없던 부처님 사리가 현대에 급격하게 많아질 수 있겠는가? 혹자는 남방불교권에서 모셔온 것이라고 하지만, 불교국 가에서 부처님 사리를 다른 국가에 준다는 일이 과연 가능할까? 상식적으로 통도사나 오대산 중대의 사리를 한국불교에서 다른 국가의 사찰에 기증하는 일이 존재할 수 있을까? 조금만 생각해 보면, 이러한 일들은 모두 다 불가능하다는 판단에 도달한다. 그럼에도 현대 한국불교에는 부처님 사리라고 칭해지는 사리들이 너무나도 많다.

그래서 우리는 한국 불사리 신앙의 연원과 중국·인도의 사리 문화까지, 학문적이면서 체계적으로 궁구해 볼 필요를 인식하게 되었다. 그래서 월정사에서는, 올해로 창립 40주년이 되는 불교학회와 더불어 '오대산 적멸보궁과 사리 신앙의 재조명'이라는 세미나를 개최하였다. 이를 통해서 우리는 이제 자장 스님을 기원으로 하는 적멸보궁의 역사와, 인도의 부처님 화장에서부터 시작되는 사리와 사리 신앙의 역사를 살피고, 중국과 우리나라에 이르는 사리 문화의 대장정을 확인해 보게 된다. 이는 일찍이 없었던 한국불교 1,600년의 쾌거에 다름 아니다.

이로써 우리는 단순히 공덕이 된다는 것만으로 불사리가 모셔진 보궁을 찾는 것을 넘어서, 그 완전한 의미를 알고서 성취할 수 있게 된 것이다. 이렇게 되면 그 공덕이 부처님을 뵙는 것과 같아지고, 이 세계는 그대로 불국토로 깨어나게 될 것이다.

월정사에서 적멸보궁을 향해 앉아, 교무 자현 씀

제1장

자장의 오대산 개창과 중대 적멸보궁

●

염중섭(자현)

(동국대학교(서울) 교양교육원 교수)

Ⅰ. 서론

자장慈藏은 한국불교에서 불사리佛舍利를 통한 보궁 신앙寶宮信仰을 확립한 인물이다.[1] 국찰國刹인 황룡사에 자장이 당에서 모셔온 많은 사리들이 봉안되었지만, 이는 자장의 창건 사찰은 아니다. 또 자장의 원찰 정도로 이해되는 태화사 역시 현재는 위치를 확인할 수 없다. 그러므로 자장이 창건한 보궁사찰로 가장 비중 있는 것은 통도사와 오대산五臺山 중대中臺이다. 게다가 오대산 중대와 같은 경우는 단순한 적멸보궁寂滅寶宮을 넘어서 산 전체가 문수 신앙에 의한 성산聖山으로 거듭난다는 점에서, 자장의 역할이 무척 크게 작용하고 있다.

그런데 자장과 관련해서는 도선道宣에 의한 중국자료와, 일연(一然, 1206~1289)을 필두로 하는 한국자료의 차이가 크게 나타나고 있어 주의가 요구된다. 이 두 자료의 차이는 '자장의 입당入唐 목적과 입당 연도', 그리고 '명주溟州에 갔느냐와 간 시기'에 관한 것이다.

본고에서는 자장에 대한 기존 자료들을 면밀히 분석하고, 특히 일연

---

1 한국불교의 초전기에 신앙 대상이 사리를 중심으로 하는 거대한 木塔이었다는 것은, 고구려의 定陵寺址와 淸岩里寺址(金剛寺址) 등의 유적을 통해서 확인된다 (朱南哲, 『韓國建築史』, 高麗大出版部, 2006, p.71). 그러나 신앙 대상이 점차 탑 중심에서 불상 중심으로 옮겨지는 과정에서 佛舍利를 통한 寶宮을 개창하고, 이 같은 신앙전통을 확립한 것은 慈藏이다. 이는 오늘날까지도 寶宮은 단순히 사리를 모신 것이 아닌, 慈藏에 의해서 移運된 사리가 모셔진 곳이라는 등식이 성립되어 있는 것을 통해서 확인해 볼 수가 있다.

에 비해서 40년 정도 늦지만 일연과 거의 비슷한 자료를 본 것으로
판단되는 민지(閔漬, 1248~1326)의 『오대산사적기五臺山事跡記』를 활
용하여 일연의 관점에 대한 보충을 시도해 보고자 하였다.

이를 통해서 우리는 『삼국유사三國遺事』에서 자장의 입당 목적으로
기록하고 있는 '중국 오대산의 문수 친견'과, 도선의 「자장전慈藏傳」에
의한 '장안 선진불교와의 교류' 중 더 타당한 가능성을 도출해 보게
된다. 또 이와 함께 자장의 입당 연도로 확인되는, 일연의 636년 설과
도선의 638년 설의 두 가지 중 어느 것이 더 개연성이 큰지를 살펴볼
것이다. 그리고 아울러서 이와 같은 왜곡이 발생하는 이유들에 대해서
도 고찰해 보고자 한다.

다음으로는, 자장이 당에서 신라로 귀국하자마자 명주의 오대산을
찾았다는 일연의 기록에 대한 타당성에 대해 검토한다. 이는 도선의
기록에서는 발견되지 않는 부분이기 때문에, 당시의 시대상황과 역학
관계 등을 통해서 고찰해 볼 것이다. 이를 통해서 자장의 명주행溟州行이
귀국 직후의 오대산 개창과 만년의 수다사水多寺·정암사淨岩寺 창건과
관련된 두 부분으로 살필 수 있지만, 사실은 한 부분으로 통합되는
것이 바람직함을 밝혀 보고자 했다.

그리고 끝으로, 오대산 중대 보궁의 사리 문제와 지세地勢를 활용한
특수한 형태에 대한 내용 분석을 통해서, 황룡사나 통도사와는 완연히
다른 중대 보궁의 특징에 관해 검토해 보고자 한다.

이상과 같은 노력들을 통해서 우리는 자장의 오대산 개창과 중대
보궁의 특징에 대한 보다 종합적이고 명확한 인식에 도달할 수 있을
것이다. 오늘날 한국불교에는 다양한 보궁들이 존재한다. 그러나 그

시원을 이루는 것은 자장이라는 점에서, 오대산 및 중대와 관련된 자장의 행적과 보궁에 대한 인식을 검토하는 본고는 충분한 타당성을 확보하리라 판단된다.

Ⅱ. 자장의 입당 목적과 한국 오대산

1. 자장 관련 자료와 문제점

자장은 원광圓光과 더불어 중고中古 시대[2] 불교를 대표하는 가장 이른 시기의 승려이다. 이는 자장에 대한 자료가 상대적으로 적을 수밖에 없다는 것을 의미한다. 그럼에도 자장의 '계율戒律'과 '문수 신앙' 및 '비조격 인물의 특수성'은, 자장이 『삼국유사』를 통틀어 가장 많이 등장하는 승려가 되도록 한다. 실제로 『삼국유사』에 보이는 자장의 등장 빈도나 위상은 한국불교를 대표하는 원효元曉나 의상義湘(相)을 능가한다.[3] 이는 한국불교에서 자장이 차지하는 위치를 단적으로 나타내준다.

그럼에도 불구하고 자장과 관련된 두 자료군인 '중국자료'와 '한국자료' 사이에는 커다란 이견이 존재하고 있어 주목된다. 먼저 두 자료군을

---

2 이는 唐 道宣의 歷史認識(『續高僧傳』 1, 「序」, T.50, p.425a)에 의한 것으로, 一然은 이를 수용하고 있다.

3 廉仲燮, 「『五臺山事跡記』「第1祖師傳記」의 수정인식 고찰-関漬의 五臺山佛教 인식」, 『國學研究』 제18집(2011), p.233.

梵海覺岸의 『東師列傳』 卷1(韓佛全10, 995a~997c)은 '①阿道 → ②元曉 → ③義湘 → ④慈藏' 순으로 되어 있어 연대와 무게비중이 혼재되어 있는 모습을 보이고 있다.

간략히 도시해 보면 다음과 같다.

NO	자장 관련 중국자료	자장 관련 한국자료
1	『續高僧傳』卷24,「唐新羅國大僧統釋慈藏傳」	『三國遺事』卷4,「慈藏定律」
2	『續高僧傳』卷15,「唐京師普光寺釋法常傳」	『三國遺事』卷3,「皇龍寺九層塔」
3	『法苑珠林』64,「唐沙門釋慈藏」	『三國遺事』卷3,「臺山五萬眞身」
4	『歷代編年釋氏通鑑』卷7,〈釋慈藏〉」	『三國遺事』卷3,「前後所將舍利」
5	『品高僧摘要』卷3,「慈藏傳」	『五臺山事跡記』,「奉安舍利開建寺庵第一祖師傳記」
6		『東師列傳』卷1,「慈藏傳」
7		『通度寺誌』,「通度寺舍利袈裟事蹟略錄」
8		『通度寺誌』,「通度寺創祖慈藏行蹟」
9		『通度寺誌』,「慈藏律師行蹟」
10		『三國史記』卷5,「新羅本紀」5
11		「皇龍寺刹柱本紀」

　　자장에 대한 중국자료의 인식은, 자장 당대에 도선에 의해서 기록된 『속고승전續高僧傳』의 「자장전」의 관점으로 통일되어 있다. 즉 도선 이외의 중국자료들은 도선의 기록을 축약한 정도에 그친다. 그러므로 중국자료는 도선의 「자장전」과 이를 보충해줄 수 있는 같은 도선 찬술의 「법상전法常傳」이 전부라고 할 수 있다. 도선의 기록이 주목되는 것은, 장안長安 종남산終南山에서 자장과 직접 교류한 인물이며, 또한 이것이 자장 생존 시의 기록이라는 점이다. 이는 매우 높은 신뢰도를 확보할

수 있는 부분이다.[4]

  한국자료의 경우에는 『삼국유사』「자장정율慈藏定律」조가 대표적이다. 찬자인 일연은 선행하는 고전古傳과 향언鄕言으로 된 자료들을 종합해서 「자장정율」을 완성한 것으로 판단된다. 이는 1307년의 『오대산사적기』「봉안사리개건사암제일조사전기奉安舍利開建寺庵第一祖師傳記(이후 제1조사전기)」에서 민지가 자장과 관련된 향언의 기록들을 한문으로 재편집하는 것을 통해서 인식해 볼 수 있다.[5] 즉 한국자료는 자장과 관련된 고기와 향언들이 일연과 민지에 의해서 한문으로 재편집되고 있는 것이다. 이 외에 872년의 「황룡사찰주본기皇龍寺刹柱本紀」와 『삼국사기三國史記』가 부분적이지만 중요한 자료이다. 범해梵海의 『동사열전東師列傳』은 『삼국유사』와 1676년의 비슬산琵瑟山 용연사龍淵寺 「여래사리비如來舍利碑」의 내용이 섞여 있어 자장과 관련해서는 다소 혼란스럽다.[6] 또 『통도사지通度寺誌』와 같은 경우는 후대에 『삼국유사』를 바탕으로 짜깁기된 것으로, 참고자료는 될 수가 있어도 그 이상의 가치는 없다. 즉 자장 관련 한국자료는 「자장정율」과 「제1조사전기」가

---

4 辛鍾遠,「慈藏의 佛敎思想에 대한 再檢討-初期戒律의 意義」,『韓國史硏究』제39호 (1982), p.4 ; 남동신,「慈藏의 佛敎思想과 佛敎治國策」,『韓國史硏究』제76호(1992), p.4.

5 『五臺山事跡記』,「信孝居士親見五類聖事蹟의 関瀆跋文部分」, "自經兵火以來國步多艱 供養屢絶 寺亦頹圮已甚 沙門而一見之慨然發嘆旣已 殫力修葺來謂余曰 是山之名 聞於天下 而所有古稽皆羅代鄕言 非四方君子所可通見 雖欲使人能究是山寺之靈異 豈可得乎 若他日或有天使 到山而求觀古記 則其將何以示之哉 願以文易其卿言 使諸觀者 明知大聖靈奇之跡 如日月皎然耳 予聞其言 以爲然 雖自知爲文不能副其意 亦重違其請而筆削云爾."

6 『東師列傳』1,「慈藏傳」(韓佛全 10, 997b·c).

가장 중요한 자료인 것이다.

중국자료와 한국자료 사이에는 매우 큰 차이가 있다. 이러한 차이는 크게 4가지로 요약될 수 있다. 첫째는 자장의 입당 목적이 장안의 선진불교에 대한 교류냐, 중국 오대산의 문수 친견이냐에 대한 것. 둘째는 자장의 입당 연도가 선덕(여)왕善德(女)王 5년(貞觀 10년)인 636년이냐, 7년(貞觀 12년)인 638년이냐에 대한 것. 셋째는 자장이 귀국 직후 경주로 갔느냐, 한국 오대산으로 갔느냐에 대한 것. 마지막 넷째는 자장의 열반이 명주에서 이루어졌느냐에 대한 것이다. 넷째 부분은 도선의 「자장전」 같은 경우 자장 생존 시의 기록이기 때문에 자장의 최후에 대해서는 기록하고 있지 않다. 그러므로 이는 한국자료에 대한 타당성의 문제라고 하겠다.

이 중 첫째와 둘째는 상호 연결될 것이므로 묶어서 접근하는 것이 가능하다. 또 셋째와 넷째 역시 같은 명주 지역과 관련된다는 점에서 하나로 묶어 볼 수가 있다. 그러므로 중국자료와 한국자료의 4가지 차이점은 실질적으로는 '자장의 입당 목적과 연도', 그리고 '자장의 명주 지역 방문'이라는 2가지로 크게 축약해 볼 수 있다.

2. 자장의 입당 목적과 연도 문제

자장의 입당 목적과 관련해서, 『삼국유사』는 자장이 '중국 오대산의 문수보살을 친견하기 위해서'라고 기록하고 있다. 이는 「대산오만진신臺山五萬眞身」조에 "처음에 법사가 중국 오대산의 문수진신을 친견코자 한 것은 선덕왕 대인 정관 10년 병신(636년)의 입당 때이다"[7]라는 기록, 「자장정율」조의 "인평 3년 병신년(636)에 칙명을 받아 문인 승실僧實

등 10여 명과 더불어 서쪽 당나라로 들어갔다. 청량산을 참배하니, 만수대성曼殊大聖의 소상이 있었다"[8]라는 것, 또 「황룡사9층탑」조의 "신라 제27대 선덕왕 즉위 5년인 정관 10년 병신에, 자장법사가 서쪽으로 유학하였다. 이에 오대산에서 문수에게 법을 받는 감응이 있었다"[9]라는 것, 그리고 「황룡사장륙」조의 "뒤에 대덕 자장이 서쪽으로 유학하여 오대산에 이르렀다. 문수가 현신으로 감응하여 구결을 주며 부촉했다"[10]라는 대목을 통해서 확인해 볼 수 있다.

그러나 도선의 「자장전」은 자장의 입당이 장안의 선진불교문화에 대한 수용 정도로 적고 있고 오대산과 문수에 대한 언급은 전혀 없다.[11] 즉 자장의 입당과 관련해서 '중국 오대산의 문수 친견'과 '장안의 선진불교 수용'이라는 완전히 이질적인 두 가지 주장이 존재하는 것이다.

---

7 『三國遺事』 3, 塔像第四 「臺山五萬眞身」(T.49, p.998b), "初法師欲見中國五臺山文殊眞身以善德王代貞觀十年丙申(唐僧傳云十二年今從三國本史)入唐."

8 『三國遺事』 4, 義解第五 「慈藏定律」(T.49, p.1005a·b), "以仁平三年丙申歲(卽貞觀十年也)受敕與門人僧實等十餘輩西入唐謁淸涼山山有曼殊大聖塑相."

9 『三國遺事』 3, 塔像第四 「皇龍寺九層塔」(T.49, p.990c), "新羅第二十七善德王卽位五年貞觀十年丙申慈藏法師西學乃於五臺感文殊授法(詳見本傳)."

10 『三國遺事』 3, 塔像第四 「皇龍寺丈六」(T.49, p.990b), "後大德慈藏西學到五臺山感文殊現身授訣仍囑."

11 우리가 道宣의 기록을 전부 수용할 수 없는 가장 큰 이유는 바로 太和寺이다. 太和寺는 중국 오대산 太和池의 감응에 의한 것을 기념해 慈藏이 현재의 울산에 願刹처럼 창건한 사찰이다. 즉 중국 오대산의 영향이 아니고는 도저히 창건될 수 있는 사찰이 아니라는 말이다. 오늘날 울산의 도시 발달로 인하여 太和寺의 정확한 위치는 확인되지 않는다. 그러나 현재까지도 울산에는 太和洞·太和江·太和橋 등 太和寺의 영향에 의한 다양한 명칭들이 존재하고 있다.

두 가지 주장 중 어느 것이 옳다는 확정은 현재로서는 불가능하다. 그러나 당시의 시대상황에 따른 정황들은 일연보다는 도선 쪽을 지지하고 있다. 이와 같은 추정이 가능한 이유는 다음의 3가지이다.

첫째, 자장이 입당 시에 왕명을 획득하고 사신 및 제자와 함께 갔다는 점. 이는 「자장정율」에서 "인평 3년 병신에 칙명을 받아 문인 실實 등 승려 10여 인과 더불어 서쪽 당으로 들어갔다"는 것,[12] 「찰주본기」에서 "무술년(638)에 우리 사신 신통神通을 따라서 서국西國에 들어갔다"는 것,[13] 또 「자장전」에서는 "정관 12년(638)에 무릇 문인 승려 실實 등 10여 인을 대동하고 신라에서 말하는 수도(장안)에 이르렀다"[14]는

---

12 『三國遺事』 4, 義解第五 「慈藏定律」(T.49, p.1005a·b), "以仁平三年丙申歲(卽貞觀十年也)受勅與門人僧實等十餘輩西入唐."

13 「皇龍寺刹柱本紀」, "戊戌歲隨我使神通入於西國."

14 『續高僧傳』 24, 「唐新羅國大僧統釋慈藏傳」(T.50, p.639b), "以貞觀十二年將領門人僧實等十有餘人東辭至京."
「慈藏傳」에는 善德王의 勅命에 대한 부분이 직접적으로는 언급되어 있지 않지만, 慈藏이 入唐 직후 長安에서 唐太宗에 의해 勝光別院에 머물게 된다는 기록(蒙勅慰撫勝光別院厚禮殊供)을 통해서 간접적으로 개연성을 추정할 수 있는 부분이 확보된다.
또 慈藏은 皇帝에게 존숭을 받고, 귀국과 관련해서는 황제 및 태자에게까지 존중을 받았다는 것으로 나타난다(『三國遺事』 4, 義解第五 「慈藏定律」 T.49, p.1005b, "詔許引入宮賜絹一領雜綵五百端東宮亦賜二百端.";『續高僧傳』 24, 「唐新羅國大僧統釋慈藏傳」 T.50, p.639b·c, "貞觀十七年本國請還啓勅蒙許引藏入宮賜納一領雜綵五百段東宮賜二百段仍於弘福寺爲國設大齋大德法集幷度八人又勅太常九部供養藏以本朝經像彫落未全遂得藏經一部幷諸妙像幡花蓋具堪爲福利者齎還本國"). 이 역시 자장의 위치를 말해주는 것으로 사신과 함께 入唐했을 개연성을 증대시켜 준다.

것을 통해서 확인해 볼 수 있다.

그러나 『삼국사기』·『구당서舊唐書』·『신당서新唐書』에는 635~638
년 사이에 사신을 파견한 기록이 전혀 나타나지 않는다. 그러므로
이를 확증하는 것에도 문제가 없지는 않다. 그렇지만 『삼국사기』 권5에
서 보이는, 선덕왕 원년·2년·11년의 사신에 대한 기록들도[15] 중국
사서에는 전혀 언급되고 있지 않다. 그러므로 이를 가지고 칙명설을
문제 삼는 것 역시 무리가 있다.[16]

사신과 함께 가는 칙명설을 수용할 경우에 자장만 경로를 이탈해서
섬서성陝西省이 아닌 산서성山西省으로 갔다는 것은 이해하기 어렵다.
그러므로 산서성 오대산이 목적이었다는 주장은 성립하기 어렵게 된다.

둘째, 당시의 3국 정세 상 육로가 아닌 당항성黨(党)項城을 통해
해로로 갔을 것이라는 점. 이는 「제1조사전기」의 "서쪽 대양에 떠서
명命을 위태로운 목선에 의탁했다. (그러나) 마음은 보주寶洲만을
생각하며 당에 들어갔다"[17]라는 구절을 통해서 인지해 볼 수 있다.

육로로 가게 된다면, 산서성의 오대산 쪽으로도 접근하는 것이 가능
하다. 시대와 환경은 다르지만, 여말의 무학 자초無學自超와 정지국사正
智國師 지천智泉과 같은 경우에는 현재의 북경인 원元의 대도大都로

---

15 『三國史記』 5, 「新羅本紀」 5, "善德王-元年, 十二月, 遣使入〈唐〉朝貢. ; 二年,
   秋七月, 遣使大〈唐〉朝貢. ; 十一年, 八月又與〈高句麗〉謀欲取〈党項城〉, 以絶歸
   〈唐〉之路. 王遣使告急於〈太宗〉."

16 金英美는 이를 쌍방 史書의 동시 누락으로 보았다(「慈藏의 佛國土思想」, 『韓國史
   市民講座[제10집]』, 一潮閣, 1992, p.5).

17 『五臺山事跡記』, 「奉安舍利開建寺庵第一祖師傳記」, "西浮大洋命寄剡木心懸寶
   洲入於六唐."

인가認可 유학 과정에서 오대산을 들르고 있는 모습이 살펴진다.[18] 그러나 해로로 간다면 오대산은 장안에 비해서 접근이 훨씬 용이하지 않다. 이런 점을 고려한다면, 오대산이 목적이었다는 주장은 타당성이 약해질 수밖에 없다.

셋째, 당시 중국 오대산은 신앙적으로 아직 정비되지 않았다는 점. 오대산이 성산聖山으로 완성되는 것은, 당이 세계제국으로서의 위상을 정립하는 것과 관련된 것으로 판단된다.[19] 이는 원나라 시기 원의 최동단인 고려에 법기보살法起菩薩의 성산인 금강산金剛山이 성립되는 것과 궤를 같이 하는 것으로 이해될 수 있기 때문이다.[20] 즉 세계제국의 성립과 안정에 따른 자신감이, 불교의 신앙적인 세계관을 제국 안에 인입引入시키고 있는 것이다. 주지하다시피 오대산과 금강산에 각각 문수보살과 법기보살을 비정하는 배경은 『화엄경華嚴經』 「보살주처품菩薩住處品」이다. 즉 당과 원이라는 세계제국은 각기 자기 지배권 안에서 불교의 신앙적인 세계관을 확인하는 작업을 전개하고 있는 것이다.

그런데 자장 당시는 당이 성립되고 얼마 지나지 않았을 때이므로, 오대산의 신앙 체계가 완전히 확립되지 않은 상황이었다. 자장은 실차난타實叉難陀의 80권 『화엄경』이 번역(695~699)되기 이전 인물이다. 그러므로 불타발타라佛馱跋陀羅의 60권 『화엄경』 번역본(418~420)과

---

18 「檜巖寺無學王師妙嚴尊者塔碑文」; 姜好鮮, 「高麗末 懶翁惠勤 研究」, 博士學位論文(서울大學校 大學院, 2011), pp.293~294.

19 朴魯俊, 「五臺山信仰의 起源研究-羅·唐 五臺山信仰의 比較論的 考察」, 『嶺東文化』 제2호(1986), pp.58~62.

20 許興植, 「제1장 指空禪賢」, 『高麗로 옮긴 印度의 등불』(一潮閣, 1997), pp.47~50.

화엄종의 실질적인 완성자인 현수 법장賢首法藏이 존재하기 이전에
『화엄경』「보살주처품」에 입각한 청량산淸涼山과 오대산의 연결은
후대처럼 견고하지 못했다. 또 오대산의 완비는 자장보다 늦은, 밀교의
불공(不空, 705~774)[21]과 화엄종의 청량 징관(淸涼澄觀, 738~839)[22]에
의한 것이다. 그러므로 자장의 시대에는 오대산의 비중이 점차 강하게
대두하기 시작하는 시기라 할 수 있다. 이런 상황에서 자장이 경주에서
오대산을 목적으로 입당했다는 것은 설득력이 떨어진다.

이러한 3가지의 타당한 이유 검토를 통해서,『삼국유사』에서 말하는
'자장이 오대산의 문수보살 친견을 목적으로 입당했다'는 주장은 용납
되기 어렵다는 것을 확인해 볼 수가 있다. 그렇다면 일연은 왜 자장의
입당 목적이 오대산의 문수 친견이었다고 적고 있는 것일까? 이는
자장과 문수 신앙을 보다 강하게 묶으려는 후대의 국내 불교인식에
의한 자료가 일반론을 형성하고 있었고, 이를 일연이 무비판적으로
정리했기 때문으로 판단된다.

실제로『삼국유사』를 면밀히 검토해 보면, 자장이 오대산의 문수보
살을 친견하기 위해서 입당한 것은 일반론이었고, 이와는 다른 이견,
즉 장안을 들른 이후에 오대산을 갔다는 기록도 있었던 것으로 보인다.

---

21 朴魯俊,「唐代 五臺山信仰과 不空三藏」,『關東史學』 제3호(1988), pp.27~34
; 朴魯俊,「唐代 五臺山信仰과 澄觀」,『關東史學』 제3호(1988), pp.109~111.

22 朴魯俊,「五臺山信仰의 起源硏究-羅·唐 五臺山信仰의 比較論的 考察」,『嶺東文
化』 제2호(1986), pp.61~67 ; 朴魯俊,「唐代 五臺山信仰과 澄觀」,『關東史學』
제3호(1988), pp.111~117 ; 盧在性(慧南),「澄觀의 五臺山 信仰」,『中央增伽大學
論文集』 제8호(1999), pp.7~17 ; 신동하,「新羅 五臺山信仰의 구조」,『人文科學硏
究』 제3호(1997), pp.21~23.

「대산오만진신」조에는 "(법사는) 두루 (중국 오대산의) 영적靈跡을 찾아보고 장차 동쪽으로 돌아가려고 하는데, 태화지太和池의 용이 현신하여 재齋를 청하여 칠 일 동안 공양하였다"는 기록이 있다.[23] 이를 보면 자장이 오대산을 찾은 시기가 동쪽, 즉 신라로 귀국하기 전으로 나타난다. 이 외에도 일연처럼 자장과 관련된 당시의 여러 자료들을 두루 열람하고 정리하는 위치에 있었던 민지 역시 원효의 『본전本傳』을 인용하여 "두루 천자의 영토를 다니며 선지식들을 참례하였다. (그러한) 연후에 비로소 오대五坮에 들어갔다"고 적고 있다.[24] 즉 민지는 일연과 달리 일반론을 취하고 있지 않은 것이다. 민지가 이렇게 판단하는 측면에는, 필자의 3가지 문제점 제기와 같은 논리적인 부정합성과 같은 관점이 작용했을 것으로 판단된다. 즉 민지는 '기록'과 '정황'이라는 양자의 관계를 통해서 보다 합리적인 결과를 도출하고 있는 것이다.[25]

자장의 일생에 있어서 가장 중요한 두 축은 '계율'과 '문수 신앙'이다. 특히 문수 신앙과 관련해서 사리와 가사를 받고 있으며, 이와 연관해 황룡사 9층목탑과 통도사가 건립되고 있다는 점에서 자장의 오대산 행 자체는 결코 부정될 수 없다.[26] 그러므로 『삼국유사』에서 자장의

---

23 『三國遺事』 3, 塔像第四 「臺山五萬眞身」(T.49, p.998c), "遍尋靈跡將欲東還太和池龍現身請齋供養七日."

24 『五臺山事跡記』, 「奉安舍利開建寺庵第一祖師傳記」, "乃善德王卽位七年戊戌西浮大洋命寄剎木 心懸寶洲入於六唐 周遊寶宇歷叅知識 然後始入五坮 …… (上出元曉所撰本傳)."

25 廉仲燮, 「『五臺山事跡記』 「第1祖師傳記」의 수정인식 고찰—閔漬의 五臺山佛教 인식」, 『國學研究』 제18집(2011) 참조.

입당 목적을 오대산의 문수 친견으로 설정한 것은, 후대의 인식에 의한 전도顚倒의 오류라고 하겠다. 그리고 이에 대한 역사적인 사실은, 장안의 행적 이후에 귀국과 관련하여 당나라의 불교 성적들을 답사하는 과정에서, 오대산에 이르러 문수보살을 친견한 것으로 정리될 수 있다. 즉 우리는 일연의 기록을 통해서 '자장의 오대산 문수 친견이라는 후행한 사실'과 '이것이 선행으로 바뀌어야 한다는 한국불교의 요청적 관점'을 읽을 수 있는 것이다.

필자는 바로 이 같은 충돌 과정에서 발생하는 또 다른 문제가 자장의 입당 연도 차이라고 생각한다. 즉 왜곡의 요구가 또 다른 왜곡을 파생하고 있다는 말이다.

자장의 입당 연도와 관련해서는 선덕왕 5년(貞觀 10년)인 636년 설과, 7년(정관 12년)인 638년 설의 두 가지가 있다. 이 중 첫째의 636년 설은『삼국사기』권5의 「신라본기」, 5[27]와『삼국유사』권3의 「대산오만진신」,[28]·「황룡사9층탑」,[29] 그리고 권4의 「자장정율」,[30]과『동

---

26 慈藏이 中國五臺山을 참배했다는 가장 확실한 증거가, 개인적으로는 太和寺라고 생각한다. 太和寺는 中國五臺山 太和池의 神異感應에 의해서 창건된 사찰이다. 만일 慈藏이 中國五臺山에 가지 않았다면, 이 같은 명칭의 寺刹은 존재할 수가 없다. 그러나 앞서 말했듯 太和寺로 인하여 현재까지도 울산에는 太和江·太和洞·太和樓와 같은, '太和'라는 명칭을 가진 많은 대상들이 존재하고 있어 大刹의 존재감을 과시하고 있다.

27 『三國史記』5,「新羅本紀」5, "善德王-05年: 〈慈藏〉法師入〈唐〉求法."

28 『三國遺事』3, 塔像第四「臺山五萬眞身」(T.49, p.998b), "以善德王代貞觀十年丙申(唐僧傳云十二年今從三國本史)入唐."

29 『三國遺事』3, 塔像第四「皇龍寺九層塔」(T.49, p.990c), "新羅第二十七善德王卽

사열전』 권1[31] 및 「자장율사행적」[32]이 있다. 둘째의 638년 설은『속고승전』 권24[33]와 이를 따르는『법원주림』 권64,[34]『역대편년석씨통감』권7,[35]『품고승적요』 권3[36]의 중국 자료들이 있으며, 이 외에 한국 자료로는 「찰주본기」[37]와 「제1조사전기」 및 「통도사사리가사사적약록」[38]이 여기에 해당한다. 『통도사지』에 수록되어 있는 「영골비명(사바교주석가세존영골사리부도비)」에는 "당나라 정관 18년(644)에 동토의 신승

位五年貞觀十年丙申慈藏法師西學乃於五臺感文殊授法(詳見本傳)."

30 『三國遺事』 4, 義解第五 「慈藏定律」(T.49, p.1005a), "以仁平三年丙申歲(卽貞觀十年也)受敕."

31 『東師列傳』 1(韓佛全 10, 997a), "唐太宗貞觀十年 新羅善德王三年丙申入唐."

32 『通度寺誌』, 「慈藏律師行蹟」, "仁平丙申." 韓國學文獻硏究所 編, 『通度寺誌』(亞細亞文化社, 1979), p.75.
그러나 「慈藏律師行蹟」에는 仁平丙申 다음에 注文으로 "卽貞觀三年也"라고 되어 있어 작자가 치밀하지 못한 분임을 잘 나타내주고 있다. 仁平丙申이란, 「慈藏定律」의 "仁平三年丙申歲(卽貞觀十年也)"를 가리키는 것으로 판단되기 때문이다. 이는 "卽貞觀三年也"의 다음에 "受勅與門人僧實等十餘輩入西"을 통해서도 확인된다. 이 부분은 「慈藏定律」조의 "受勅 與門人僧實等十餘輩西入唐"을 기록하려던 것으로 추정되기 때문이다.

33 『續高僧傳』 24, 「唐新羅國大僧統釋慈藏傳」(T.50, p.639b), "西觀大化以貞觀十二年."

34 『法苑珠林』 64, 「唐沙門釋慈藏」(T.53, p.779c), "至貞觀十二年來至唐國."

35 『歷代編年釋氏通鑑』, 「釋慈藏」(T.76, p.82c), "正觀十二年至京."

36 『品高僧摘要』, 「慈藏傳」(T.87, p.329a), "西觀大化以貞觀十二年."

37 「皇龍寺刹柱本紀」, "大王卽位七年大唐貞觀十二年我國仁平五年戊戌歲隨我使神通入於西國."

38 『通度寺誌』, 「通度寺舍利袈裟事蹟略錄」, "貞觀十二年入唐求法."; 韓國學文獻硏究所 編, 『通度寺誌』(亞細亞文化社, 1979), p.7.

자장이 서쪽으로 유학하여 천태산 운제사雲際寺에 이르러 범승 만수대사曼殊大士를 만나 공경히 세존의 영골사리를 받았다"³⁹라고 기록되어 있으나, 이는 재론의 여지가 없는 오기이다.

이 중 후대의 기록인『동사열전』이나『통도사지』같은 경우는 참조만 하는 정도로 차지해 놓고 보면, 우리는 국내자료의 636년 설과 도선에 의한 중국자료의 638년 설의 두 가지가 있으며, 국내자료 중에도 도선 기록을 따르는 것으로「찰주본기」와「제1조사전기」가 있다는 것을 알게 된다. 이 중「찰주본기」는 자료의 특성상 너무 단편적이기 때문에 왜 638년 설을 취했는지 알 수가 없다. 그러나「제1조사전기」와 같은 경우는 찬자인 민지가 여러 향전 자료들을 대조하고, 이 과정에서 합리성에 의한 취사선택을 했다는 것을 필자가「『오대산사적기』「제1조사전기」의 수정인식 고찰」을 통해서 밝힌 바 있다.⁴⁰ 그러므로 민지가 선행한『삼국사기』나『삼국유사』설인 636년을 취하지 않은 것은, 충돌하는 자료의 대조작업에 입각한 나름의 합리적 판단에 의한 것으로 이해될 수 있다. 또 도선이 자장과 교류한 당대인이라는 점에서 자장의 입당 연도에 대한 신뢰도는 도선 쪽이 더 높다고 판단된다.

그럼에도 불구하고 국내자료에 636년 설이 편만하게 퍼져서 일반화되고, 이것이 정사正史인『삼국사기』에까지 영향을 미치고 있다는

39 『通度寺誌』,「靈骨碑銘(裟婆教主釋迦世尊靈骨舍利浮圖碑)」, "唐貞觀(太宗)十八年東土神僧慈藏遊西至天台山雲際寺遇梵僧曼殊大士敬受世尊靈骨舍利." ; 韓國學文獻研究所 編,『通度寺誌』(亞細亞文化社, 1979), p.71.

40 廉仲燮,「『五臺山事跡記』「第1祖師傳記」의 수정인식 고찰-閔漬의 五臺山佛教인식」,『國學研究』제18집(2011) 참조.

것은 매우 특기할 만하다. 이와 관련해서 주목되는 것이, 바로 국내자료
가 주장하고 있는 자장의 입당 목적인 오대산의 문수 친견이다.

자장의 오대산 문수 친견은 귀국 직전 당에서의 최후 사건쯤으로
판단된다. 그러나 통일신라 하대에 발전하는 한국 오대산 문수 신앙의
확대와 고려 왕건의 오대산 존숭,[41] 그리고 고려의 건원칭제 및 중국과의
관계 변화로 인하여, 뒤에 발생한 오대산의 문수 친견이 도치되어
나오는 것이 아닌가 추정된다. 즉 오대산 신앙의 약진과 중국과의
관계 변화가 종교적이고 자주적인 해석으로 자장의 행적을 변모시킨
것이라는 말이다.

이러한 과정에서 뒤쪽 사건이 앞으로 옴으로 인하여 발생하는 시간의
문제를 보완하기 위해, 자장의 입당 연대가 2년 앞으로 당겨지게 되는
것이다. 즉 자장행장의 사건 순서가 후대의 인식과 요청이라는 무게비
중에 의해서 재편되면서, 자장이 장안에 머물렀던 연대가 분명하자
입당 연대를 끌어 올리는 방법이 사용되었을 것이라는 말이다. 여기에
는 사서史書에서 사신 교류가 불분명했던 점도 한 몫을 했을 것이다.

이러던 것이 후대로 오면서는 자장이 장안에 머물렀던 연대에 대한
기록들마저도 점차 불분명해지면서, 두 가지 입당 연대설이 대립한
것으로 추정된다. 이렇게 놓고 본다면, 우리는 김부식과 일연 및 민지의
시대에는 두 가지 입당 연대가 공존했고, 이 중 보다 보편적인 것이
636년 설이었다고 판단해 볼 수가 있다. 그렇기 때문에 김부식과 일연은
이를 취하고 있는 것이다.

---

41 『五臺山事跡記』,「閔漬事蹟記跋」, "我太祖肇開王業依古聖訓每歲春秋各納白米
二百石塩五十石別修供養而用資福利遂以爲歷代之恒規."

그러나 민지는 오대산을 중심으로 하는 여러 자료들을 집중적으로
대조하여『오대산사적기』를 정리하는 과정에서 보다 합리적인 판단을
하게 되고, 그 결과 638년 설을 취하고 있는 것으로 판단된다. 사실
민지는 오대산에 의뢰받아서 오대산 사적을 정리하고 있으므로, 보다
오대산에 유리한 입장을 취하는 것이 맞다. 그런데 민지는 자신이
기술하는『오대산사적기』전편에서 보다 합리적인 관점을 취하고 있으
며, 이는 다음 항에서도 살필 수 있다. 또 이에 대해서는 필자가 「『오대산
사적기』「제1조사전기」의 수정인식 고찰」을 통해서 정리해 놓은 바가
있으니, 본고에서 별도의 자세한 언급은 생략하고자 한다.

3. 자장의 오대산 개창과 명주 지역 문제

자장이 당시에는 변방인 동북방의 명주 지역을 찾게 되는 것은, 중국
오대산의 문수가 명주에 중국 오대산에 상응하는 문수주처文殊住處가
존재한다며 친견을 종용했기 때문이다. 이의 해당 내용을 적시해 보면
다음과 같다.

「대산오만진신」: (문수보살이) 가사 등을 주면서 부탁하여 말하였다.
"이는 본사 석가존의 도구이니, 당신이 잘 호지하십시오." 또 말하였다.
"당신 본국(신라)의 간방(艮方, 동북방)에 (속하는) 명주 경계에 오대산
이 있는데, 1만 문수가 항상 저곳에 살고 있으니, 당신은 가서 1만
문수를 친견하십시오." 말을 마치자 보이지 않았다.[42]

---

42 『三國遺事』3, 塔像第四「臺山五萬眞身」(T.49, p.998c), "仍以所將袈裟等付而囑
云此是本師釋迦尊之道具也汝善護持又曰汝本國艮方溟州界有五臺山一萬文殊

「제1조사전기」 : (문수보살이) 또 말하기를, "경의 본국, 명주 지역에
도 또한 오대산이 있으니, (이곳은) 1만 문수가 상주하는 진신의
장소입니다. 경이 본국으로 돌아가면 가서 친히 참배하십시오(이상은
『대산본기臺山本記』에 나온다).[43]

이러한 「대산오만진신」과 「제1조사전기」는 모두 한국 오대산과 관
련된 기록물이다. 특히 중국 오대산의 문수가 한국 오대산을 지정하고
있다는 점에서, 이는 한국 오대산의 당위성이 강하게 투영된 기록이라
고 할 수 있다.

자장이 명주의 오대산을 찾게 되는 것 역시 「대산오만진신」조에
"법사는 정관貞觀 17년(643, 선덕왕 12) 이 산(강원도 오대산)에 이르렀
다"고 나타난다. 이는 자장이 귀국한 해이다. 현재 오대산 월정사에서는
이를 기점으로 창건 연대를 비정하고 있다.[44]

자장의 귀국은 「자장정율」조에 의하면 선덕왕의 요청에 의한 것으로
나타난다.[45] 이는 자장이 신라에서 재상을 품수 받을 수 있는 최고
신분자로[46] 사신과 함께 입당했다는 내용과 전후가 잘 들어맞는다.

常住在彼汝往見之言已不現."

43 『五臺山事跡記』, 「奉安舍利開建寺庵第一祖師傳記」, "又曰卿之本國溟洲之地亦
有五坮山一萬文殊常住眞身之所也卿還本國可往親祭."

44 月精寺 編, 『五臺山-月精寺·上院寺』(月精寺, 未詳), p.16 ; 韓國佛敎硏究院, 『月精
寺(附)上院寺』(一志社, 1995), p.19 ; 한상길, 『月精寺』(大韓佛敎振興院, 2009),
p.16.

45 『三國遺事』 4, 義解第五 「慈藏定律」(T.49, p.1005b), "貞觀十七年癸卯本國善德王
上表乞還."

이런 점에서 이 기록을 신뢰한다고 가정할 경우에 왕의 요청에 의해서 귀국한 자장이 수도인 경주가 아닌 오대산을 먼저 방문한다는 것이나, 경주를 들러서 같은 해에 오대산을 갔다는 것은 납득하기 어렵다. 또 선덕왕 시기 동북방은 안정되지 못하고 혼란스러웠다.[47] 그러므로 귀족인 자장이 귀국 직후 오대산을 찾았다는 기록은 분명 문제점을 내포하고 있다.[48] 즉 이는 한국 오대산의 성세盛世와 관련된 후대의 종교적 주장이지, 이를 역사적 사실로 받아들이기에는 무리가 있다는 말이다.

그런데 민지는 「제1조사전기」에서 수도인 경주에 먼저 갔다가, 분황사와 황룡사에 주석해서 황룡사 9층목탑을 건립한 뒤에 오대산을 찾은 것으로 기록하고 있어 주목된다. 이의 해당 부분을 적시해 보면 다음과 같다.

정관 17년(643, 선덕왕 12) 계묘에 돌아왔다. (이에) 선덕왕이 대국통에 봉하고 아울러 분황사에 주석케 하였다. 정관 19년(645) 태화지 용의 말대로 황룡사 9층탑을 건립했다. (그리고) 저 오대의 범승이 준 바의 사리를 탑의 심주에 봉안했다. (이로) 인하여 황룡사에 주석하였

---

46 위의 책(T.49, p.1005a), "適台輔有闕門閥當議累徵不赴.";『續高僧傳』24,「唐新羅國大僧統釋慈藏傳」(T.50, p.639b), "物望所歸位當宰相頻徵不就.";『五臺山事跡記』,「奉安舍利開建寺庵第一祖師傳記」, "善德王聞師魁傑欲拜相國."

47 金福順,「新羅 五臺山事跡의 形成」,『江原佛教史 研究』(小花, 1996), pp.16~17 ; 박미선,「新羅 五臺山信仰의 成立時期」,『韓國思想史學』제28집(2007), p.148.

48 金相鉉,「三國遺事 慈藏 기록의 검토」,『天台宗 田雲德 總務院長 華甲紀念-佛教學論叢』(丹陽郡: 天台佛教文化研究院, 1999), pp.759~760.

34

다. …… 운운 / 후에 명주〔지금의 강릉이다〕의 오대산에 갔다. ……
〔원효가 찬술한 『전傳』에 나와 있다.〕⁴⁹

일설에 의하면, 조사가 곧 환국하여 범승이 준 바의 불의佛衣·불발佛鉢
·보리菩提⁵⁰·뇌골腦骨 등을 황룡사에 봉안하고 이에 그 절에 머물러
공양하였다. (그러다) 문수를 친견코자 하여, (문수를) 찾아 명주의
오대산으로 갔다. …… 〔이는 『대산본전기臺山本傳記』에 나와 있다.〕⁵¹

민지와 같은 경우는 오대산의 종교적인 요구보다도 여러 자료에
내포한 타당성을 더 우선하고 있는 것이다. 그것도 『오대산사적기』라
는 오대산 불교를 최대한 좋게 서술해야 하는 기록에서 이렇게 말하고
있다는 점에서, 민지의 관점이 일연에 비해서 더 타당하다고 판단된다.
　일연의 『삼국유사』에는 오대산 관련 항목이 「대산오만진신」·「명주

---

49 『五臺山事跡記』, 「奉安舍利開建寺庵第一祖師傳記」, "以貞觀十七年癸卯而還 善
　德王封爲大國統合住芬皇寺 貞觀十九年太和池龍之言立皇龍寺九層塔 以彼五臺
　梵僧所授舍利安于塔之心柱 因住皇龍寺 云云 後往溟州(今江陵也)五臺山 ……
　(出元曉所撰傳)."

50 菩提는 무엇을 말하는 것인지 불분명하다. 이를 菩提樹로 보기에는 오대산이
　너무 춥기 때문에 가능성이 없다. 전후의 내용을 통해서 살펴보면, 자장이 太和池
　의 龍에게 菩提(bodhi; 覺)를 구하기 위해서 왔다는 대목이 있다. 만일 여기의
　菩提가 그 菩提를 의미하는 것이라면, 찬술자인 閔漬의 불교 이해에 심각한
　문제를 확인해 볼 수 있어 주목된다.

51 『五臺山事跡記』, 「奉安舍利開建寺庵第一祖師傳記」, "一云師旣還國以梵僧所授
　佛衣佛鉢菩提腦骨等入安皇龍寺仍留其寺而供養 爲欲面見文殊尋往溟州五臺山
　到今月精寺地假立草庵留至三日 于時是山陰沈不開未審其形而去 後又復來創八
　尺房而住者凡七日 云云(上出臺山本傳記)."

溟州(古河西府也)오대산보질도태자전기五臺山寶叱徒太子傳記」·「대산월정사오류성중臺山月精寺五類聖衆」·「오대산문수사석탑기五臺山文殊寺石塔記」의 4편이나 수록되어 있다. 이는 황룡사가 유물에 대한 부분까지 포함하여 「황룡사장육皇龍寺丈六」·「황룡사9층탑」·「황룡사종皇龍寺鍾 분황사약사芬皇寺藥師 봉덕사종奉德寺鍾」·「가섭불연좌석迦葉佛宴坐石」의 4편이라는 점에서 특기할 만하다. 즉 이를 통해서 우리는 『삼국유사』 편찬 당시 오대산 불교의 대단한 위상을 인식해 볼 수 있는 것이다. 바로 이런 부분이 자장의 행적에 대한 종교적 요구에 의해서 왜곡이 파생하는 측면으로 판단된다.

앞선 자장의 입당 연도와 관련해서 살펴본 사실의 전도에서처럼, 자장이 명주의 오대산을 찾는 연도 역시 오대산 불교의 강력한 요구 속에서 귀국 직후로 수정된 것으로 이해된다. 그러나 민지는 일연과 달리 여러 자료 중에서 보다 합리적인 선택을 하고 있는 것이다.

자장이 명주 오대산을 찾는 것은, 만년인 진덕왕眞德王 때의 몰락과 관련된 것으로 판단된다. 자장은 불교라는 종교적인 부분으로 선덕왕을 보필해서 황룡사 9층탑이나 통도사의 창건 등으로 흔들리는 왕권을 안정시키려고 하지만,[52] 이를 효율적으로 성공시키지 못하고 있다. 이는 비담毗曇과 염종廉宗의 난亂을 통해서 인지해 볼 수 있는 부분이다.[53] 비담과 염종의 난을 계기로 김춘추와 김유신 세력의 확대는 진덕왕

---

52 廉仲燮, 〈1. 慈藏과 善德王〉, 「慈藏 戒律思想의 한국불교적인 특징」, 『韓國佛教學』 제65호(2013), pp.271~275.

53 『三國史記』 5, 「新羅本紀」 5, "善德王-16年 春正月, 〈毗曇〉·〈廉宗〉 等, 謂女主不能善理, 因謀叛擧兵, 不克. 八日{月}, 王薨."

때 성골에서 진골로 권력이 교체되는 변화를 파생하게 되고, 이 과정에서 자장은 몰락하는 것으로 판단된다.

자장의 일생에 있어서 가장 중요한 측면은 '계율'과 '문수 신앙'이다. 이런 점에서 다시금 문수를 친견해서 재기하려는 측면으로 자장의 명주행이 단행된 것으로 이해된다. 이러한 과정에서 수다사水多寺와 정암사(淨岩寺, 石南院·薩那庵),[54] 그리고 오대산이 개창되기에 이른다. 이는 "만년에는 경주에서 물러나 강릉군[지금의 溟州이다]에 수다사를 창건하여 거처하였다. (이때) 다시금 꿈에서 이승異僧(인도승려)이 나타났는데 (중국 오대산) 북대에서 친견한 분과 같았다"[55]는 「자장정율」조의 내용을 통해서 인지할 수 있다.

자장이 오대산을 찾은 것도 이 무렵이라고 판단된다. 귀국 직후 오대산을 찾았고, 만년에 다시금 명주로 왔다는 것은 당시 명주 지역이 전운이 감도는 위험한 곳이며, 경주가 수도라는 점에서 볼 때 설득력이 떨어지기 때문이다. 또 자장은 아래의 인용문에서와 같이 오대산에 와서 2번이나 문수를 친견하려고 하지만 2번 모두 실패한다. 만일

善德王은 毗曇·廉宗의 亂 과정에서 亂 발생 8일 만에 薨去하는데, 이와 관련해서는 두 가지 설이 있다. 첫째는 善德王이 毗曇·廉宗의 亂에 의해 희생되었다는 주장(山尾幸久,『古代の日朝關係』, 東京: 塙書房, 1989, 392·400면)이며, 둘째는 亂의 과정에서 자연사한 것(주보돈,「毗曇의 亂과 善德王代 政治運營」,『李基白先生古稀記念 韓國史學論叢上』, 一朝閣, 1994, pp.212~213)이라고 보는 관점이다.

54 『三國遺事』4, 義解第五「慈藏定律」(T.49, p.1005c), "石南院(今淨岩寺)." ;『五臺山事跡記』,「奉安舍利開建寺庵第一祖師傳記」,"薩那(今淨岩寺是也)."

55 『三國遺事』4, 義解第五「慈藏定律」(T.49, p.1005c), "暮年謝辭京輦於江陵郡(今冥州也)創水多寺居焉復夢眞僧狀北臺所見."

자장이 귀국 직후 오대산을 먼저 온 것이라면, 자장은 문수의 말을 듣고 오대산으로 왔다가 친견에 실패하고서 다시 경주로 간 것이 된다. 이는 이치상 너무 무리한 전개가 된다. 이런 점에서 자장이 만년에 명주를 찾을 때 오대산도 방문한 것으로 이해하는 것이 보다 타당하다고 하겠다.

자장이 오대산을 찾는 내용은 다음과 같이 총 3군데에서 살펴볼 수 있다.

「대산오만진신」: (자장이 문수)진신을 보고자 하였으나, 3일 (동안이나 날씨가) 음침해서 결과를 얻지 못하고 돌아갔다.[56]

「오류성중」: (자장이) 산기슭에 모옥을 맺고 머물렀다. (그러나) 7일이 되도록 친견하지 못하였다.[57]

「제1조사전기」: (자장은) 문수를 친견코자 하여, (문수를) 찾아 명주의 오대산으로 갔다. 지금의 월정사지에 이르러, 임시로 풀암자(草庵)를 세워 3일에 이르도록 머물렀다. 이때 그 산이 음침陰沈하여 열리지 않으니, 그 형상을 살필 수 없어 물러났다. 뒤에 또다시 가서 8척방을 세우고 무릇 7일을 머물렀다. …… 운운 〔이는 『대산본전기』에 나와 있다.〕[58]

---

56 『三國遺事』3, 塔像第四「臺山五萬眞身」(T.49, p.998c), "欲睹眞身三日晦陰不果而還."

57 『三國遺事』3, 塔像第四「臺山月精寺五類聖衆」(T.49, p.1000a), "欲睹眞身於山麓結茅而住七日不見."

58 『五臺山事跡記』,「奉安舍利開建寺庵第一祖師傳記」, "爲欲面見文殊尋往溟州五

이를 통해서 우리는 자장의 오대산 행이 2차례에 걸쳐 이루어졌다는 것을 알 수 있다. 그러나 자장은 두 번에 걸친 오대산 행에서 목적인 문수 친견을 실패하고 있다. 내용을 살펴보면 첫 번째는 짙은 안개 때문이고, 두 번째는 문수가 나타나지 않았기 때문이다. 즉 문수가 피하는 상황으로 판단해 볼 수 있다. 이는 정암사에서 문수가 나타났지만, 자장의 아상我相 때문에 만나지 못한다[59]는 「자장정율」의 관점과는 다른 것이라는 점에서 주의가 요구된다.

자장이 명주에 왔다는 기록에서 문수를 만난 것은 꿈속과 대송정大松汀[60]에서뿐이다. 그러나 대송정과 같은 경우는 임시적인 만남으로 갈반지葛蟠地, 즉 정암사를 예비하기 위한 것이었다. 그런데 정암사에서의 만남은 자장의 아상으로 인해서 실패하고, 자장은 결국 멀어져가는 문수를 좇다가 큰스님의 열반으로는 이례적이게도 비극적인 최후를

臺山 到今月精寺地假立草庵留至三日 于時是山陰沈不開未審其形而去 後又復來 創八尺房而住者凡七日 云云 (上出臺山本傳記)."

59 『三國遺事』 4, 義解第五 「慈藏定律」(T.49, pp.1005c~1006a), "居士曰歸歟歸歟有 我相者焉得見我乃倒簣拂之狗變爲師子寶座陞坐放光而去藏聞之方具威儀尋光 而趍登南嶺已杳然不及遂殞□而卒茶毘安骨於石穴中."

60 大松汀을 金福順은 月精寺로 해석하였으나(金福順, 「新羅 五臺山事跡의 形成」, 『江原佛敎史 硏究』, 小花, 1996, p.15), 月精寺는 소나무가 거의 없고 이와 관련해서 후대의 懶翁에 얽힌 전설까지 전해지고 있다. 그러므로 大松汀을 月精寺로 인식하는 것은 오류라고 하겠다. 『五臺山事跡記』, 「奉安舍利開建寺庵第一祖師 傳記」에는 "後於大松下(今寒松汀是也)"라고 되어 있으니, 국보 제124호 江陵寒松 寺址石造菩薩坐像이 위치해 있었던 강릉시 남항진동에 위치한 후일의 寒松寺 자리가 아닌가 추정된다. 실제로 강릉에는 소나무가 많아 오늘날까지 '솔향 강릉'을 표방하고 있으니, 가능성이 충분히 존재한다.

맞는 것으로 기록되어 있다. 이는 자장이 문수를 친견해서 재기하려고 하다가 실패하는 모습을 상징한 것으로 이해된다. 실제로 자장의 몰락으로 인하여 자장의 조카인 명랑明朗과 같은 경우는, 입당유학에서 귀국한 뒤에도 앞으로 나서지 못하고 문무왕文武王 때 당의 서해 침입이라는 비상조건 속에서 대두하는 모습을 보이고 있다.[61] 이는 자장이 정계개편 과정에서 몰락하고 다시 재기하지 못했다는 것을 잘 나타내준다.[62] 그러나 자장과 같은 경우는 사후의 특정 시점에 불교 안에서 조사격 인물로 비정되면서 새롭게 부활하게 된다. 이와 같은 측면을 반영하고 있는 것이 바로 『삼국유사』에서 자장이 가장 많이 등장하는 이유라고 하겠다.

　자장의 명주행과 관련해서는 도선의 「자장전」에는 이에 대한 언급이 전혀 나타나지 않는다는 것을 근거로, 종교적인 관점에 의한 허구라는

61　明朗의 귀국은 善德王 4년인 635년인데도 불구하고(明朗의 귀국연대인 善德王 4년이 慈藏의 유학연대인 5년보다 빠름으로 인하여 이러한 기록의 오류라는 지적(高翊晉, 「新羅密敎의 思想內容과 展開樣相」, 『韓國密敎思想硏究』, 東國大學校出版部, 1986, p.151 ; 辛鍾遠, 「慈藏과 중고시대 사회의 사상적 과제」, 『新羅初期佛敎史硏究』, 民族社, 1992, pp.254~255 ; 辛鍾遠, 「『三國遺事』 善德王知幾三事條의 몇 가지 문제」, 『新羅文化祭學術發表會論文集』 제17집[1996], p.56)과 明朗의 모친이 慈藏의 누나이고, 慈藏은 蘇判 茂林의 늦자식으로 明朗이 더 연장자였을 것(張志勳, 「慈藏과 芬皇寺」, 『新羅文化祭學術發表會論文集』 제20호[1999], p.57)이라는 서로 다른 주장이 제기되고 있다. 그가 두각을 나타내는 것은 668년 唐高宗이 薛邦에게 50만 대군을 이끌고 신라를 치게 하였을 때이다(『三國遺事』 2, 「紀異-文虎王法敏」, T.49, p.972a).
　廉仲燮, 「〈善德王知幾三事〉 중 第3事 고찰」, 『史學硏究』 제90호(2008), p.81.
62　廉仲燮, 「慈藏 戒律思想의 한국불교적인 특징」, 『韓國佛敎學』 제65호(2013), p.275.

주장이 제기되기도 하였다.[63] 그러나 「자장전」에는 자장의 중국 오대산
에 대한 내용도 존재하지 않는다는 점. 또 명주행과 관련해서 오대산·수
다사·정암사라는 자장과 관련된 절이 3곳이나 비롯되고, 이 중 오대산
은 산 전체가 성산 개념을 가지는 한국불교 최초·최고의 성지라는
점에서 수긍하기가 쉽지 않다. 오대산이라는 문수성지의 성산 성립에
있어서 자장이 빠지게 되면, 중국 오대산과의 관계 등이 무너지면서
성산의 시작 개연성 자체가 존립하지 않기 때문이다. 그러므로 한국불
교의 관점에서 자장의 명주행은 인정되는 것이 맞다고 판단된다. 실제
로 자장의 중국 오대산 문수 친견과 관련해서 통일신라 진표율사의
스승인 금산사金山寺의 순제(順濟, 혹 崇濟)[64] 역시 중국 오대산을 찾아
계를 받은 것으로 나타난다.[65] 이는 전체적인 구조상 자장의 영향에
의한 것으로 판단된다. 만일 자장의 문수 친견이 허구라면 이와 같은
관점은 성립할 수 없다. 또 이 기록을 통해서 우리는 최소한 진표율사
이전에 자장의 중국 오대산 문수 친견이 널리 일반화된 관점이었다는

---

63 辛鍾遠, 「慈藏의 佛教思想에 대한 재검토」, 『新羅初期佛教史研究』(民族社, 1992),
   p.255 ; 南武熙, 「『續高僧傳』「慈藏傳」과 『三國遺事』「慈藏定律」의 원전 내용
   비교」, 『文學/史學/哲學』 제19호(2009), p.48. 그런데 南武熙와 같은 경우는
   「『三國遺事』에 반영된 고려 국내 유통 「慈藏傳」의 복원과 그 의미」, 『韓國學論叢』
   제34호(2010), p.543에서는 慈藏의 溟洲行과 관련하여 "전부 부정할 필요가 있을
   까라는 점에는 의문이 든다"고 하여 다른 관점을 견지하기도 하였다.

64 『三國遺事』 4, 義解第五 「眞表傳簡」(T.49, p.1007b), "投金山寺崇濟法師講下落彩
   請業." ; 『三國遺事』 4, 義解第五 「關東楓岳鉢淵藪石記(此記乃寺主瑩岑所撰承安四
   年己未立石)」(T.49, p.1008a), "師往金山藪順濟法師處容染."

65 『三國遺事』 4, 義解第五 「眞表傳簡」(T.49, p.1007b), "吾曾入唐受業於善道三藏然
   後入五臺感文殊菩薩現受五戒."

것을 이해할 수 있다.

또 우리가 당대의 자료라 하여 도선의 「자장전」 기록만을 수용한다면, 자장에게서 살펴지는 '계율'과 '문수 신앙'이라는 이중구조[66]가 무너지면서 계율만 남게 된다. 이는 도선이 남산사분율종南山四分律宗의 창시자이자, 자장과 계율로 교류한 사람이라는 점에서 자장에 대한 선택적인 왜곡 인식으로도 생각될 수 있는 부분이다. 즉 자장이 율종승려라는 점을 부각하기 위해서 「자장전」의 편찬 과정에서 문수 신앙 부분을 고의로 누락시켰을 수도 있다는 말이다. 실제로 자장과 관련된 보궁사찰인 통도사에서는 아직도 예불문禮佛文에 '남산종주南山宗主 자장율사慈藏律師'[67]라고 하여 자장을 남산율종과 직결시켜 율사로 고착시키는 인식이 살펴진다. 이러한 인식의 시작은 「자장전」이며, 이에 근거한 자장에 대한 이해도 존재했다는 것을 알 수 있는 대목이다.

이에 반해서 일연과 민지는 자장을 율사와 문수 신앙의 이중구조로 보고 있다. 이는 선행한 한국자료와 오대산과 정암사 등의 관련 사찰들의 현실적인 존재와 관련된 이해라고 하겠다. 도선의 문수 신앙 관련 부분의 누락 가능성과 오대산과 정암사 등의 현존하는 유물적인 부분에 입각해 볼 때, 자장의 문수 신앙은 충분히 타당성이 인정될 수 있는 부분이다. 그러므로 도선의 「자장전」에 근거한 자장의 문수 신앙에 대한 비판과, 중국 오대산과 명주 지역에 대한 문제제기는 현존하는 자료와 유물에서 볼 때 수용될 수 없다고 판단된다.

---

66 廉仲燮, 「慈藏 戒律思想의 한국불교적인 특징」, 『韓國佛敎學』 제65호(2013), pp.261~266.

67 月精寺 「禮佛文」에서는 "此寺最初 創建主 慈藏律師"로만 나타난다.

Ⅲ. 중대 적멸보궁의 사리 봉안과 구조

1. 중대 적멸보궁의 사리 봉안

오대산 중대에 붓다의 사리를 모셨다는 기록은 『삼국유사』에는 보이지
않는다. 중대 적멸보궁과 관련된 가장 빠르며 신뢰할 수 있는 기록은,
민지의 「제1조사전기」와 「정신태자효명태자전기淨神太子孝明太子傳
記」이다. 이의 해당부분을 적시해 보면 다음과 같다.

「제1조사전기」 - 정관 17년(643) 계묘에 돌아왔다. (이에) 선덕왕이
대국통에 봉하고 아울러 분황사에 주석케 하였다. 정관 19년(645)
태화지 용의 말대로 황룡사 9층탑을 건립했다. (그리고) 저 오대의
범승이 준 바의 사리를 탑의 심주에 봉안했다. (이로) 인하여 황룡사에
주석하였다. …… 운운 / 후에 명주〔지금의 강릉이다〕의 오대산에 가서,
지로봉地爐峰에 올라 불뇌佛腦와 정골頂骨을 봉안했다. (그리고는)
가라허伽羅墟에 비를 세웠다〔비는 숨어서 나타나 있지 않다〕. 그 사적을
기록하고 (이로) 인하여 월정사를 세우고 13층탑을 건립하여 사리
37매를 탑심塔心에 봉안했다. 〔지금 전하기를, 우파국다優婆掬多의 사리
탑이라는 것은 그릇된 것이다. 원효가 찬술한 『전傳』에 나와 있다.〕[68]

「정신태자효명태자전기」 - 옛적에 자장법사가 불뇌와 정골을 중대의

---

68 『五臺山事跡記』, 「奉安舍利開建寺庵第一祖師傳記」, "以貞觀十七年癸卯而還 善
德王封爲大國統合住芬皇寺 貞觀十九年太和池龍之言立皇龍寺九層塔 以彼五臺
梵僧所授舍利安于塔之心柱 因住皇龍寺 云云 後往溟州(今江陵也)五臺山 ……
(出元曉所撰傳)."

지로봉에 봉안하였다. 이때로 영서靈瑞이 간간히 일어나 현묘玄妙한 위요圍繞를 예측하기 어려웠다. 혹 재일시齋日時에 이르면 광명이 밝 (게 뻗치)곤 하였다.[69]

자장이 오대산에서 2차례 문수를 만나고자 하였으나 실패했다는 기록은, 자장이 중대에 사리를 모셨는가에 대한 의문을 제기케 한다. 그러나 민지의 기록 역시 오대산의 입장을 대변하는 것이기는 하지만, 일반적인 사찰의 사지들과는 달리 연대도 오래되고 신뢰도도 높다는 점에서 딱히 아니라고 부정하는 것에도 문제가 있다.

민지가 작성한 『오대산사적기』는 「제1조사전기」·「정신태자효명태자전기」·「신효거사친견오류성사적信孝居士親見五類聖事蹟」까지의 3부분이다. 이 뒤에 민지의 발문이 수록되어 있는 것으로 보아, 원래의 『오대산사적기』는 여기까지이며 이후는 추가된 것으로 판단된다. 사적기라고 하는 것이 사찰의 기원과 역사를 기록하는 책이라는 점에서, 민지 이후의 조선에 대한 기록들이 후대에 추가되는 것은 당연한 것으로 문제될 것이 없다.

민지의 기록 부분인 원『오대산사적기』의 내용은, 일연이 『삼국유사』에서 언급하고 있는 오대산 관련 기록이나 「자장정율」조와 상당 부분 겹쳐지면서도 군데군데 차이를 보이고 있다.[70] 특히 민지가 기록의

---

69 『五臺山事跡記』, 「淨神太子孝明太子傳記」, "昔者慈藏法師奉安佛腦及頂骨於中臺地爐峰玆是靈瑞間起冥衛叵測或至齋日時燭光明."

70 廉仲燮, 「『五臺山事跡記』「第1祖師傳記」의 수정인식 고찰-閔漬의 五臺山佛敎인식」, 『國學硏究』 제18집(2011) 참조.

곳곳에 원 출전을 밝히고 있어, 우리는 일연과 민지가 상호 유사한 고전古傳과 향언을 보았다는 개연성을 상정해 볼 수 있다.

민지의 기록에 따르면, 자장이 오대산을 찾는 것은 이유는 두 가지로 이해될 수 있다. 첫째는 문수를 친견하기 위해서 왔다가 실패한 것으로, 이곳이 후일 월정사가 된다. 둘째는 첫째와는 별도로 중대에 붓다의 사리를 모시는 행동을 하는 것이다. 즉 자장에 의해서 '월정사'와 '중대 적멸보궁'의 두 곳이 개착되는 것이다. 실제로 조선시대에 추가되는 『오대산사적기』의 「산중산기山中散記」에는 "중대中臺의 아래에 사자 암獅子菴이 있다. 자장법사가 당토唐土에 있을 때, 사자를 얻어 타고서 사리와 정골을 (모시고) 돌아왔다. 오랫동안 주석하였으므로 이 인연 으로 사자암이라고 이름하였다"[71]라는, 사자암 연기와 관련된 후대의 기록이 있다. 여기에도 자장의 중대 개착에 대한 내용이 나타나는 것이다. 물론 이는 민지의 기록처럼 신뢰할 수 있는 내용은 아니다. 다만 이를 통해서 우리는 오대산에, 월정사와 중대라는 자장과 관련된 두 가지 인식이 유전하고 있었다는 점을 확인해 볼 수 있는 것이다.

위 인용문의 민지 기록 중 「제1조사전기」 부분은, 자장이 황룡사에 9층목탑을 건립한 뒤 만년에 중대 지로봉에 불뇌와 정골을 봉안하고 가라허비[72]를 세우며 이를 기록했다고 적고 있다. 그 뒤에 월정사와

---

71 『五臺山事跡記』, 「山中散記」, "臺之下有獅子菴慈藏法師在唐土淂(得의 誤記로 판단된다)獅子馱舍利頂骨而還久住於此因名獅子菴(菴之傍有石窟世傳獅子窟 下有蘆田數耕獅子所食之云)."

72 이 伽羅墟碑를 최근에 발견하여 中臺 寶宮 앞에 세워놓은 비석으로 볼 수 있으나,

13층탑을 건립했다고 하는데, 이 중 13층탑에 대한 부분은 명백한 오류이다. 13층탑은 월정사 8각9층석탑의 기단부[73]를 잘못 판단한 것에서 기인한 것으로, 현존하는 국보 48호인 8각9층석탑은 하한이 1,000년을 넘지 않는 고려 초기의 탑이기 때문이다.[74] 이는 민지가 중대와 월정사의 관계를 이해함에 있어서, 후대의 인식에 따른 혼란을 겪고 있다는 것을 나타낸다. 그런데 민지는 이 기록의 전거가 원효의 『전傳』이라고 기록하고 있다. 이는 당시 오대산에 원효에 가탁된 향언으로 된 일종의 사지가 존재했다는 것을 의미한다. 즉 민지는 월정사와 관련된 고전古傳 중 원효에 가탁된 자료를 사용하면서 자신도 모르게 문제를 반복하고 있는 것이다. 그러나 이러한 혼란에도 불구하고, 이를 통해서 우리는 최소한 월정사와 분기되는 중대의 인식과, 자장이 월정사보다도 중대를 먼저 건립했다는 관점이 존재하고 있었다는 점을 인지해 볼 수 있게 된다.

이 碑石에는 전면에 5層塔이 후면에는 寶株形의 舍利가 새겨져 있을 뿐 명문은 전혀 없다. 그러므로 이를 伽羅墟碑로 볼 수 있을지는 다소 의문이다. 그러나 『五臺山事跡記』의 원문을, 비석을 세우고 거기에 별도로 事蹟을 기록했다고 해석하면, 이 비석이 伽羅墟碑일 개연성도 존재한다. 그러나 閔漬 역시 이 비석을 보지 못한 상태에서 기록하고 있으므로, 정확한 내용을 남기고 있지 않아 현재로서는 이의 정확한 판단은 유보할 수밖에 없다.

73 月精寺八角九層石塔은 이중기단을 갖추고 있는데, 그 하부가 현재 땅속에 50cm정도 파묻혀 있다. 여기에 동북아의 탑은 수평적으로는 偶數이고, 수직적으로는 奇數로 만들어진다. 그러므로 이를 문외한이, 탑의 층수인 홀수를 기준으로 이해할 경우 13층으로 오해할 개연성이 존재하게 된다.

74 月精寺聖寶博物館 編, 『月精寺八角九層石塔의 재조명』(月精寺聖寶博物館, 2000), p.113.

자장이 중대에 봉안한 사리는 불뇌佛腦와 정골頂骨이다. 이는 중대보궁의 이적을 기록하면서, 이를 신라 말의 오대산 신앙의 확립자 정신淨神과 효명孝明으로 연결하고 있는, 위의 두 번째 인용문인 「정신태자효명태자전기」에서도 확인되는 부분이다.

자장이 모셔온 사리에 불뇌와 정골이 있다는 기록은 주의가 요구된다. 자장이 모셔온 사리와 관련된『삼국유사』의 해당 부분을 적시해 보면 다음과 같다.

「자장정율」 : 또 말하기를, "비록 만 가지 가르침을 배워도 이 게송에 미치지 못한다"라고 하고는, 가사와 사리 등을 부촉하고는 사라졌다. 자장은 이미 성도기별聖道記莂을 입은 것을 알고는, 이에 북대北臺 아래의 대화지에 이르렀다.[75]

「황룡사9층탑」 : 자장은 오대산에서 받은 바의 사리 100립(百粒, 100과)을 (황룡사9층목)탑의 기둥(주심초석과 상륜부를 의미함)과 아울러 통도사의 (金剛)계단 및 대화사탑에 나누어 봉안하였다.[76]

「전후소장사리」 : 선덕왕 대인 정관 17년 계묘(643)에 자장법사가 모셔온 것은 불두골·불아·불사리 100립粒과 불소저佛所著의 비나금점緋羅金點 가사袈裟 1령(一領, 한 벌)이다. 그 사리는 셋이 되도록 나누었

---

75 『三國遺事』4, 義解第五「慈藏定律」(T.49, p.1005b), "又曰雖學萬敎未有過此文以袈裟舍利等付之而滅(藏公初匱之故唐僧傳不載)藏知已蒙聖莂乃下北臺抵大和池."

76 『三國遺事』3, 塔像第四「皇龍寺九層塔」(T.49, p.991a), "慈藏以五臺所授舍利百粒分安於柱中幷通度寺戒壇及大和寺塔."

는데, 1분分은 황룡사탑에 있고 1분은 대화탑에 있으며, 1분과 함께
가사는 통도사의 (金剛)계단에 있다. 그 나머지는 소재를 알 수 없다.[77]

「자장정율」: 자장의 도구와 포布·말(襪, 버선)과 태화지의 용이 헌상
한 바의 목압침木鴨枕[78]과 석존의 유의(由衣, 由衣는 田衣의 誤로 方衣를
의미함) 등은 모두 함께 통도사에 있다.[79]

이를 보면, 기록상에 나타나는 자장이 오대산에서 문수에게 받은
사리는 불두골佛頭骨·불아佛牙·불사리 100립粒이라는 것을 알 수 있
다. 즉 불뇌는 민지의 『오대산사적기』기록에서만 보이는 것뿐이다.
그런데 같은 「제1조사전기」에 자장이 문수에게 사리 등의 물건을 받는
대목은 이와는 좀 다르게 나타난다. 이의 해당 부분을 적시해 보면
다음과 같다.

「제1조사전기」: 또 비라금점가사緋羅金點袈裟 1령領·백옥발우白玉鉢
盂 1좌座·주패금엽경珠貝金葉經 5첩貼·전신사리全身舍利 100매枚[80]·

---

77 『三國遺事』3, 塔像第四「前後所將舍利」(T.49, p.993a·b), "善德王代貞觀十七年
癸卯慈藏法師所將佛頭骨佛牙佛舍利百粒佛所著緋羅金點袈裟一領其舍利分爲
三一分在皇龍塔一分在大和塔一分幷袈裟在通度寺戒壇其餘未詳所在."

78 『三國遺事』4, 義解第五「慈藏定律」(T.49, p.1006a), "又巘陽縣(今彦陽)有鴨遊寺
枕鴨甞於此現異故名之."

79 위의 책, "藏之道具布襪幷太和龍所獻木鴨枕與釋尊由衣等合在通度寺."

80 "全身舍利 100枚"라는 말은 화장 시 전신에서 나온 粒사리 100과라는 의미로
판단된다. 이렇게 되어야 다른 기록들과 내용적인 일치가 확보되기 때문이다.

불정골·불지절골佛指節骨 등을 주면서 말했다. …… 운 [위의 (내용은)
원효가 찬한 바의 『본전』에 나와 있다.][81]

여기에는 불뇌에 대한 언급은 없다. 그러나 '등等'이라는 표현이
있으니 그 속에 포함되는 것으로 이해될 수도 있어, 이를 문제 삼기는
어려운 면도 있다. 또 이 기록에는 다른 곳에서는 보이지 않는 불지골이
나타나며, 불뇌에 대한 언급은 없다. 불지골은 자장의 신앙 구조와
유사한 관점을 견지하는 진표에게서 보이는 부분이다.[82] 특히 진표와
관련해 금강산이 오대산을 모델로 해서 성산聖山으로 확정되는 시기가
원 간섭기이다.[83] 금강산은 이후 불교의 중심으로 급부상하면서 몽산
덕이蒙山德異의 제자인 철산 소경鐵山紹瓊이 참배하거나[84] 지공 선현指
空禪賢이 원 황제(晉宗)의 명을 받고 어향사御香使로 올 정도로 유명세를
떨치게 된다.[85] 오대산과 금강산이 그리 멀리 떨어진 곳이 아니라는

---

81 『五臺山事跡記』,「奉安舍利開建寺庵第一祖師傳記」, "(梵僧譯之曰) …… 又以緋
　羅金點袈裟一領白玉鉢盂一座珠貝金葉經五貼全身舍利百枚佛頂骨佛指節骨等
　授之曰 …… 云 (上出元曉所撰本傳)."

82 廉仲燮,「慈藏 戒律思想의 한국불교적인 특징」,『韓國佛教學』 제65호(2013), p.267
　;『三國遺事』 4, 義解第五「眞表傳簡」(T.49, p.1007b·c) ;『三國遺事』 4, 義解第五
　「東楓岳鉢淵藪石記(此記乃寺主瑩岑所撰承安四年己未立石)」(T.49, p.1008b).

83 許興植,「指空의 遊歷과 定着」,『伽山學報』 제1호(1991), p.92 ; 金鐸,「金剛山의
　유래와 그 종교적 의미」,『東洋古典研究』 第1輯(1993), pp.234~238.

84 許興植,「高麗에 남긴 鐵山 瓊의 行跡」,『韓國學報』 제39호(1985), p.125 ; 許興植,
　「1306년 高麗國大藏移安記」,『高麗佛教史研究』(一潮閣, 1986) 참조.

85 『六經後誌』, "親對日角 敷揚正法 仍請往觀金剛山 因受御香東行." ; 許興植,「指空
　의 遊歷과 定着」,『伽山學報』 제1호(1991), p.92 ; 金炯佑,「胡僧 指空研究」,

점에서, 금강산의 약진은 오대산에게는 위협으로 작용했을 것이다. 이와 같은 인식에 의해서 오대산 불교에도 불지골과 같은 인식이 파생되고 있는 것이 아닌가 추정된다. 이것이 이 부분에서만 불지골이 나타나는 까닭으로 이해된다. 즉 우리는 이를 통해서 역으로 오대산이 금강산의 영향을 받는 부분에 관해서도 인지해 볼 수 있는 것이다.

또 「제1조사전기」에는 "범승이 준 바의 불의佛衣·불발佛鉢·보리菩提·뇌골腦骨 등을 황룡사에 봉안했다"[86]는 기록도 있다. 여기에서의 불발은 백옥발우라고 판단해 볼 수 있다. 그런데 가사와 불뇌의 봉안처가 황룡사로 되어 있는 것이 확인된다. 만일 이 기록을 신뢰한다면, 우리는 「자장정율」이나 「전후소장사리」조에서 전하는 통도사에 모셔진 가사와는 또 다른 가사의 개연성을 상정해 볼 수 있다. 그런데 이 부분 이외에는 달리 전하는 내용이 없어 좀 더 자세한 내용에 접근하는 것에는 현재로서는 한계가 있다.

황룡사에 봉안된 사리와 관련해서 「찰주본기」는, "찰주가 움직이지 않자, 상(上, 왕)이 찰주에 본래 (봉안했던) 사리에 문제가 있는 것이 아닌가를 생각했다. (그래서) 신臣 이간伊干 승지承旨로 하여금 임진년 (872) 11월 6일에 여러 신하들을 인솔하여 (확인하는) 명령을 수행하도록 하였다. 찰주를 들고 보니, 초석의 구멍 중에 금은金銀으로 된 고좌高座가 있고 그 위에 사리가 (담긴) 유리병이 봉안되어 있었다. 그 물건 됨이 (정교하여) 불가사의했는데, 여기에는 연월과 일의 연유

『東國史學』 제18집(1984), p.12.

86 『五臺山事跡記』, 「奉安舍利開建寺庵第一祖師傳記」, "梵僧所授佛衣佛鉢菩提腦骨等入安皇龍寺."

가 기록된 것은 (달리) 없었다"[87]라고 되어 있을 뿐이다. 그런데 이 기록에는 유리병에 든 사리가 언급되어 있어, 이 사리가 입립사리일 가능성을 암시하고 있다. 물론 불뇌라는 것이 어떤 것을 의미하는 것인지 불분명하므로, 사리병 속에 함께 봉안되었을 수도 있으며 그중 일부는 오대산 중대에 안장되었을 개연성도 존재한다.

　정골과 같은 경우는 상대적으로 명확하다. 정골은 통도사에서 확인 되는데, 이는『통도사지』와『택리지擇里志』를 통해서 인지되는 부분이 다. 이 중『통도사지』가 통도사의 입장에 의한 불투명성을 가지고 있다면,『택리지』는 통도사 금강계단을 열어서 확인한 기록을 전하고 있어 주목된다.

　『택리지』의「복거총론卜居總論」〈산수山水〉에는 "숙종肅宗 을유년 (1705) 승僧 성능聖能이 탑(塔, 부도)을 중수하고자 하여 허물었더니, …… 은함銀函에 비단 보자기에 싸인 두골頭骨 (있는데) 크기가 동이(盆 盎)만 하였다. …… 또 작은 금합이 있는데 (속에) 담긴 사리 빛(영롱함) 이 사람의 시선을 빼앗았다"[88]라는 기록이 있다. 이는 임진왜란 때 사명당에 의해서 통도사의 사리가 옮겨졌다가 제자리로 돌아간[89] 이후

---

87 「皇龍寺刹柱本紀」, "(雖然)刹柱不動上慮柱本舍利如何 令臣伊干承旨取壬辰年十一月六日率群僚而往專令 擧柱觀之礎臼之中有金銀高座於其上安舍利琉璃瓶 其爲物也不可思議唯無年月事由記."

88 李重煥,『擇里志』,「卜居總論」,〈山水〉, "肅廟乙酉僧聖能欲重修毁塔(則內書外道聖能重修而)以銀函錦袱貯頭骨大如盆盎(錦已千有餘年不朽如新)又有小金盒貯舍利光奪人目."

89 「妙香山普賢寺釋迦如來舍利碑」, "唯嶺南通度寺神僧慈藏古所安釋迦世尊金骨舍利浮圖頗多神驗竟使千門入善又令一國興仁可謂世之尊寶也不幸至萬曆二十年

의 기록이라는 점에서 주목된다. 이를 통해서 우리는 통도사 금강계단金
剛戒壇에 정골과 입粒사리가 존재한다는 것을 인지할 수 있기 때문이다.

그런데 오대산 중대와 관련해서도 정골에 대한 언급이 있는 것이다.
정골 역시 나눠질 수 있다는 점에서, 이 역시 불가능한 주장은 아니다.
그러나 이를 통해서 우리는 황룡사의 불뇌와 통도사의 정골을 아울러
수장하고 있는 중대 보궁의 위상을 인식해 볼 수 있다. 즉 민지의
기록에만 따른다면, 오대산 중대는 황룡사와 통도사를 능가하는 최고
의 보궁이라는 의미를 확보하고 있는 것이다.

2. 중대 사리와 적멸보궁의 특징

중대 사리 신앙과 관련해서 정골과 불뇌가 강조되고 있는데, 이는
인도의 머리중심 문화가 반영된 것으로 이해된다. 인도 문화에서는
머리가 인간의 생각과 의식의 중심이라고 판단한다. 이는 중국문화권
에서 배(腹)가 중심이라고 이해한 것과는 다르다. 이러한 두 문화권의
차이로 인하여, 인도 문화권에서는 불상의 권위를 높이기 위해 머리의
육계에 사리를 안장하는 방식을 취했는데, 이것이 동아시아의 중국문
화권에 와서는 불복장佛腹藏을 하는 것으로 변화한다.[90] 이는 수행에서

日本海兵入國之南焚之蕩之億兆爲魚肉禍及浮圖其寶將爲散失悶鬱之際適義僧
大將惟政領兵數千盡心守護得完全然政不無後慮故以金骨舍利二函密似乎金剛
使病老安焉病老感受欲安之然病老竊念金剛近水路後必有此患安金剛非長久計
也向海兵之撥浮圖全在金寶不在舍利也取寶後視舍利如土也然則不若寧修古基
而安焉云卽以一函還付于政政然其計受函卽還古基而安錘焉其一則病老自受
持謹入太白山欲建浮圖靜獨力無何命門人智正法蘭之輩幹其事使安錘." ; 韓國佛
教研究院, 『通度寺』(一志社, 1999), p.23.

52

가장 중요한 곳도, 인도의 차크라에서는 두정의 1천 장 연꽃인 사하스라라sahasrara인데 반하여,[91] 중국의 단전호흡에서는 하복부에 위치한 단전丹田이 된다. 물론 중국문화권에도 머리와 오관五官이 인간의 신체를 대변한다는 인식도 존재한다. 그러나 정골을 숭배하는 것과 같은 양상은 불교 이전에는 발견되는 것이 아니다.

인도의 사리는 화장과 관련된 뼈 숭배에서 시작된다. 입粒사리와 같은 경우는 화장 문화의 변화와 관련된 것으로 판단되는데,[92] 뼈 사리에 비해서 기원이 늦다. 실제로 붓다의 사리로 추정되는 것들 중 연대가 올라가는 것은 모두 뼈 사리라는 점은, 이와 같은 사리 문화의 변화를 잘 나타내준다. 이런 점에서 본다면, 불교인식에는 뼈 사리를 더 높게 보는 흐름도 존재했을 개연성이 있다. 또 뼈 숭배와 관련해서, 다른

---

90 695년의 『衆經目錄』 권2에 "腹藏經一卷[三紙]('右三經同本異譯」, T.55, p.193a)"라고 되어 있어 복장문화가 중국 이외에서 전래한 것일 개연성이 있으나, 이의 자세한 상황 파악에는 어려움이 있다.
이선이(태경), 「佛腹藏의 의미와 造像經」, 『法』(大韓佛敎曹溪宗 佛敎中央博物館, 2008), p.208 ; 許興植, 「佛腹藏의 背景과 造像經」, 『書誌學報』 제10호(1993), pp.49~50 ; 廉仲燮, 「髻珠에 관한 사상적 관점에서의 재조명」, 『宗敎硏究』 제61집(2010), pp.207~208.
91 아지트 무케르지, 『쿤달리니』, 編輯部 譯(東文選, 1995), pp.57~69 ; 스와미 싸띠아난다 사라스와띠, 『꾼달리니 딴뜨라』, 한국 싸띠아난다 요가 아쉬람 출판위원 譯(한국요가출판사, 2008), pp.183~184.
92 印度佛敎 根本8塔 중 釋迦族이 모신 것으로 추정되는 피프라하와(Piprahwa)탑 출토의 사리는 뼈편이며(中村元 外, 『佛陀의 世界』, 金知見 譯, 김영사, 1990, p.177 ; 正覺, 『印度와 네팔의 佛敎聖地』, 佛光出版社, 2002, p.129), 中國佛敎에서 가장 유력한 舍利인 法門寺塔 舍利 역시 指骨(張高擧, 『佛敎聖地法門寺』, 西安: 三秦出版社, 2003, pp.46~63)이다.

뼈에 비해 정골과 같은 부분을 더 높게 보는 것은 어찌 보면 당연한 인식이다.

정골 이외에 뼈 숭배와 관련해서 강하게 나타나는 게 치아이다. 흔히 치사리라고 불리는 것인데, 위의 「전후소장사리」조에서도 불아佛 牙가 보이는 것을 확인할 수 있다.[93]

한국불교에서 치사리로 가장 유명한 것은 「전후소장사리」에 언급되어 있는, 고려왕실에서 십원전十員殿에 모신 사리이다. 이 사리는 의상義湘이 도선道宣에게 부탁해서, 제석천이 모셨던 치사리를 7일 동안 빌려온 것이다.[94] 또 현장의 『대당서역기』 권10과 『자은전慈恩傳』 권4에는 스리랑카 불치사의 치사리에 대한 언급이 있다. 그런데 현장은 인도에서 그 방광하는 빛을 보고 있다는 불가능한 주장을 적고 있다.[95] 이 내용을 사실로 받아들이기는 어렵다. 그러나 이를 통해서 우리는 치사리의 신성성이 당시 인도에서도 크게 인정될 정도였다는 점에 관해서는 충분히 인식할 수 있다.

---

93 『乾鳳寺事蹟』 「金剛山乾鳳寺釋迦如來靈牙塔奉安碑」에도 慈藏이 佛牙(齒牙)를 모셔왔다는 기록이 확인된다.
　　金福順, 「新羅 五臺山事跡의 形成」, 『江原佛教史 研究』(小花, 1996), pp.35~36.
94 『三國遺事』 3, 塔像第四 「前後所將舍利」(T.49, pp.993b~994b).
95 『大唐西域記』 10, 「烏茶國」(T.51, p.928c), "南去僧伽羅國二萬餘里 靜夜遙望 見彼國佛牙窣堵波上寶珠光明 離然如明炬之懸燭也 自此西南大林中行千二百餘 里 至恭御陀國(東印度境)."; 『大唐西域記』 11, 「僧伽羅國」(T.51, p.934a·b) ; 『大唐大慈恩寺三藏法師傳』 4, 「起瞻波國終迦摩縷波國王請」(T.50, p.241a), "南 去僧伽羅國二萬餘里 每夜靜無雲之時 遙望見彼佛牙窣堵波上寶珠 光明岡然 狀 似空中星燭."; 샐리 하비 리킨스, 『玄奘法師』, 신소연·김민구 譯(民音社, 2010), pp.195~200.

　치사리가 뼈 숭배에서 특별한 의미를 가지는 것은, 치아가 인체의 조직 중 가장 단단하고 희기 때문이다. 이는 고대인들의 인체에 대한 인식에서 치아가 핵심적인 본질의 의미로 이해될 수 있는 측면을 파생한다. 물론 여기에는 원시시대부터 육식동물의 이빨이나 멧돼지의 송곳니 등이 용맹함을 상징하며, 이를 통해서 벽사의 기능을 내포하는 것과도 관계가 있을 것이다. 이와 같은 영향 관계는 현재 붓다의 치사리로 알려진 치아가 매우 크며, 인간의 치아와는 다른 송곳니라는 점을 통해서도 인식될 수 있는 부분이다. 즉 치사리 숭배는 '신체기관 중 가장 단단해서 본질로 이해될 수 있는 부분'과 '흰색을 통한 벽사의 의미', 여기에 '원시시대부터 유전하는 동물의 이빨 숭배와 관련된 측면'이 복합적으로 결합되어 만들어진 것이라고 하겠다.

　다음으로 불뇌와 같은 경우는 이것이 어떤 형태의 무엇을 지칭하는 것인지 불분명하다. 다만 뼈의 골수에서와 같이 머리의 핵심이라는 의미 정도로 추정될 뿐이다. 인간의 뇌 자체가 사리가 된다는 것은 어떤 상황에서도 불가능하므로, 이것은 어떤 특정 사리를 지칭하는 것이거나 화장 시에 머리와 같은 특정 위치에서 나오는 사리를 뜻하는 것으로 생각해 볼 수 있다. 그러나 머리 같은 특정 위치에서 나온다고 하더라도, 특별한 특징이 없는 한 별도로 구분이 될 수 없다는 점에서, 특정한 형태나 빛깔의 사리라고 이해되는 것이 보다 타당하지 않은가 한다.

　중대 보궁의 가장 큰 특징은 정골과 불뇌라는 사리의 질료적인 특수성이다. 그런데 이 외에도 중대 보궁에는 안장처의 특수성도 존재하고 있어 크게 주목된다. 중대 보궁은 일반적으로 사리를 봉안하는 방식인

탑형塔形이나 통도사와 같은 계단戒壇의 부도형浮屠形과는 완전히 다르다. 즉 천형天形적인 지세의 어딘가를 수직으로 뚫어서 봉안한 것으로 추정되는데, 현재까지 정확한 수장 위치조차 확인되지 않고 있다. 이는 조형물보다도 지세, 즉 명당明堂이라는 관점을 더 우선시했기 때문으로 판단된다. 전통적으로 '고산제일월정사高山第一月精寺, 야산제일통도사野山第一通度寺'라는 말이 있는데,[96] 이는 고산과 야산 중 불사리를 모신 '중대 보궁'과 '금강계단'이 최고의 지세를 가진다는 의미이다. 이런 점에서 본다면, 고산제일월정사에서의 '월정사'는 실은 중대를 지칭하는 것이라고 하겠다. 오대산은 전체가 성산이고 이를 전체적으로 월정사가 관리했기 때문에, '월정사 안의 중대'라는 의미로 사용되는 것으로 판단된다.

그런데 금강계단과 같은 경우에는 터를 고르고 그 위에 방등계단方等戒壇과 석종형부도石鐘形浮屠를 건립해 놓고 있다. 이는 계단사찰의 특징을 잘 나타내준다.[97] 이에 반해서 중대 보궁은 천연 지세를 그대로 활용해 보궁을 만들고 있다. 이는 이른 시기의 보궁에 대한 이해를

---

96 이 말은 과거에는 상당히 만연되어 있던 말이다. 그러나 최근 들어서는 보궁이 증대하면서 잘 사용되지 않는다. 이의 기록으로는 韓國佛敎硏究院, 『通度寺』에서 보이는데, 月精寺가 아닌 通度寺 측 자료에서 이 말이 나오고 있다는 점에서 주목된다. 참고로 같은 韓國佛敎硏究院, 『月精寺(附)上院寺』(一志社, 1995)에서는 이 구절이 보이지 않는다.
　　韓國佛敎硏究院, 『通度寺』(一志社, 1999), p.25, "寺中에 전하는 말로는 高山 第一의 寺刹은 月精寺요, 野山 第一의 寺刹은 通度寺라고 했다."
97 廉仲爕, 「慈藏 戒律思想의 한국불교적인 특징」, 『韓國佛敎學』 제65호(2013), pp.280~283.

환기시킨다는 점에서 주목된다. 특히 중대 보궁에서 사리를 안장한 공간은, 풍수지리상으로는 오대산의 용맥龍脈에서 용의 정수리에 해당하는 곳이다. 이와 관련해 현재까지도, 중대에서 보궁에 오르는 중간에 용안수龍眼水라는 샘이 있다. 용안수란 용의 눈에서 나오는 샘이라는 의미이다. 즉 용안수가 용의 눈에 해당하며, 보궁은 정수리에 상응하는 것이다.

용의 정수리에 사리를 모신다는 의미는, 풍수지리적으로는 명당을 나타낸다. 그런데 여기에는 인도불교적인 관점으로도 해석될 수 있는 측면도 있어 주의가 요구된다. 기원전후에 간다라와 마투라에서 불상이 만들어지지만,[98] 초기 불상의 권위는 사리탑에 비견될 수 없었다. 이로 인하여 일부에서는 불상의 육계肉髻 부분에 사리를 안장하는 방식이 나타나게 된다.[99]

육계는 본래 상투를 나타내는 것이 변형된 것이다.[100] 그런데 인도 문화에는 상투 속에 보배구슬을 넣는 풍습이 있고, 이 구슬을 계주髻珠라고 한다. 『법화경法華經』의 법화칠유法華七喩 중 '계주유髻珠喩'는 바로 이를 말하는 것이다.[101] 그런데 바로 이와 같은 문화에 의해서 인도

---

98 高田修, 『佛像の起源』(東京: 岩波書店, 1967), p.422 ; 다카다 오사무, 『佛像의 誕生』, 이숙희 譯(예경, 1994), pp.65~76 ; 벤자민 로울랜드, 『印度美術史-굽타시대까지』, 이주형 譯(예경, 1999), pp.120~122 ; 최완수, 『한국불상의 원류를 찾아서 1』(대원사, 2002), pp.28~30·53~58.

99 廉仲燮, 「髻珠에 관한 사상적 관점에서의 재조명」, 『宗教研究』 제61집(2010), pp.208~209.

100 최완수, 『한국불상의 원류를 찾아서1』(대원사, 2002), pp.42~52·59~71.

101 世親의 『妙法蓮華經論優波提舍』에 法華七喩가 설명되어 있다.

용은 여의주를 입에 무는 것이 아니라, 상투 속에 넣는 것으로 나타난다.[102] 이런 점에서 본다면, 중대 보궁이 용의 정수리에 붓다의 정골과 불뇌를 모셨다는 것은 '동아시아의 풍수 관점'과 '인도의 계주 문화'를 적절하게 접목시킨 가치로 판단해 볼 수 있다. 이는 중대 보궁에서만 살펴지는 방식으로, 다른 여타 보궁의 사리 안장 방식과는 다른 특수한 측면이다. 특히 인도 문화적인 요소까지도 인식되는 부분이라는 점에서, 발굴과 같은 지속적이고 체계적인 연구 접근이 요청된다.

IV. 결론

이상을 통해서 우리는 자장의 입당 목적이 처음부터 중국 오대산의 문수 친견이라는 주장이 타당성이 약하다는 것. 그리고 자장이 귀국에 가까워서 중국의 성적聖跡을 순례하는 과정에서, 오대산을 찾았을 것이라는 주장이 더 합리적인 판단이라는 점을 인지하게 된다. 또 이와 연관해서 자장의 입당 연도도 일연의 636년 설보다는 도선의 638년 설이 더 타당하며, 자장의 오대산 문수 친견이라는 목적 전도顚倒와 연관해서 이것이 도치되는 과정에서 636년 설이 파생되었을 가능성에 대해서 검토해 보았다.

『妙法蓮華經論優波提舍』全1卷(T.26, pp.17b~18c) ; 塚本啓祥, 『法華經の成立と背景』(東京: 佼成出版社, 昭和 63年), pp.384~385.

102 『四分律』 46, 「破僧捷度第十五」(T.22, p.912b), "時海龍王遙見慰問言善來童子何所須欲答言我今欲得汝髻中如意寶珠答言汝等短壽此珠價大非不相與今當與汝但汝命欲終時還送珠來卽解珠與之幷遣二龍後持珠還."

  그리고 자장의 행적이 이와 같이 왜곡되는 이유로는, 한국 오대산 불교의 약진과 성세 및 중국과 고려의 대외정세 변화에 따른 인식 수정이 요구되었기 때문이라는 점에 대해서도 지적해 보았다. 이는 자장과 관련된 가장 기본적인 두 가지 문제에 대하여, 기존의 설에서 보다 진일보된 정합성을 확보하는 관점이다.

  다음으로 자장이 명주 지역을 찾은 시기와 관련해서, 귀국 직후 한국 오대산을 찾아서 개창하고 만년에 수다사와 정암사를 창건했다는 두 차례 유력보다는, 한 차례로 묶어 통일적으로 파악하는 것이 보다 타당하다고 정리했다. 특히 자장이 명주를 찾은 것은 수도인 경주에서의 권력 변화에 적절히 대처하지 못해서 몰락하는 것과 관련해 이해하였다. 즉 자장에게 있어서 명주는 재기의 발판이었던 것이다. 그러나 이 역시 문수를 만나지 못한다는 상징성 속에서 비극으로 끝나고 만다. 이는 명주의 지역세력 및 불교가 자장을 지지하지 않은 것으로도 해석될 수 있다는 점에서 주의가 요구된다.

  그러나 자장의 명주행으로 인하여 오대산이 개착되고, 수다사와 정암사가 창건되었으니 이것만으로도 불교사적으로는 충분한 의미가 확보된다. 이 중 오대산이라는 성산의 개창은, 이후 금강산의 개창으로까지 영향을 미치게 된다는 점에서 시사하는 바가 적지 않다. 또 중대 보궁은 오늘날까지, 통도사의 금강계단과 더불어 '고산제일 월정사 야산제일 통도사'라는 말로 최고의 보궁으로서 명성을 날리고 있다.

  중대 보궁은 일반적인 보궁들에서 보이는 탑이나 부도의 사리 봉안 방식과는 다른 자연지세, 즉 명당을 이용한 안장 방식을 택하는 특이한 모습을 보인다. 이는 중대 보궁만의 특징이다. 또 여기에는 정골과 불뇌가 모셔져 있는 것으로 기록되어 있는데, 이는 인도 문화의 머리를 중심으로 하는 구조와 연관된다. 그리고 중대 보궁의 지세 상에서 나타나는 용의 정수리에 사리를 모신 형국은, 인도의 용이 머릿속에 여의주(如意珠, 髻珠)를 수장하는 것과 일치한다. 그러므로 중대 보궁 구조를 통해서 우리는 인도 문화와 관련된 특징적인 보궁 구조에 대해서도 인식해 볼 수가 있는 것이다. 이는 한국불교에서는 매우 특이한 구조이며, 이것이 자장과 연관되어 전승되고 있다는 점에서 보다 주의 깊고 심도 있는 연구 의의를 확보한다고 판단된다.

　자장은 한국불교 계율의 정착자이자, 문수 신앙을 통한 화엄과 보궁 신앙의 확립자이다. 이런 점에서 한국불교에서 보궁이 차지하는 위상과 더불어, 자장에 대한 면밀한 검토와 보궁에 대한 연구는 보다 더 확대되어야 한다고 판단된다. 이것이야말로 한국불교 신앙축의 큰 줄기인 보궁에 대한 올바른 인식을 확립하는 정초가 되기 때문이다.

제2장

자장과 한국불교의 보궁 신앙

●

남무희
(국민대학교 강사)

I. 머리말

고려 후기에 일연一然이 편찬한 『삼국유사』에서 가장 많이 등장하는 인물은 원효나 의상이 아닌 자장이다. 그만큼 『삼국유사』에서 자장이 차지하는 비중은 원효나 의상을 능가하고 있다. 그런데 자장과 관련된 기록은 역사적 인물로서의 자장의 전기를 전하는 기록과 함께 신화적 인물로 새롭게 부활한 자장의 전기 자료들이 서로 뒤엉킨 상태로 전해졌다. 그렇다면 역사적 인물로서 자장이 어떠한 활동을 하였는지를 좀 더 구체적으로 검토하는 작업이 우선 필요할 것이라고 보인다.[1] 또한 앞으로의 연구는 이러한 작업을 토대로 해서 설화적 인물로 새롭게 부활하는 자장의 모습이 어떠하였는지를 밝히면서, 그러한 설화들이 나타나게 된 역사적인 배경도 아울러 밝혀야 할 것이다.

그런데 통도사 금강계단을 비롯한 태백산의 정암사, 오대산 상원사의 중대 적멸보궁, 사자산 법흥사 및 설악산 봉정암은 부처님의 진신사리를 봉안하고 있는 5대 적멸보궁으로 일반인들에게 널리 알려져 있다. 또한 이러한 적멸보궁은 모두 자장이 창건한 것으로 알려져 있다. 그럼에도 불구하고 지금까지 적멸보궁을 역사적 맥락에서 구체적으로 검토한 연구는 거의 없었다고 생각된다.

이에 본고에서는 자장과 한국불교의 보궁 신앙이 어떻게 형성되었는가라는 문제를 밝혀보고자 한다. 이를 위해 우선 자장 이전에 우리나라

---

[1] 이와 관련해서는 남무희의 저서(『한국 계율불교의 완성자; 신라 자장 연구』, 서경문화사, 2012)를 참고할 수 있다.

에는 부처님의 진신사리를 봉안하는 보탑 신앙寶塔信仰이 존재하였는 가라는 측면을 살펴보고자 한다. 『삼국유사』와 『삼국사기』 및 금석문 자료에 보이는 관련 자료를 살펴보면서, 자장 이전에도 이미 우리나라 에 진신사리를 봉안하는 보탑 신앙이 있었을 가능성을 제기하고자 한다.

이러한 이해를 바탕으로 643년에 신라로 귀국한 자장이 10여 곳에 절(寺)과 탑塔을 세웠다는 기록을 좀 더 구체적으로 살펴보고자 한다. 이를 통해 자장이 10여 곳에 절과 탑을 세운 의미가 무엇이었는지를 제시해 보고자 한다.

한편, 일반인들에게 널리 알려진 5대 적멸보궁은 모두 자장으로부터 기원하고 있다. 그런데 이러한 적멸보궁 가운데 통도사 금강계단을 제외하면, 모두 강원도에 적멸보궁이 위치하고 있다는 점이 주목된다. 그렇다면 통도사 금강계단을 제외한 적멸보궁이 모두 강원도에 위치한 이유가 무엇인지도 궁금하다. 자장과 깊은 인연을 맺고 있는 적멸보궁 대부분이 강원도에 있는 이유를 밝히기 위해, 그의 입적과 관련된 기록을 새로운 관점에서 살펴보고자 한다. 이를 통해 강원도에 자장과 깊은 인연을 맺는 보궁 신앙이 형성되었던 역사적 배경이 무엇이었는지 를 제시하고자 한다. 이 글에서 미처 밝히지 못한 부분은 앞으로 공부를 계속하면서 끊임없이 보완해 나가도록 하겠다. 많은 질정을 바란다.

II. 자장 이전 보탑 신앙의 사례

자장과 깊은 인연을 가지면서 형성된 5대 적멸보궁은 모두 부처님의 진신사리를 봉안하고 있다는 공통점이 있다. 그렇다면 자장 이전에도 부처님의 진신사리를 봉안하는 보탑 신앙이 있었는지를 살펴볼 필요가 있다. 이와 관련해서는 『삼국유사』의 아래 기록이 우선 참고가 된다.

(1) 『삼보감통록』에 실려 있다. 고려 요동성 옆에는 탑이 있다. 고로古老들이 전하는 기록은 다음과 같다. 옛날에 고려의 성왕聖王이 국경을 어루만지며 다니다가 이 요동성에 이르렀는데, 오색의 구름이 땅을 덮은 것을 보았다. 이에 구름 속으로 가서 찾아보니 어떤 승려가 지팡이를 짚고 서 있었다. 다가가면 없어지고, 멀리서 보면 다시 나타났다. 곁에는 삼층으로 된 토탑土塔이 있었는데, 위는 마치 솥을 덮은 것 같았으나 이것이 무엇인지는 자세히 알지 못하였다. 다시 가서 어떤 승려를 찾으니 오직 황초荒草만 있었다. 이에 그곳을 일장一丈이 되도록 깊이 파보니 지팡이와 신발이 있었다. 이에 더 깊이 파보니 비명碑銘이 있었다. 비명에는 범어梵語로 쓰인 글자가 있었는데 시신侍臣이 알아보고, "이는 불탑이라 이르는 것입니다"라고 하였다. 이에 왕은 믿음이 일어나 7층의 목탑을 세웠다.[2]

요동성에 고려 성왕이 건립한 육왕탑育王塔이 있었다는 위의 기록은 도선道宣이 편찬한 『집신주삼보감통록集神州三寶感通錄』에 실려 있었는데, 이러한 기록은 『삼국유사』에서도 거의 그대로 실렸다.[3] 이때

---

2 『삼국유사』 권3, 塔像 제4 「요동성육왕탑」조, "三寶感通錄載 高麗遼東城傍塔者 古老傳云 昔高麗聖王 按行國界次 至此城 見五色雲覆地 往尋雲中 有僧執錫而立 旣至便滅 遠看還現 傍有土塔三重 上如覆釜 不知是何 更往覓僧 唯有荒草 掘尋一丈 得杖幷履 又掘得銘 上有梵書 侍臣識之 云是佛塔 因生信 起木塔七重."

고구려에서 육왕育王으로 비춰질 전륜성왕은 광개토왕이었을 것으로
보는 견해[4]를 참고한다면, 요동을 확보한 이후 요동성에 사원을 건립하
고 육왕탑을 세울 수 있었던 것은 광개토왕 대의 사실이라고 보아도
좋을 것이다. 이렇게 보면 고구려의 광개토왕은 당시 고구려의 서쪽
변방이었던 요동성을 순행하였을 뿐만 아니라, 이곳에 육왕탑을 세웠
음을 알 수 있다.[5]

그런데 『삼국유사』에서는 위의 기록을 서술한 다음에, 인도의 아쇼
카왕이 부처의 진신사리를 나누어 8만 4천 곳에 육왕탑을 세웠다는
사실을 전하고 있다. 이와 관련해서는 아래의 자료를 참고할 수 있다.

(2) 『고전古傳』을 살펴보면, 아육왕이 '귀신의 무리(鬼徒)'에게 명하여
인구 9억 명이 사는 곳마다 탑 하나씩을 세웠다고 한다. 그런 다음
염부계閻浮界 안에 8만 4천 개를 세워서 큰 돌 속에 감추어 두었다고
한다. 지금 곳곳에서 상서로운 조짐을 보이는 일이 한 둘이 아니니
대개 진신사리는 그 감응을 헤아리기 어렵다.[6]

---

3 『삼국유사』에 보이는 요동성 육왕탑의 사례는 道宣(596~667)이 664년에 편찬한
『집신주삼보감통록』의 기록과 668년에 道世가 편찬한 『법원주림』(권 38, 대정장
53, 588)에도 보인다(맥브라이드 리차드, 「『삼국유사』의 신빙성 연구-중국 및
한국문헌자료의 사례-」 『일연과 삼국유사』, 신서원, 2007).
4 신동하, 「고구려의 사원조성과 그 의미」 『한국사론』 19(1988), p.27.
5 남무희, 『동아시아 신삼론 사상의 개척자; 고구려 승랑 연구』(서경문화사, 2011).
6 『삼국유사』 권3 탑상 제4 「요동성육왕탑」조, "按古傳 育王命鬼徒 每於九億人居地
立一塔 如是起八萬四千於閻浮界內 藏於巨石中 今處處有現瑞非一 蓋眞身舍利
感應難思矣."

위의 기록은 『고전古傳』을 인용하면서 고구려의 성왕聖王이 요동성에 육왕탑을 세웠다는 기록에 대해 부연적으로 설명하기 위해, 아육왕과 8만 4천 개의 탑 및 진신사리의 감응에 대해 서술하고 있는 것으로 보인다. 이를 통해 고구려에서는 광개토왕 대에 이미 요동성에 부처님의 진신사리를 봉안하는 육왕탑을 세웠다는 사실을 알 수 있다. 그런데 위의 기록 (2)에 의하면, 인도의 아쇼카왕이 귀신의 무리인 귀도鬼徒를 시켜 8만 4천 곳에 육왕탑을 세우도록 하였음을 알 수 있다. 여기에서 말하는 『고전』은 불교 관련 기록들일 것이다. 이에 불교와 관련된 기록에서 이러한 부분을 찾아보면 아래와 같은 자료들을 찾을 수 있다.

(3) 『육왕전』에서 말하기를, "부처님께서 입멸하시고 116년 뒤에 염부제에 아유가阿輸伽라는 이름의 왕이 있었는데, 동천축에 나타나 화씨성華氏城을 다스렸다. 부처님의 사리를 거두어 아육왕이 사리탑을 조성하였다"라고 하였다. …… 『아육왕전』에서 말하기를, "부처님께서 멸도하시고 116년 뒤에 동천축에서 화씨성을 다스리다가 염부제를 통일하는 철륜왕이 출현하였다. 부처님의 법을 흥륭시키고자 팔만 사천의 보탑을 세웠다"라고 하였다.[7]

(4) 부처님께서 멸도하시고 100년 뒤에 아육왕이 부처님의 사리를 취하고, 밤에 귀신들로 하여금 칠보를 분쇄하여 8만 4천 탑을 세웠다.

---

7 隋 費長房撰, 『歷代三寶紀』 15卷, "育王傳云 佛泥越後百十六年 閻浮提王名阿輸伽 出東天竺治華氏城 收佛舍利散起及阿育王造舍利塔 …… 阿育王傳云 佛滅度後百十六年 出東天竺治華氏城 統閻浮提爲鐵輪王 興隆佛法 起立八萬四千寶塔."

68

…… 하루 만에 섬부계에 두루하니, 진단국에는 19곳이 있다〔『아육왕
전』에서 말하는 19탑에서 다섯 곳은 알 수 있으니 낙양 백마사 동성,
건강 장간사탑, 사명 아육왕탑, 임치와 성도의 아육왕탑이다〕.[8]

(5) 『여지지』에서 말하기를, "아육왕은 석가의 제자인데, 능히 귀신을
부릴 줄 안다. 하룻밤 사이에 천하에 부처님의 유골을 모시는 보탑을
8만 4천 개 조성하였는데, 모두 땅으로부터 솟아났다"라고 하였다.[9]

위의 자료에 의하면, 인도의 아육왕이 부처님의 사리를 나누어 8만
4천의 보탑을 창건하였음을 알 수 있다. 또한 이때 아육왕은 귀신을
동원하여 하룻밤에 8만 4천의 보탑을 창건하였는데, 그 가운데 19개소
는 중국에 있다는 사실을 언급하고 있다. 그렇다면 광개토왕이 요동성
에 세운 육왕탑도 이러한 사례에 포함될 수 있을 것이라고 생각된다.

지금까지의 검토를 통해 볼 때, 자장이 활동하기 이전에 고구려에서
도 불사리를 봉안하는 보탑 신앙이 있었음을 알 수 있다. 그런데 신라에
서도 이러한 사례를 찾을 수 있는 것이 흥미롭다. 아래의 자료가 참고
된다.

---

8 宋 志磐撰, 『佛祖統紀』 54卷, "佛滅度後百年 阿育王取佛舍利 夜役鬼神碎七寶末造
八萬四千塔 …… 於一日中遍瞻部界 在震旦國者一十九所(阿育王傳 十九塔可知者
有五處 洛陽白馬寺東聖 建康長干寺塔 四明阿育王塔 臨淄成都 並有阿育王塔."
9 唐 道宣撰, 『集神州三寶感通錄』 3卷, "興地誌云 阿育王 釋迦弟子 能役鬼神 一日夜
於天下造佛骨 寶塔八萬四千 皆從地出."

(6) 진평왕이 비형을 불러 말하기를, "네가 귀신을 거느리고 논다니 사실인가"라고 하였다. 비형랑이 말하기를, "사실입니다"라고 하였다. 왕이 말하기를, "그렇다면 네가 귀신들을 부려 신원사神元寺의 북쪽 도랑에 다리를 놓아라"라고 하였다. 비형이 왕의 명을 받들어 자신의 무리들을 부려 돌을 다듬어 하룻밤 사이에 큰 다리를 놓았다. 이러한 이유로 귀교鬼橋라고 이름하였다.[10]

진평왕眞平王 대에 진지대왕眞智大王의 영혼과 도화녀 사이에서 태어난 비형랑은 매번 월성月城을 날아 넘어가 서쪽에 있는 황천荒川 둑으로 가서 귀신의 무리들을 거느리고 놀았다(率鬼衆遊). 이에 진평왕은 비형랑으로 하여금 귀신 무리들을 시켜 신원사의 북쪽 도랑에 다리를 놓고 있음을 알 수 있다. 그렇다면 비형랑이 거느리고 놀았던 귀중鬼衆의 실체가 무엇인지 궁금하다.[11] 위의 기록에서 말하는 귀신 무리(鬼衆)는 도교道敎와 관련될 여지도 있다.[12] 하지만 본고에서는 불교와 관련지어

10 『三國遺事』 紀異2 「桃花女鼻荊郎」條.
11 '鬼衆'을 두고 徐永大는 성년식 동안의 청소년을 상징하는 화랑이라고 보았다(「韓國古代 神觀念의 社會的 意味」, 서울대 박사학위논문, 1991, pp.54~55). 朴南守는 匠人이라고 하였다(『新羅手工業史硏究』, 신서원, 1996, p.276). 한편 김영하는 토착신앙상의 존재인 피지배층의 민을 상징한다고 하였다(『新羅中代社會硏究』, 일지사, 2007, pp.166~167).
12 『三國志』 魏書 권8 「張魯傳」, "장로가 드디어 한중을 장악하고는 鬼道로써 백성을 가르쳤다. 자신을 (天)師君이라고 호칭하니(자신을) 따라와 도교를 배우려는 자들이 있었다. 처음에는 모두 鬼卒이라고 이름하였다. 본도에서 이미 信符를 받게 되면 제주라 이름하고 제각기 부중을 거느리게 하였다. 많은 자는 치두대제주라고 하였다. …… 장리를 두지 않고 모두 제주라고 하면서 다스리니 백성들이

관련 사료를 검토해 보도록 하겠다. 중고시대 신라에서 전륜성왕을
표방하고 있던 진흥왕은 황룡사를 세우기 이전에 울산에 동축사東竺寺
를 세웠다.[13] 또한 진지왕은 사륜(舍輪, 또는 金輪)이라고 하였다. 이렇
게 보면, 신라에서도 중고시대 초기에 전륜성왕을 표방하는 사상이
형성되어 있었다고 보인다. 그런데 진지왕 이전 시기에 작성된 신라
금석문에도 '衆衆'이 보이고 있다는 사실이 주목된다. 아래 자료가
참고 된다.

문득 그것을 즐거워하였다(魯遂據漢中 以鬼道敎民 自號師君 其來學道者 初皆名
鬼卒 受本道已信 號祭酒 各領部衆 多者爲治頭大祭酒 … 不置長吏 皆以祭酒爲治
民夷便樂之)." 중국의 후한시대 말에 등장한 五斗米道는 張陵이 부른 것으로
天師道라고도 한다. 오두미도(천사도)는 교단조직을 두었는데, 天師에는 大祭酒
(治頭)·祭酒라고 하여 일반신자인 鬼卒을 통솔하는 계층제였다. 그런데 위의
기록에 보이는 '鬼卒 受本道已信 號祭酒 各領部衆'의 내용에서 첫 글자와 마지막
글자를 합치면 '鬼衆'이라는 용어가 만들어질 가능성도 충분히 있다. 이렇게
보면, '鬼衆'이라는 용어에는 도교적인 의미가 내포되어 있을 가능성도 충분히
있다.

13 아육(아쇼카)왕과 관련해서는 아래의 논문과 저서를 참고할 수 있다.
金煐泰, 「彌勒仙花攷」 『佛敎學報』 3·4(1966).; 金煐泰, 「新羅 眞興大王의 信佛과
그 思想 硏究」 『佛敎學報』 5(1967).; 南都泳, 「眞興王의 政治思想과 治積」 『統一期
의 新羅社會 硏究』(1987).; 장지훈, 「佛敎의 政治理念과 轉輪聖王-三國時代
佛敎受容 문제와 관련해서-」 『史叢』 44(1995).; 장지훈, 『한국 고대 미륵 신앙
연구』(집문당, 1997).; Pankaj Mohan, 「6세기 신라에서의 아쇼카 상징(Asokan
Symbolism)의 수용과 그 의의」 『韓國思想史學』 23(2004).; 박금표, 『불교와
인도 고대국가 성립에 관한 연구』(한국학술정보[주], 2007).; 츠가모토 게이쇼
지음/호진·정수 옮김, 『아쇼카왕 비문』(불교시대사, 2008).; 이거룡, 『전륜성왕
아쇼카』(도피안사, 2009).

(7) 丙辰年二月八日△△△大塢△△△△鄧九十二△△廣△李△△
△將上三將作人七千人△二伯八十方 使△△△尺△△大舍第△△小
舍第述利大烏第△△小烏未△小烏一支△人△△尒 利內利△丁△使
△人只㻌巴伊卽**刀衆**△村只△△△△干支△尒利[14]

(8) 辛未年十一月中作城也 上人邏頭本波部伊皮尒利吉之 郡中上人
烏大谷〔亻＋丸〕智支下干支 匠人比智休波日幷工人抽兮下干支徒作
受長四步五尺一寸△叱△一伐徒作受長四步五尺一寸△△利波日徒
受長四步五尺一寸 合高十步長十四步三尺三寸 此記者 古他門中西南
回行 其作石立記 **衆人**至十一月五十一作始十二月卅日了積卅五日也
書寫人源欣利阿尺[15]

위에 제시한 (7)은 「영천 청제비 병진명」에 실려 있는 내용으로
법흥왕 23년(536)에 세워졌으며, (8)은 「명활산성작성비」로 진흥왕
12년(551)에 세워졌다. 그런데 (7)에서는 '도중刀衆'이 보이고 있으며,
(8)에는 '중인衆人'이 보인다. 그렇다면 위의 기록에 보이는 '중衆'에는
어떤 의미가 담겨 있는지 궁금하다. 보통 불교에서 '중衆'이라고 말하는
것은 Saṃgha, 즉 승가僧伽의 일인데, 승가를 간략하게 칭하는 것에
해당된다고 이해된다. 그러므로 '중衆'의 본래 의미는 비구比丘와 비구
니比丘尼가 수업 전도를 하기 위한 화합단체를 일컫는 것으로 보인다.[16]

---

14 「永川 菁堤碑 丙辰銘」.

15 「명활산성작성비」.

16 山埼宏, 「二十五衆の勅任」, 「五衆の設定」『支那中國佛敎の展開』, 淸水書店,
　　1942(昭和 17년), pp.298~327에는 불교에서 말하는 '衆'의 용례가 자세하게 설명

하지만 고구려 요동성에 육왕탑을 직접 세우는 귀신 무리(鬼徒)와 신라 경주의 신원사에 귀신 다리(鬼橋)를 하룻밤에 건설하는 귀신 무리(鬼衆)는 전륜성왕의 통제를 받으면서 불탑이나 사찰의 주요 건축물을 조성하는 일을 담당하고 있음을 알 수 있다.

그런데 643년에 신라로 귀국한 자장은 경주 황룡사에 9층목탑을 세우고 있다. 이와 관련된 기록을 살펴보면 아래와 같다.

(9) 정관 17년 계묘(643) 16일에 (자장은) 당나라 황제가 준 불경·불상·가사·폐백을 가지고 본국으로 돌아왔다. (자장이) 탑 세울 일을 왕에게 아뢰니, 선덕왕은 신하들과 의논하였다. 신하들이 말하기를, "백제로부터 공장工匠을 청한 뒤에야 비로소 가능할 것입니다"라고 하였다. 이에 보물과 비단으로써 백제에 (공장을) 청하니, 아비지阿非知라는 이름의 장인이 명을 받고 와서 목재와 석재를 경영하였다. 이간伊干 용춘[龍春, 龍樹라고도 한다]이 일을 주관하여 소장小匠 2백 명을 인솔하였다.[17]

(10) 이에 (왕은) 감군監君인 이간 용수龍樹와 대장大匠인 백제 아비阿非 등에게 명하여 소장 200명을 데리고 이 탑을 만들도록 하였다.[18]

되어 있다.

17 『三國遺事』 卷3 塔像4 皇龍寺九層塔. "貞觀十七年癸卯十六日 將唐帝所賜經像袈裟幣帛而還國 以建塔之事聞於上 善德王議於群臣 群臣曰 請工匠於百濟 然後方可 乃以寶帛 請於百濟 匠名阿非知 受命而來 經營木石 伊干龍春一云龍樹幹蠱率小匠二百人."

18 「皇龍寺九層木塔刹柱本記」, "(第一板內面) 乃命監君伊干龍樹大匠百濟阿非等率

위에 제시한 (9)와 (10)의 자료에 의하면, 황룡사 9층목탑을 건립하는 책임을 사륜계인 김용춘金龍春(또는 金龍樹)이 맡고 있음이 주목된다. 황룡사 9층목탑의 건립을 제안한 것은 당으로부터 귀국한 자장이었지만, 실제로 황룡사 9층목탑을 건립한 것은 백제 장인 아비지와 사륜계에 해당하는 김용춘이 거느리고 있던 200여 명의 장인이었다. 이렇게 볼 때, 비형랑이 거느리고 있던 '귀중鬼衆'과 김용춘이 황룡사 9층목탑을 건립할 때 동원했던 '장인匠人'은 동일한 성격을 갖는 집단으로 보인다. 자장이 경주 황룡사에 9층목탑을 건립한 것이 가지는 의미는 다양한 측면에서 검토되어야 할 것이다. 다만 본고에서는 황룡사 9층목탑의 건립에는 자장뿐만 아니라 백제 장인 아비지와 비형랑(후일 김용춘이 되었다고 보임)이 이끄는 귀신 무리(鬼衆; 匠人集團의 또 다른 표현)가 참여하였다는 점을 부각시켜 보았다. 이를 통해 자장에 의한 황룡사 9층목탑의 건립은 그 이전 시기부터 있어왔던 보탑 신앙의 연장선에서 이해할 필요가 있다고 생각된다.

III. 귀국 이후 자장이 창건한 사탑

도선이 편찬한 『속고승전』 「자장전」과 『삼국유사』 「자장정율」에서는, 신라로 귀국한 이후 자장이 신라 국내에서 어떠한 사찰과 불탑을 창건하였는지를 알려주고 있다. 이와 관련해서는 아래 자료를 참고할 수 있다.

小匠二百人造斯塔焉."

(11) (자장은) 또 별도로 절과 탑을 10여 곳에 조성하였다. 한 곳에 절을 세울 때마다 온 나라가 함께 숭상하였다. 이에 자장은 발원하여 말하기를, "만약 내가 조성한 절과 탑에 신령스러움이 있다면 기이한 현상이 나타나기를 바랍니다"라고 하였다. 문득 감응이 나타나 사리가 여러 두건과 발우에 있게 되니, 대중들이 자비심과 경이심으로 보시한 것이 쌓여 산처럼 되었다. 문득 계를 주고 선행을 행함이 널리 퍼지게 되었다.[19]

(12) -① 무릇 자장이 세운 절과 탑은 10여 곳에 있다. 매번 세울 때마다 반드시 기이한 상서로움이 있었다. 그렇기 때문에 불공하는 자들이 도시를 가득 메울 만큼 공양하여 며칠이 안 되어 완성되었다. ② 자장이 사용하던 도구와 옷 및 버선과 태화지의 용이 바쳤던 오리 모양의 목침과 석존께서 사용하시던 가사와 같은 것들을 모두 모으고 합해서 통도사에 두었다. ③ 또 헌양현(지금의 언양이다)에는 압유사가 있는데, 목침의 오리가 일찍이 이곳에서 놀면서 기이함을 나타냈기 때문에 이름으로 한 것이다.[20]

위에 제시한 (11)의 기록에 의하면, 자장이 신라로 귀국한 이후

---

19 『속고승전』권24 「唐新羅國大僧統釋慈藏傳」(대정장 50), "又別造寺 塔十有餘所 每一興建 合國俱崇 藏乃發願曰 若所造有靈 希現異相 便感舍利 在諸巾鉢 大衆悲 慶 積施如山 便爲受戒 行善遂廣."

20 『삼국유사』권4 의해5 「자장정율」, "凡藏之締搆寺塔 十有餘所 每一興造 必有異祥 故蒲塞供塡市 不日而成 藏之道具布襪 幷太和龍所獻木鴨枕 與釋尊由衣等 合在 通度寺 又䑛陽縣(今彦陽) 有鴨遊寺 枕鴨嘗遊此現異 故名之."

10여 곳에 절과 탑을 조성하였다는 사실을 중국의 도선도 알고 있었다. 그러면서 도선은 자장이 신라 국내에서 10여 곳에 절과 탑을 조성할 때에 많은 이적들이 있었다는 사실도 함께 전하고 있다. 하지만 구체적으로 10여 곳이 어디인지는 밝히지 않았다. 이러한 도선의 서술 태도는 그대로 일연의 『삼국유사』「자장정율」에도 반영되었는데, 여기에서는 구체적으로 통도사와 압유사를 제시하고 있다.

그런데 『삼국유사』「자장정율」에서도 10여 곳이 어디인지를 구체적으로 밝히지는 않았다. 그렇다면 자장이 신라 국내에서 창건한 10여 곳의 절과 탑을 구체적으로 밝힐 필요가 있다. 하지만 현재 전하는 기록만으로 10여 곳을 구체적으로 밝히는 것이 쉬워보이지는 않는다. 이런 속에서 자장이 창건했다고 전해지는 곳이 후대의 기록 곳곳에서 나타날 소지가 발생하였다고 생각된다. 일단 본고에서는 『삼국유사』 및 민지閔漬의 『오대산사적기』「오대산월정사사적 봉안사리개건사암제일조사전五臺山月精寺事蹟 奉安舍利開建寺庵第一祖師傳」에 전하는 기록을 중심으로 해서 자장이 창건한 10여 곳의 절과 탑이 어디인지를 추적해 보도록 하겠다. 이와 관련해서는 아래 자료를 참고할 수 있다.

(13) 자장이 (중국의) 오대산에서 받은 사리 1백 개는 황룡사탑의 기둥 속과 함께 통도사 계단 및 태화사탑에 나누어 모셨으니, 못에 있는 용의 청을 쫓았던 것이다〔태화사는 하곡현 남쪽에 있는데, 지금의 울주이니 역시 자장법사가 세웠다〕.[21]

---

21 『삼국유사』 권3 탑상4 「황룡사9층탑」, "貞觀十七年癸卯十六日 將唐帝所賜 經像袈裟幣帛而還國 以建塔之事聞於上 善德王議於群臣 群臣曰 請工匠於百濟 然後方

(14)『국사』에서 말하기를, "…… 선덕여왕 대인 정관 17년 계묘(643)에 자장법사가 가져온 부처님의 두골과 어금니와 불사리 1백 개 및 부처님이 입던 붉은 깁에 금점이 있는 가사 한 벌이 있었다. 그 사리는 세 부분으로 나누어 한 부분은 <u>황룡사탑</u>에 두고, 한 부분은 <u>태화사탑</u>에 두었으며, 나머지 한 부분은 가사와 함께 <u>통도사 계단</u>에 두었으며, 그 외 나머지는 어디에 두었는지 알 수 없다……"라고 하였다. …… 정관 17년에는 자장법사가 삼장 4백여 함을 싣고 와서 <u>통도사</u>에 안치하였다.²²

(15) 자장법사는 정관 17년에 이 산에 이르러 문수보살의 진신을 보려고 했으나 3일 동안 날씨가 어두워 (뜻을) 이루지 못하고 돌아와 다시 <u>원녕사</u>에 머물렀다. 이에 문수보살을 뵈니 이르기를, "칡덩쿨이 있는 곳으로 가라"고 하였다. 지금의 <u>정암사</u>가 이곳이다[역시 별전에 실려 있다].²³

(16) - ① 산중의 고전古傳을 살펴보면, 이 산을 참다운 성인이 거주하

可 乃以寶帛請於百濟 匠名阿非知 受命而來 經營木石 伊于龍春(一云龍樹幹蠱 … 慈藏以五臺所授舍利百粒 分安於柱中 幷通度寺戒壇 及太和寺塔 以副池龍之 請[太和寺在河曲縣南 今蔚州 亦藏師所創也)."

22 『삼국유사』 권3, 탑상4 「전후소장사리」, "(國史云……) 善德王代 貞觀十七年癸卯 慈藏法師所將佛頭骨佛牙佛舍利百粒 佛所著緋羅金點袈裟一領 其舍利分爲三 一 分在皇龍塔 一分在太和塔 一分幷袈裟在通度寺戒壇 其餘未詳所在 …… 貞觀十 七年 慈藏法師載三藏四百餘函來 安于通度寺."

23 『삼국유사』 권3 탑상4 「臺山五萬眞身」, "師以貞觀十七年來到此山 欲睹眞身三日 晦陰不果而還 復住元寧寺 乃見文殊云至葛蟠處 今淨嵒寺是(亦載別傳)."

는 곳이라고 부르게 된 것은 자장법사로부터 시작되었다. …… ②법사
는 정관 17년(643) 이 산(오대산)에 이르러 (문수보살의) 진신을
뵈려고 하였으나 3일 동안 날씨가 어두워 뜻을 이루지 못하고 돌아갔다.
…… ③지금의 <u>월정사月精寺</u>가 이곳이다.[24]

(17) 절에 전하는 고기古記를 살펴보니, "자장법사는 처음에 오대산에
이르러 문수보살의 진신을 보려고 산기슭에 띠집을 짓고 7일 동안을
머물렀으나 나타나지 않으므로, <u>묘범산妙梵山</u>으로 가서 <u>정암사淨岩寺</u>
를 세웠다"라고 하였다.[25]

(18) - ① 절에 전해오는 고기에 따르면, 자장법사가 처음 오대(산)에
이르러 부처의 진신을 보려고 산기슭에 띠집을 짓고 머물렀으나 7일
동안 나타나지 않으므로 <u>묘범산</u>에 이르러 <u>정암사</u>를 세웠다. ……
②이 <u>월정사</u>는 자장법사가 처음으로 따로 지은 것이다.[26]

(19) - ①(문수보살이) 또 말하기를, "경의 나라에 있는 명주 지역에도
또한 오대산이 있는데, 1만 문수가 상주하는 진신의 장소입니다. 경이
본국으로 돌아가면 친히 참배하십시오[이상은 『대산본기』에 나온
다]. ②뒤에 마땅히 경을 태백산의 <u>갈반지처葛蟠之處</u>에서 다시 보게
될 것입니다"라고 하였다. 말을 마치고는 범승은 사라졌는데, 곧 문수

---

24 『삼국유사』권3 탑상4 「대산오만진신」을 참고.
25 『삼국유사』권3 탑상4. 「臺山月精寺五類聖衆」, "按寺中所傳古記云 慈藏法師初至
五臺 欲睹眞身 於山麓結茅而住 七日不見 而到妙梵山創淨岩寺."
26 『삼국유사』권3 탑상4. 「대산월정사오류성중」을 참고.

의 화신이었다.[27]

위에 제시한 자료를 검토하면 신라 국내로 귀국한 이후 자장이 창건한 10여 곳의 절과 탑이 구체적으로 어디인지가 밝혀질 수 있을 것으로 기대된다. 중복되는 느낌은 있지만, 위에 제시한 자료를 다시 정리해 보면 대체로 아래 〈표〉로 정리할 수 있다.

〈표 1〉 귀국 이후 자장이 창건한 절과 탑의 현황

	출 전	자장이 창건한 사찰
(12)	『삼국유사』 권4 의해5 「자장정율」	통도사, 압유사.
(13)	『삼국유사』 권3 탑상4 「황룡사9층탑」	황룡사탑, 통도사 계단, 태화사탑(태화사)
(14)	『삼국유사』 권3, 탑상4 「전후소장사리」	황룡사탑, 태화사탑, 통도사 계단(통도사)
(15)	『삼국유사』 권3 탑상4 「대산오만진신」	원녕사, 정암사
(16)	『삼국유사』 권3 탑상4 「대산오만진신」	월정사
(17)	『삼국유사』 권3 탑상4 「대산월정사오류성중」	묘범산 정암사
(18)	『삼국유사』 권3 탑상4 「대산월정사오류성중」	묘범산 정암사, 월정사
(19)	민지, 『오대산사적기』 「五臺山月精寺事蹟 奉安舍利開建寺庵 第一祖師傳」	갈반지처

---

27 민지, 『오대산사적기』 「五臺山月精寺事蹟 奉安舍利開建寺庵第一祖師傳」, "又曰 卿之本國溟洲之地 亦有五臺山 一萬文殊常住眞身之所也 卿還本國 可往親參(已 上出臺山本記也) 後當見卿於太白山葛蟠之處 言訖而滅 梵僧卽文殊化身也."

위에 제시한 〈표 1〉을 통해 볼 때, 신라로 귀국한 이후 자장이 창건한 절과 탑은 대체로 ① 통도사(통도사 계단), ② 압유사, ③ 황룡사탑, ④ 태화사탑, ⑤ 원녕사, ⑥ 정암사(갈반지처), ⑦ 월정사로 요약될 수 있다.[28] 이러한 〈표 1〉의 분석을 통해서도, 신라로 귀국한 이후 자장이 창건한 10여 곳의 절과 탑이 모두 밝혀지는 것은 아니다.

그런데 위의 〈표 1〉을 다시 들여다보면, (12)와 (13) 및 (14)에서는 황룡사탑과 통도사 계단 및 압유사와 태화사탑만이 제시되어 있다. 이에 반해 (15)~(19)에서는 원녕사와 정암사(갈반지처) 및 월정사만 이 제시되어 있음을 알 수 있다. 이러한 부분을 어떻게 이해할 것인지는 좀 더 시간을 두고 검토해 보아야 할 것이라고 생각된다. 일단 본고에서 는 자장의 행적을 전하는 기록에는 대체로 두 가지 유형이 있었을 것으로 보고자 한다. 말하자면 경주를 중심으로 해서 자장의 행적을 서술한 기록에서는 오대산 지역과 관련된 서술이 전혀 없으며, 강원도 오대산 지역에서 자장의 활동을 기록한 자료에서는 대체로 이 지역에서 자장이 활동하였다는 사실을 좀 더 강조하려는 입장이 강하게 반영되어 있다고 생각된다. 귀국 이후 자장의 행적을 서술한 다양한 기록 가운데 에서 오대산과 관련된 기록에서는 자장이 지금의 강원도 지역에서 많은 활동을 하였다는 사실을 기록으로 남기고 있다. 이러한 가운데 자장에 의해 창건되었다고 하는 5대(또는 4대) 적멸보궁의 이야기가 출현할 수 있었다고 생각된다. 이러한 부분은 장을 달리해서 서술하도 록 하겠다.

---

28 이 외에 분황사, 수다사, 대송정을 추가하면 대체로 10곳은 된다.

Ⅳ. 자장의 입적과 보궁 신앙의 형성

자장이 언제 태어나서 언제 입적하였는가라는 문제는 아직까지 명쾌하게 밝혀지지 않았다. 다만 필자는 도선의 '80여 세 입적설'과 도세의 '영휘 연간 입적설'을 적극적으로 수용하여, 자장은 진흥왕 37년(576) 4월 8일에 출생하여, 태종 무열왕 2년(655)에 경주 황룡사에서 입적하였을 것으로 보았다.[29] 그런데 앞에서도 살펴보았듯이, 오대산과 관련된 자료에서는 자장이 귀국 이후부터 강원도의 오대산 지역과 깊은 연관이 있는 것으로 서술하고 있다. 이러한 기록에서는 자장의 만년과 그가 입적하는 모습을 다음과 같이 서술하고 있다. 아래 자료를 참고할 수 있다.

(20) 만년에는 서울을 하직하고 강릉군江陵郡[지금의 명주이다]에 수다사水多寺를 세우고 살았다. 다시 꿈에 북대北臺에서 보았던 한 이상한 모양의 중이 나타나 말하기를, "내일 대송정大松汀에서 그대를 만나겠다"라고 하였다. 자장이 놀라 일어나서 일찍 송정에 가니 과연 문수보살이 감응하여 와 있었다. 이에 부처님 법의 요지를 물었더니 말하기를, "태백산 갈반지에서 다시 만나자"라고 하고는 드디어 자취를 숨기고 나타나지 않았다.[30]

---

29 남무희, 『한국 계율불교의 완성자; 신라 자장 연구』, 서경문화사, 2012.

30 『삼국유사』 권4 의해5 「자장정율」, "暮年謝辭京輦 於江陵郡(今溟州也) 創水多寺 居焉 復夢異僧 狀北臺所見 來告曰 明日見汝於大松汀 驚悸而起 早行至松汀 果感 文殊來格 諮詢法要 乃曰 重期於太伯葛蟠地 遂隱不現."

(21) 자장이 태백산에 가서 (문수보살을) 찾다가 큰 구렁이가 나무 밑에 서리고 있는 것을 보고 시자에게 말하기를, "여기가 이른바 갈반지이다"라고 하였다. 이에 석남원石南院〔지금의 정암사이다〕을 세우고 문수대성이 내려오시기를 기다렸다. 이때 어떤 늙은 거사가 남루한 방포方袍를 입고 칡으로 만든 삼태기에 죽은 강아지를 담아 메고 와서 시자에게 말하기를, "자장을 보려고 왔다"고 하였다. 문인이 말하기를, "내가 좌우에서 시종한 이래 우리 스승님의 이름을 함부로 부르는 자를 보지 못했는데, 너는 어떤 사람이기에 이런 미친 말을 하느냐"라고 하였다. 거사가 말하기를, "다만 너의 스승에게 아뢰기만 하라"고 하였다. 시자가 드디어 들어가서 고하자 자장도 깨닫지 못하고 말하기를, "아마도 미친 사람이겠지"라고 하였다. 문인이 나가서 그를 꾸짖어 쫓으니 거사가 말하기를, "돌아가리라. 돌아가리라. 아상我相을 가진 자가 어찌 나를 볼 수 있겠는가"라고 하였다. 그리고는 삼태기를 거꾸로 들고 터니 강아지가 변해서 사자보좌獅子寶座가 되고, 그 위에 올라앉아 빛을 발하면서 가버렸다. 자장이 이 말을 듣고 그제서야 위의를 갖추고 빛을 찾아 남쪽으로 달려 올라갔으나 이미 아득해서 따라가지 못하고 드디어 쓰러져 세상을 떠났다. 화장하여 유골을 석혈石穴 속에 모셨다.[31]

---

31 『삼국유사』 권4 의해5 「자장정율」, "藏往太伯山尋之 見巨蟒蟠結樹下 謂侍者曰 此所謂葛蟠地 乃創石南院(今淨岩寺) 以候聖降 粤有老居士 方袍襤褸 荷葛簣 盛死 狗兒 來謂侍者曰 欲見慈藏來爾 門者曰 自奉巾箒 未見忤犯吾師諱者 汝何人斯 爾狂言乎 居士曰 但告汝師 遂入告 藏不之覺曰 殆狂者耶 門人出詬逐之 居士曰 歸歟歸歟 有我相者 焉得見我 乃倒簣拂之 狗變爲師子寶座 陞坐放光而去 藏聞之 方具威儀 尋光而趨登南嶺 已杳然不及 遂殞身而卒 茶毘安骨 於石穴中."

사실 필자는 위의 기록이 자장 당대의 기록이 아니었을 것으로 보는 기존의 견해를 따랐다.[32] 하지만 이러한 기록이 전해지는 이유가 무엇인 지는 다른 측면에서 세밀하게 검토할 필요가 있다고 생각하였다. 이런 관점에서 볼 때, 위에 제시한 자료 (20)과 (21)의 기록은 자장의 불교가 강원도 지역에 쉽게 뿌리내리지 못하고 있음을 보여주는 기록이라고 생각된다. 특히 (21)에 보이는 자장의 쓸쓸한 죽음은 강원도 지역의 토착 재지세력을 신라 세력으로 융화 포섭하려는 자장의 노력이 실패하 고 있음을 보여주는 기록이라고 생각된다. 그렇다면 자장의 만년에 해당하는 655년을 전후한 시기에 이 지역은 어떠한 상황에 놓여 있었는 지를 살펴봐야 할 것이다. 이와 관련해서는 아래의 자료를 참고할 수 있다.

(22) 태종 무열왕 2년(655) 봄 정월에 고구려가 백제, 말갈과 더불어 군사를 연합하여 우리의 북쪽 변경을 침략하여 33성을 탈취하였으므 로, 왕이 당나라에 사신을 보내 구원을 요청하였다.[33]

(23) 보장왕 14년(655) 봄 정월에 앞서 우리가 백제, 말갈과 함께 신라의 북쪽 변경을 침범하여 33성을 빼앗았으므로, 신라왕 김춘추가

---

32 김복순(「신라 오대산 事蹟의 형성」,『강원불교사연구』, 1996, pp.18~19)은 위에 제시한 (21)의 기록이 圓仁의『입당구법순례행기』(권 3, 840년 7월 2일자)의 내용과 전반적인 스토리가 일치한다는 점을 지적하면서 (21)의 기록이 자장 당대의 기록이 아닐 것이라고 보았다.

33 『삼국사기』권5, 「신라본기」5, 태종 무열왕 2년 춘정월조, "二年 春正月 …… 高句麗與百濟 靺鞨連兵 侵軼我北境 取三十三城 王遣使入唐求援."

당나라에 사신을 보내 원조를 구하였다.[34]

(24) 의자왕 15년(655) 8월에 왕은 고구려 및 말갈과 더불어 신라의 30여 성을 공격하여 깨뜨렸다. 신라왕 김춘추는 당나라에 사신을 보내 조공하고 표를 올려, "백제가 고구려 및 말갈과 함께 우리의 북쪽 경계를 쳐들어와서 30여 성을 함락시켰다"라고 하였다.[35]

(25) 태종 무열왕 5년(658) 3월에 왕은 하슬라何瑟羅의 땅이 말갈과 맞닿아 있으므로 사람들이 편안치 못하다고 여겨 경(京: 선덕여왕 8년[639]에 설치하였던 北小京을 말함-필자주)[36]을 폐지하여 주州로 삼고 도독을 두어 지키게 하였다. 또 실직悉直을 북진北鎭으로 삼았다.[37]

위에 제시한 자료 (22), (23), (24)에 의하면, 655년에 신라는 고구려와 백제 및 말갈의 연합세력에게 북쪽 변경의 33성(또는 30여 성)을 빼앗겼다. 또한 (25)의 자료에 의하면, 신라는 선덕여왕 8년(639)에 이 지역을 장악하면서 북소경北小京을 두었는데 태종 무열왕 5년(658)

34 『삼국사기』 권22, 「고구려본기」 10, 보장왕 하, 14년 춘정월조, "十四年 春正月 先是 我與百濟靺鞨 侵新羅北境 取三十三城 新羅王金春秋 遣使於唐求援."

35 『삼국사기』 권28, 「백제본기」 6, 의자왕 15년 8월조, "十五年 …… 八月 王與高句麗 靺鞨 攻破新羅三十餘城 新羅王金春秋 遣使朝唐 表稱 百濟與高句麗靺鞨 侵我北 界 沒三十餘城."

36 『삼국사기』 권5, 「신라본기」 5, 善德王 8년 봄 2월조, "八年 春二月 以何瑟羅州爲北 小京 命沙湌眞珠鎭之."

37 『삼국사기』 권5, 「신라본기」 5, 태종 무열왕 5년 3월조, "三月 王以何瑟羅 地連靺鞨 人不能安 罷京爲州 置都督以鎭之 又以悉直爲北鎭."

84

에 이 지역을 상실하였음을 알 수 있다. 그렇다면 이 당시 신라가
빼앗긴 33성은 어디를 말하는 것인지 궁금하다. 최근의 연구에 의하면,
33성의 위치는 북한강 유역을 중심으로 한 영서내륙 지역과 강릉 이북의
동해안 방면으로 밝혀지고 있다.[38] 658년 하슬라 땅이 말갈과 맞닿아
있어 사람들이 편하지 못하다고 여겨 북소경을 폐지하고 주로 삼아
도독을 두어 지키게 했다는 기록을, 655년 고구려와 백제 및 말갈의
연합세력에게 33성을 빼앗긴 사실과 연결시킨 점은 타당하다고 생각된
다. 그렇다면 655년 무렵에 신라의 북쪽 국경선은 강릉 일대까지 남하하
였음을 알 수 있다.

  태종 무열왕 2년(655)에 신라가 북쪽 변경의 33성을 잃어버린 사실을
위에서 살핀 (20), (21)의 기록과 함께 연관시켜 보면, 선덕여왕과
진덕여왕 대에 자장을 중심으로 한 불교세력이 강원도 지역에 문수
신앙을 정착시키려 했던 노력이 태종 무열왕 즉위 초기에 강원도 지역의
토착세력과 원만하게 융화되지 못하면서 실패하였던 것으로 보인다.
이러한 사실이 (21)의 기록처럼 자장이 쓸쓸히 입적하는 모습으로
그려졌다고 생각된다.

  그렇기 때문에 신라 중대 초기에 자장은 크게 부각되지 못하였다고
생각된다. 하지만 신라가 삼국을 통일하면서 자장을 새롭게 평가하려
는 움직임이 있었다고 보인다. 성덕왕 대에 이르면, 오대산 신앙은
보천과 효명에 의해 새로운 모습으로 부각되었다. 그러면서 신라 하대
에 이르면, 중고시대 신라불교에 대한 재평가가 다양한 시각에서 이루

윤성환, 「650년대 중반 고구려의 대외전략과 대신라공세의 배경」, 『국학연구』
  17(2010), pp.161~166.

어졌다고 생각된다. 이와 관련해서는 아래의 자료를 참고할 수 있다.

(26)-① 원화元和(당 헌종의 연호, 806~820)연간에 남간사의 사문 일념一念이 「촉향분예불결사문」을 지었다(817). …… ② 진흥대왕 즉위 5년 갑자(544)에 대흥륜사를 지었다. 태청 초년(547)에 양나라 사신 심호가 사리를 가져왔고, 천가 6년(565)에는 진나라 사신 유사가 승 명관과 함께 내경을 받들고 왔다. ③ 절과 절들은 별처럼 펼쳐져 있고, 탑과 탑들은 기러기 행렬인양 늘어섰다. 법당을 세우고 범종을 매어다니, 용상 같은 승려의 무리가 세상의 복전이 되고 대소승의 불법이 서울의 자비로운 구름이 되었다. 타방의 보살이 세상에 출현하였다[④ 분황의 진나와 부석의 보개, 그리고 낙산과 오대산에 이르기까지가 이런 것이다]. ⑤ 서역의 명승들이 이 땅에 강림하니, 이로 인하여 삼한을 병합하여 한 나라가 되고, 온 세상을 합하여 한 집안을 만들었다. …… ⑥ 훗날 국통國統 혜륭惠隆, 법주法主 효원孝圓과 김상랑金相郎 및 대통大統 녹풍鹿風과 대서성 진노眞怒 및 파진찬 김억金嶷 등이 옛 무덤을 수축하고 큰 비를 세웠다. 이때가 원화 12년 정유(817) 8월 5일이니, 곧 제41대 헌덕대왕 9년(817)이었다.[39]

---

39 『삼국유사』권3, 홍법 제3 「원종흥법염촉멸신」조, "元和中 南澗寺沙門一念 撰髑香墳禮佛結社文 …… 眞興大王卽位五年甲子 造大興輪寺 大淸之初 梁使沈湖將舍利 天嘉六年 陳使劉思幷僧明觀 奉內經幷次 寺寺星張 塔塔雁行 竪法幢 懸梵鍾 龍象釋徒 爲寰中之福田 大小乘法 爲京國之慈雲 他方菩薩 出現於世謂芬皇之陳那浮石寶蓋 以至洛山五臺等是也] 西域名僧降臨於境 由是幷三韓而爲邦 掩四海而爲家 故書德名於天鎭之樹 影神跡於星河之水 豈非三聖威之所致也[謂我道法興厭髑也] 降有國統惠隆 法主孝圓 金相郎 大統鹿風 大書省眞怒 波珍飡金嶷等 建舊塋樹豐碑 元和十二年丁酉八月五日 卽第四十一憲德大王九年也."

위에 제시한 (26)의 기록은 헌덕왕 대까지의 불교계 동향이 어떠하였는지를 알려주고 있다.[40] 그런데 위의 기록에서 ③, ④, ⑤의 기록이 특히 주목된다. ③, ④, ⑤의 기록을 종합해 보면, 신라 하대 불교계에서는 신라의 삼국통일을 긍정적으로 평가하면서, 신라 중고시대 불교를 새롭게 조명하려는 움직임이 있었다고 생각된다. 그런 속에서 ④의 기록과 같이, 원효와 의상을 새롭게 평가한다거나 낙산과 오대산 신앙이 점차 주목을 받게 되었을 것으로 보인다. 이러한 흐름 속에서 자장에 대한 재평가도 이루어졌을 것으로 보인다. 이와 관련해서는 아래 자료를 새로운 시각에서 살펴볼 필요가 있다.

(27) 신라 제27대 선덕왕 즉위 5년인 정관 10년 병신(636)에 자장법사가 당으로 유학하여 오대산에서 문수보살이 주는 법을 받아 감응하였다. …… 신인이 절을 하고 또 묻기를, "그대 나라에 무슨 어려움이 있습니까?"라고 하니 자장이 말하기를, "우리나라는 북으로 말갈과 이어졌고 남으로는 왜인(倭人)과 접해 있으며, 또 고구려·백제 두 나라가 번갈아 변경을 침범하는 등 이웃의 적들이 어지러우니, 이것이 백성들의 걱정입니다"라고 하였다. …… 탑을 세운 후에 천지가 태평해지고 삼한三韓이 통일되었으니 어찌 탑의 영험이 아니겠는가.[41]

(28) 황룡사 9층탑은 선덕대왕 때에 세운 것이다. …… 과연 삼한이

---

40 박대재, 「『삼국유사』에 보이는 대통사 기록의 맥락과 전거」 『공주 대통사지와 백제』(고려대학교 아세아문제연구소, 2012).
41 『삼국유사』 권3, 탑상4 「황룡사9층탑」을 참고.

합쳐져(결락) 군신이 안락한 것은 지금에 이르기까지 이에 힘입은 것이다.[42]

(29) 후에 고려왕이 장차 신라를 치려고 계획하였다.[43] ②이에 말하기를, "신라에는 삼보三寶가 있어서 침범하지 못한다고 하니 무엇을 두고 하는 말인가"라고 하였다. 황룡사장육존상이 하나이고, 황룡사 9층탑이 둘이며, 진평왕천사옥대가 세 번째였다. 이에 그러한 계획을 중단하였다. 주나라에 구정九鼎이 있어서 초나라 사람이 감히 북방을 엿보지 못하였다고 하니, 이와 같은 것이다.[44]

위에 제시한 (26)의 기록은 『삼국유사』 「황룡사9층탑」조에 있으며, (27)은 「황룡사9층목탑찰주본기皇龍寺九層木塔刹柱本記」에 실려 있는 내용이다. 이러한 (26)과 (27)의 내용은 「황룡사9층목탑찰주본기」가

---

42 「皇龍寺九層木塔刹柱本記」, "詳夫皇龍寺九層塔者 善德大王代之所建也 …… 果合三韓以爲(결락) 君臣安樂至今賴之."

43 『삼국사기』 권12, 「신라본기」 12의 경명왕 5년조(921) 기사에는, 전년에 고려에 사신으로 갔던 金律이 고려 태조 왕건과 신라 삼보에 대한 이야기를 주고받은 사실을 기록하고 있다. 이로 볼 때, 고려 태조 왕건은 일찍부터 신라 삼보의 존재를 알고 있었던 것으로 추측된다. 그렇다면 『삼국유사』에서 언급하고 있는 위의 일은 실제로 있었던 사건을 서술하였다고 볼 수 있다.

44 『삼국유사』 권3, 「탑상」 4 「황룡사9층탑」조, "後高麗王將謀伐羅 乃曰 新羅有三寶 不可犯也 何謂也 皇龍丈六 幷九層塔 與眞平王 天賜玉帶 遂寢其謀 周有九鼎 楚人不敢 北窺 此之類也." 한편 『삼국유사』 권1, 「기이」 2 「천사옥대」조, "後高麗王將謀伐羅 乃曰 新羅有三寶不可犯 何謂也 皇龍寺丈六尊像一 其寺九層塔二 眞平王天賜玉帶三 也 乃止其謀."

작성되던 경문왕 대의 불교 인식이 들어 있다고 볼 수 있다. 여기에서 자장이 9층목탑을 세운 배경으로, 말갈과 왜인 및 고구려와 백제의 침략으로부터 신라를 지키고자 하였다는 점이 강조되었다〔(27)의 내용〕. 그러면서 신라가 삼국을 통일하고 천지가 태평해진 것은 자장의 공이었다는 점을 제시하고 있다〔(27)과 (28)의 내용〕. 이렇게 보면 자장은 신라 하대에 새롭게 재평가되고 있음을 알 수 있다. 그런 이유로 신라말 고려 태조 왕건은 신라를 무력으로 침입하려고 하다가, 신라에 삼보가 있음을 알고 침략 의지를 접었다는 내용이 『삼국유사』 「황룡사9층탑」조와 「천사옥대」조에 서술되기도 하였다.[45]

앞에서 살펴본 『삼국유사』 「자장정율」에서는 자장이 정암사에서 쓸쓸하게 입적하는 것으로 그의 최후를 그리고 있다. 그러면서 그의 유골을 석혈石穴에 모셨다는 사실을 남기고 있다. 하지만 『삼국유사』 「대산오만진신」과 「대산월정사오류성중」 및 민지의 『오대산사적기』 「오대산월정사사적 봉안사리개건사암 제일조사전」에서는 자장이 오대산의 월정사를 창건한 제일조사第一祖師임을 강조하고 있다. 이런 배경 속에서 자장이 통도사 금강계단 및 강원도 지역에 5대 적멸보궁을 건설하였다는 신앙이 성립될 수 있었다고 하겠다.

V. 맺음말

본고는 자장과 현재 한국불교에서 널리 알려진 5대 적멸보궁 신앙이

---

45 남무희, 『후삼국 통일의 또다른 주인공: 김부대왕 연구』(서경문화사, 2013).

어떤 연관을 갖고 있는지를 검토하기 위해 작성되었다. 그 결과 밝혀진 내용을 정리해 보면 대체로 아래와 같이 요약된다.

우선, 자장으로부터 비롯하는 한국불교의 보궁 신앙을 살펴보기 위해 자장 이전 보탑 신앙의 사례를 검토하였다. 그 결과 고구려와 신라의 관련 기록에 보이는 보탑 신앙의 사례를 검토하면서, 그러한 흐름이 자장에 의한 황룡사 9층목탑의 건립으로 나타났다는 점을 지적하였다.

다음으로, 귀국 이후 자장이 창건한 절과 탑의 사례를 살펴보면서, 자장에 대한 기록에는 대체로 두 계열이 있음을 지적하였다. 이러한 배경에서 자장에 의해 창건되었다고 하는 5대 적멸보궁의 이야기가 출현할 수 있다는 점을 지적하였다.

마지막으로, 자장의 입적과 보궁 신앙이 형성되는 문제를 검토하였다. 자장이 만년에 정암사에서 쓸쓸하게 입적하였다는 기록을『삼국사기』의 관련 기록과 비교하면서, 그러한 기록에 어떤 의미가 담겨 있는지를 찾아보았다. 또한 신라 하대에 자장에 대한 재평가 작업이 이루어지면서, 자장에 의해 5대 적멸보궁 신앙이 성립되었다는 이야기가 성립될 수 있다는 점을 지적하였다. 다음 연구에서는 자장의 불교 신앙이 어떻게 오대산 신앙과 연관을 맺게 되었는가라는 측면을 밝혀 볼 생각이다.

제3장

한국 사리 신앙의 전래와 성격

●

장미란

(동국대학교 교양교육원 교수)

Ⅰ. 서언

사리는 붓다가 남긴 유해의 일부라는 상징성을 지녀 가장 신성한 물건으로 여겨지면서, 사리에 대한 신앙은 중국은 물론 한국에 깊숙이 자리 잡는다. 이것은 사리 신앙이 시각화된 사리 장엄구나 탑 등의 조형물을 통해서 알 수 있다. 이에 대한 연구는 다각도로 활발하게 연구되어 있다. 그런데 이것은 불교미술사적·불교사상적 측면에 초점을 맞추고 있는 경우가 대부분이며, 사리 신앙은 그 이해를 위해 부수적으로 다루어지는 정도이다.

한국의 사리 신앙은 중국으로부터 전래되고 중국의 영향을 받게 된다. 따라서 먼저 한국의 사리 신앙이 형성되는 데에 영향을 준 중국의 사리 신앙이라는 측면에서 그 전개 과정과 성격을 고찰하려고 한다.

다음으로 한국에서의 수용과 전개, 그리고 그 성격을 살펴보겠다. 사리 신앙의 전개 과정은 조선시대를 기준으로 나누어 서술한다. 조선시대 이전은 백제의 익산 미륵사 서탑을, 조선시대는 오대산 중대를 중심으로 한다. 이 과정에서 사리를 안치하기 위해 건립한 사탑이 지니는 가치를 역사적·정치적·지정학적 등 여러 측면에서 찾아보려고 한다. 또한 사리가 지닌 함의와 그 신앙의 성격에 대해서도 살펴볼 것이다.

Ⅱ. 중국의 사리 신앙

붓다 입멸 후의 사리 분배, 즉 분사리分舍利는 대중적인 불교 신앙의 출발이었다. 사리를 8등분하여 주변 나라들에 8개의 탑이 세워지고, 여기에 사리병을 안치한 병탑瓶塔과 화장한 재를 안치한 회탑灰塔을 합하면 열 개의 탑이 세워진다. 더욱이 아쇼카왕(이하 阿育王)은 8개의 탑 중 7개의 탑에서 취합한 사리를 팔만 사천 개로 나눠 팔만 사천 개의 탑을 세워 사리 신앙의 번성뿐만 아니라 인도 전역을 넘어 동아시아로 전파되는 계기를 마련한다. 이처럼 분사리로 인한 불탑숭배는 붓다와 그 법에 대한 찬탄에서 비롯된다. 여기에 불탑예배에 대한 공덕을 권장한다든가 이를 통해 복을 기원한다든가 하는 기대심리가 더해지면서 불탑을 구심점으로 하는 사리 신앙이 성행하게 된다. 그리고 사리는 서역, 중국, 한국, 일본으로 전해진다. 사리 신앙이 성행할수록 수많은 탑이 건립되고 사리를 안치하는 장엄구 조형과 같은 불교조형미술이 발달하며 사리 안치나 봉송 등과 관련된 불교의례도 활성화된다.

1. 사리 신앙의 수용과 성행

1) 사리 신앙의 수용

⑴ 전래

중국에서 사리 신앙의 시작은 불명확하다. 그러나 이미 『후한서』에 불교의 전래를 기록하고 있고,[1] 한무제는 기원전 2세기에 서역을 지배

---

1 미찌하다 료오슈, 『중국불교사』, 계환 옮김(우리출판사, 2003), p.17. 불교 전래설 중에 가장 유력한 설인 후한 명제(영평 10년[67])의 감몽구법설이 있다. 이 설은,

하고자 월지국과의 동맹을 위해 장건을 보낸 사실이 있는데, 그가 다녀온 서역길이 무역로가 되어 서역의 나라들을 포함한 여러 나라와 교역이 이뤄진다. 따라서 적어도 1세기 무렵에는 중국인들이 불교와 불타에 대해 인식하고 있었을 것이고, 불사리 신앙이 전해졌을 것이다.

그리고 삼국시대 오나라에서 불법을 펼친 강승회康僧會가 오나라의 왕인 손권孫權에게 불사리의 신이를 보여 건초사建初寺라는 사찰까지 조성하였다는 이야기가 전해진다.[2] 또한 인도에서의 사리 공양 사실을 기록하고 있는 『법현전法顯傳』이 당시 널리 알려졌기 때문에 적어도 4세기 후반에는 중국에서도 불사리 공양이 이루어지지 않았을까 하는 추정을 한다.

그렇다면 당시의 중국인들은 불타를 어떻게 생각하였기에 전래 초기부터 그의 사리가 신앙화될 수 있었던 것일까?

이는 전래 초기인 후한 때 명제가 꾼 꿈에 대해 신하가 불佛이라 불리는 신神이 있다고 말한 것[3]과 그의 이복동생인 초왕 영이 부도에

어느 날 밤 명제가 금인이 서쪽으로부터 광명을 비추면서 궁정에 내려오는 꿈을 꾸고 서방에 불교가 있는 것을 알게 되었다. 그리하여 蔡愔, 秦景, 王遵 등 18인을 서역으로 보내어 불도를 구하게 하였다. 그들은 인도로 가던 도중에 백마에 불경과 불상을 싣고 오던 迦葉摩騰과 竺法蘭 두 사람을 만나 함께 낙양으로 돌아왔는데 황제는 무척 기뻐하며 낙양문 밖에다 백마사를 짓고 이곳에 두 사람을 살게 하였다. 그들은 이곳에서 경전을 번역하였는데 현존하는 『사십이장경』은 그때의 번역이라는 설이다. 이 외에 초왕 영이 부도에 제사지냈다는 사실도 전한다.

2 『고승전』1, 「康僧會傳」(T.50, p.325b); 『법원주림』40(T.53, p.700c), "吳書云 孫權赤烏四年有康居國沙門名僧會姓康 來到吳國 遂感舍利 五色光曜天地 鎚之逾 堅 燒之不然 光明出火作大蓮華照曜宮殿 臣主驚嗟歎希有瑞 爲立塔寺度人出家."

3 『出三藏記集』6, 「四十二章經序」(T.55, p.42c), "옛날 東漢의 孝明皇帝가 어느

96

제사 지낸다[4]고 한 내용에서, 불타가 신 또는 제사 대상으로 여겨졌음을 알 수 있다. 또한 불타를 신적인 존재로 여겼음을 단적으로 보여주는 글이 있다. 모자의 「이혹론」에 佛에 대하여 설명하는 부분이다.

여기서 불타는 신통묘용의 능력을 가진 존재로 묘사된다.[5] 이처럼 신처럼 여겨진 불타가 남긴 유골인 사리의 신이성을 강조하고, 이에

날 밤 꿈속에서 神人을 만났다. 그 신인은 온몸이 금빛이고 목덜미에는 광채가 가득하였는데 궁전 앞에서 하늘로 날아 올라갔다. 명제는 이를 보고 마음속으로 기뻐하고 매우 흠모하였다. 다음날에 여러 신하들에게 "그것은 어떤 神인가?"라고 물으니, 학식이 뛰어난 傅毅가 "신이 듣기에 천축국에 도를 깨친 자가 있어 그를 불타라고 부르는데, 몸을 가벼이 하여 날아다닐 수 있다고 합니다. 아마도 그 神이 아닌가 합니다"라고 대답하였다(昔漢孝明皇帝 夜夢見神人 身體有金色 項有日光 飛在殿前 意中欣然 甚悅之 明日問群下 此爲何神也 有通人傅毅曰 臣聞天竺有得道者 號曰佛 輕擧能飛 殆將其神也)."

4 『後漢書』72, 「楚王英傳」, "초왕은 황노의 오묘한 말을 낭송하고 浮屠의 仁祠를 숭상하여 3개월 동안 깨끗이 목욕재계할 것을 신에게 맹세하였다(楚王誦黃 老之微言 尙浮屠之仁祠 潔齋三月 與神爲誓)."

5 『弘明集』1, 「牟子理惑論」(T.52, p.2a), "무슨 이유로 佛이라고 하며, 부처님이란 어떤 의미인가? 불이란 諡號이다. 마치 三皇을 神, 五帝를 聖이라 하는 것과 같다. 부처님은 도와 덕의 元祖이며, 神明의 근원이다. 불이라는 말은 깨달은 사람(覺者)을 뜻하는 것이다. 신비스럽게 변화하여 자재로이 여러 형태로 示現하는데, 잠깐 있다가 잠깐 사라지고, 크게도 작게도 하며, 둥글기도 하고 네모도 되며, 노인도 젊은이도 될 뿐만 아니라, 숨기도 하고 나타나기도 한다. 불을 붙여도 타지 않고, 칼 위를 걸어도 상처 나지 않으며, 더러움 속에 있어도 물들지 않고, 재난을 만나도 재액을 당하지 않는다. 가려고 생각만 하면 공중을 날아가고, 앉아서도 광명을 놓는다. 그래서 부처님이라 하는 것이다(問曰 何以正言佛 佛爲何謂乎 牟子曰 佛者號諡也 猶名三皇神五帝聖也 佛乃道德之元祖 神明之宗緒 佛之言覺也 恍惚變化分身散體 或存或亡 能小能大 能圓能方 能老能少 能隱能彰 蹈火不燒 履刀不傷 在汚不辱 在禍無殃 欲行則飛 坐則揚光 故號爲佛也)."

의한 감응이 신앙화로 이어진 것은 당연한 현상이었을지도 모른다. 이러한 사리 신앙의 활성화는 사리탑의 건립으로 나타난다.

(2) 전개

현존 문헌 중에 사리탑으로 가장 이른 것은 양 무제(梁武帝, 502~549)에 의해 중수된 아육왕탑이다. 이 탑은 인도의 아육왕이 만든 것이라고 전해지는데, 탑은 남아 있지 않지만 탑이 있었던 아육왕사는 지금도 절강성浙江省 회계會稽 무현鄮縣에 있다. 동진東晉의 혜원慧達이 한밤중에 들리는 종소리에 우연히 옛 기억이 떠올라 발견한 아육왕목탑 아래에 사리가 있었다는 것이다.[6] 이 탑은 양 무제가 522년에 중수한다.[7] 또하나 발견한 금릉金陵 장간사長干寺의 아육왕탑에서 꺼낸 사리들은 다음해에 쌍탑을 세워 석가불의 사리와 손톱, 머리카락 등으로 나누어 봉안한다.[8] 양 무제가 이 과정에서 무애대회無碍大會를 베푸는 등 황제

---

6 『集神州三寶感通錄』上(T.52, p.404b), "忽於中夜聞土下鍾聲 卽迂記其處剌木爲 剎 三日間忽有 寶塔及舍利從地踊出 靈塔相狀靑色似石而非石…今在大木塔內 於 八王日昇巡邑里 見者莫不下拜念佛 其舍利者在木塔底."

7 『梁書』54,「列傳」48 諸夷 扶南國條, "先是二年 改造會稽鄮縣塔 開舊塔出舍利 遣光宅寺釋敬脫等四僧及舍人孫照暫迎還豪 高祖禮拜竟 卽送還縣人新塔下 此縣 塔亦是劉薩何所得也."

8 『梁書』54,「列傳」48 諸夷 扶南國條, "初穿土四尺 得龍窟及昔人所捨金銀鐶釧鈸鑷 等諸雜寶物 可深九尺許 方至石磉 磉下有鐵函 函內有銀壺 以盛銀坩 坩內有金鏤罌 盛三舍利 如粟粒大 圓正光潔 函內又有琉璃椀 內得四舍利及髮爪 爪有四枚 並爲沉 香色 至四年九月十五日 高祖又至寺設無导大會 竪二剎 各以金罌 次玉罌 重盛舍利 及爪髮 內七寶塔中 又以石函盛寶塔 分入兩剎下 及王侯妃主百姓富室所捨金銀鐶 釧等珍寶充積."

의 후원을 받아 사리 신앙은 크게 발전하는 계기가 된다. 의례라는 것은 신앙화를 촉진시키는 매개체로서의 기능이 있기 때문이다. 이러한 의례는 이후 송대宋代까지 이어진다.[9]

그리고 하나 더 들자면, 북위 때 수도인 낙양의 상징인 영녕사永寧寺 목조9층탑이다. 목조와즙중층木造瓦葺重層의 누각식 형태의 탑인데, 이 형식의 중국불탑 중에서는 유명한 것으로 손꼽힌다. 『낙양가람기』[10]에는 서역을 편력하고 중국에 온 보리달마가 이 웅장하고 아름다운 불탑을 보고 염부제에 다시는 없을 부처의 세계로, 결코 찾지 못할 것이라고 찬탄하고 나무南無라고 염송하면서 몇 번이고 합장을 계속했다고 기록한다. 이것은 불타의 고향인 인도와 서역을 능가하는 중국불교의 위용과 중국에서의 사리 신앙이 이에 못지않음을 간접적으로

---

9 주경미, 「北宋代 塔形舍利莊嚴具의 研究」, 『中國史研究』 60(2009), pp.76~78; 신대현, 「중국의 사리 신앙과 사리 장엄」, 『불교학보』 48(2008), p.13. 陳 宣宗, 唐 中宗 등의 황제들이 이 탑에 예경하였다고 한다. 특히 五代十國시대에 불교국가였던 吳越 왕인 錢鏐은 916년에 아육왕사의 아육왕탑을 수도인 抗州의 羅漢寺에 맞이하여 공양하고, 그의 손자인 錢弘淑은 鄞縣의 아육왕탑 형태와 인도 아육왕의 팔만 사천 탑 건립고사를 본떠서 『一切如來秘密全身寶儀印陀羅尼經』을 봉안한 팔만 사천 개의 탑을 955년과 965년의 두 번에 걸쳐 조성한다. 이는 인수사리탑에 견줄 만한 일이며, 일명 寶儀印經塔 또는 아육왕탑이라고 부르고, 대부분의 탑에 도금처리를 하여 金塗塔이라고도 부른다. 그리고 이것은 전홍숙에 의해 978년에 북송 황실에 바친다. 남송 때 무현 아육왕사는 현재의 寧波 아육왕사로 아육왕탑이 돌아왔다고 하며, 金의 침략으로 수도를 抗州로 옮겼을 때 무현 아육왕탑에 공양했다는 기록이 있다. 현재 영파 아육왕사에는 원래의 아육왕탑이라고 전하는 小塔 1점이 사찰 내에 전해진다.

10 『洛陽伽藍記』(T.51, p.1000b), "自云年一百五十歲歷涉諸國 靡不周遍而此寺精麗 閻浮所無也 極物境界亦未有 此口唱南無合掌連日."

과시하는 것이라고도 한다.[11] 희평熙平 원년(516)에 영태후靈太后 호胡
씨가 수도인 낙양에 건립한 이 탑은, 발굴에 의하면 탑기塔基의 한
변이 38미터나 되고 높이는 100미터를 훨씬 넘었다는 『위서魏書』「석노
지釋老志」와 『수경주水經注』의 기록을 뒷받침한다. 기단基壇에 매납埋
納된 사리는 이미 없어졌지만, 금보병金寶瓶을 안치했음을 『낙양가람
기』에서 알 수 있다.[12]

이와 같이 선종의 시조인 달마의 기록이 처음 보이는 것이기도 하는
이 부분에서 달마가 영녕사 9층탑에 대해 감탄할 만큼의 위용과 역대
중국불탑의 하나에 드는 점과 영녕사탑 조성자가 황실인 점, 건립처가
수도인 점, 발굴에서 드러난 규모면 등에서 북위시대에 조성된 영녕사
탑의 가치를 엿볼 수 있다. 사리 안치를 위한 탑에 이만큼의 심혈을
기울였다는 것에서 사리 신앙이 얼마나 북위의 황실에 깊이 자리하고
있었는가를 짐작하게 해준다.

2) 사리 신앙의 성행

(1) 수 문제의 인수사리탑 조성과 사리 봉송

중국불교 조형사 중에서 손꼽히는 사건의 하나가 남북조의 혼란 시기를
통일한 수 문제(재위 581~604)에 의해 인수仁壽 연간(601~604)에
세워진 사리탑들, 즉 인수사리탑의 조성이다.[13] 세 차례에 걸쳐 전국

---

11 沖本克己 편, 『新アジア仏教史-中國Ⅲ 宋元明淸- 中國文化といての仏教』(東京:
佼成出版社, 2010), p.308.

12 『洛陽伽藍記』1 城內, "永寧寺 …… 有九層浮圖一所 …… 擧高九十丈 …… 刹上有
金寶瓶 續僧傳作刹表置金寶瓶 各二十五斛."

100여 주에 건립된 112기의 목조사리탑이 그것이다. 이로 인해 사리 신앙은 최고조에 달한다. 황제의 조칙에 의해 시행된 전국적 규모의 사리탑 조성은 중앙에서 보낸 불사리가 각 주에 미리 선정된 곳에 계획적으로 동시에 봉안된다. 첫 회인 인수원년에는 10월 15일 오시午時에 30개소에,[14] 두 번째는 인수 2년 4월 8일 오시에 52개소에,[15] 세 번째는 인수 4년에 30개소에[16] 사리를 지하의 석함에 매납했던 것이다. 아육왕의 설화를 답습한 국가적 사업이었으므로 통치하는 국토 전체에 사리의 이익을 널리 미치려는 행위로 이해해도 좋을 것이다. 더욱이 준비된 장소, 동일 규격, 동일 시간 등 전국에 철저하게 계획된 인수사리탑 조성은 황제의 절대적인 권위와 위용을 과시하려는 매우 정치적인 일면도 있었을 것이다.

---

13 문제에 의한 인수사리탑 조성이 얼마나 성행했는가는 『광홍명집』 17(T.52)에 인수 원년의 淸州 勝福寺塔, 『續高僧傳』(T.50)에 인수 2년의 本鄕 弘博寺塔, 인수 4년의 州福田寺塔 등 문헌에 의해 어느 정도 엿볼 수 있다. 이 외에도 『집신주삼보감통록』(T.52), 『법원주림』(T.53)도 있다.

14 『광홍명집』 17, 「立佛舍利塔」(T.52, p.213b), "率土諸州僧尼普爲舍利設齋 限十月 十五日午時 同下入石函 總管刺史已下縣尉已上 息軍機停常務七日 …… 務盡誠 敬副朕意焉 主者施行 仁壽元年六月十三日 內史令豫章王臣暕宣."

15 『광홍명집』 17, 「慶舍利感應表」(T.52, p.217a), "仁壽二年正月二十三日 復分布五 十一州建立靈塔 令總管刺史已下縣尉已上 發常務七日請僧行道 敎化打刹施錢十 文 一如前式 期用四月八日午時 合國化內同下舍利封入石函."

16 『속고승전』 21(T.50, p.611c), "仁壽四年 下詔曰 …… 朕已分布遠近皆起靈塔 其間諸州猶有未遍 今更請大德奉送舍利 各往諸州依前造塔 …… 下敕 三十餘州 一時同送 遵又蒙使於博州起塔."

(2) 당대 법문사 불지사리 공양법회의 정기화

수 문제의 사리탑 건립 이후 사리 신앙이 확대되면서 사리 공양법회가 많은 사원에서 매우 성대하게 펼쳐진다. 그 대표적인 것이라면 당대唐代의 역대 황제들에 의해 이루어진 법문사 불지사리佛指舍利의 봉송일 것이다.

법문사는 1987년 탑기의 지하인 지궁地宮에서 동아시아의 골아형骨牙形 사리 중 가장 눈에 띄는 불지사리 4과와 당대 제1급 공예품으로 된 다채로운 봉납품이 출토되면서 주목받게 된다.

법문사는 불골佛骨이 봉안되어 있고 아육왕탑 중의 하나로[17] 건립된 옛 터라는 전승을 지니지만, 그 정비는 서위西魏시대의 것이라고 여긴다. 그 후 북주의 폐불과 수말隋末의 혼란으로 폐허가 되었다가, 당초唐初에 부흥되어 이후 사리 신앙의 사찰로서 순식간에 융성하게 된다.

사리가 주목되지 않았던 현경 5년(660)에 제3대 고종이 시험 삼아 기도하게 했는데, 사리의 영험을 경험하고 그 후 열광적으로 신앙하게 된 것이다. 전래 초기부터 황제 주도로 이루어졌던 사리 신앙의 수용과 전개는 그 번성도 또한 황제의 적극적인 관여에 의하여 이루어진다. 수도 장안에서 서쪽으로 약 100킬로미터에 있는 기주(岐州, 협서성 부풍) 법문사의 탑 지하에서 30년에 1번 석존의 지골(손가락뼈) 사리를

---

17 웨난·상청융, 『법문사의 불지사리』 1, 심규호·유소영 옮김(일빛, 2005), p.309의 연혁 참조. 후한 환제·영제 연간(147~188)에 부풍 법문사가 세워진다. 西魏 恭帝 2년(555) 부풍에 아육왕사탑을 세워 진신사리를 공양하고 사원을 보수한다. 隋文帝 개황 3년(583)에 成實寺로 개명되었다가 隋 義寧 2년(618)에 대승상이었던 이연(후에 唐高祖)이 법문사라는 이름을 하사한다.

꺼내 수도인 장안으로 맞이하여 궁중에서 공양하고 돌려보낸다는 이 사리회舍利會 행사가 당대 동안에 반복적으로 이루어진 것이다.

덕종은 정원 6년(780)에 법문사 사리를 장안으로 옮겨와 공양을 올린 후 돌려보낸다.[18] 이어서 헌종(재위 805~820)은 원화元和 14년(819)에 법문사의 불골을 가져와 3일 동안 공양한 후 경성 내 10개의 사찰을 순례하고 14일째 불골을 돌려보낸다.[19] 이러한 불사리를 모시는 행사의 과열 정도는 유학자들의 반발에서도 짐작할 수 있는데, 그 대표적인 사람이 한유(韓愈, 768~824)이다. 그는 「논불골표論佛骨表」에서 헌종에게 불골을 물이나 불에 던져버려 영원히 그 근본을 끊어서 천하의 의혹을 없애 후대에 현혹됨을 예방해야 한다며 오랑캐의 불골 숭배를 강경하게 비난한다. 이로 인해 한유는 황제의 노여움을 사게 되고 좌천까지 당한다. 이것은 머리를 태우고 손가락을 불태우는 것과 같은 소신공양, 돈을 뿌리는 과도한 보시 등과 같은 불사리 신앙의 폐해에 대한 우려와 비난에서 비롯되었겠지만, 여기서 그 당시에 사리

---

18 『舊唐書』13, "唐德宗貞元六年 二月戊辰朔百僚會宴 …… 岐州無優王寺(즉 법문사)有佛指骨寸餘先是取來禁中供養乙亥詔送本寺."

19 『불조통기』42(T.49, p.381c), "十四年(819)正月 救迎鳳翔法門寺佛骨 入禁中敬禮 三日 歷送京成十寺 …… 二十四日奉佛骨還於岐陽舊塔." 이어서 "세상에 30년에 한 번 세상에 열어 보이는데 열면 세상이 풍요로워지고 백성들이 편안해진다고 하여 왕과 신하와 백성들이 모두 다 사리에 예경하고 보시를 베풀며 소신공양을 하였다.…사리가 처음 궁궐 내로 들어올 때 밤이었는데도 대낮처럼 환하게 방광하니, 조정의 신하들이 모두 다 전하의 성덕에 감응한 것이라고 했다(世傳三十年當一開 開則歲豊人安 王公士庶瞻禮舍施 百姓鍊頂灼膚以爲供養 …… 初舍利入大內夜放光明 早朝群臣皆賀曰 陛下聖德所感)는 내용에서 사리 신앙의 의미를 알 수 있다.

신앙이 얼마나 열광적이었는지를[20] 알 수 있다.[21]

당대 마지막으로 대규모의 사리 공양은 의종과 희종 연간에 행해진다. 그 규모와 정도는 1897년 발굴된 것에 의해 밝혀진다.『불조통기』에 의하면[22] 법문사를 출발한 사리 운반의 행렬은 장안까지 300리길의 행진을 멈추지 않았다. 사리는 장안성의 서북문인 개원문開遠門으로 입성하여 의장병과 공·사의 악대가 선도하여 황성의 서쪽문인 안복문安福門에서 궁성으로 들어왔다. 의종(재위 859~873)과 그의 신하들은 안복문에서 사리의 입성을 바라보다가 문 앞에까지 나와 정중하게

---

20 법문사의 사리 공양회가 당시 대표적인 것 중의 하나였음은 무종의 폐불조칙문에서 이를 금지하는 사찰명에 포함되는 것에서도 알 수 있다. 한편『大日本佛教全書』113, 會昌四年, p.113에, "(844년 3월) 다시 칙령이 있어 '불아 공양을 허가하지 않는다'고 했다. 또 칙령이 내려졌다. 이르기를 '代州의 오대산과 泗州의 普光王寺, 종남산의 五臺, 그리고 鳳翔의 法門寺는 절 안에 부처님의 손가락 뼈(佛指骨)가 있다. 공양물의 마련이나 순례 등을 허락하지 않는다. 만일 1전이라도 보내는 자가 있으면 등에 매질 20대이며, 만일 승니 등으로 앞에서 이야기한 장소에서 1전이라도 받는 자가 있으면 등에 매 20대를 가한다. 여러 도의 주·현에서 공양물을 운송하는 사람이 있다면 마땅히 그 자리에서 체포하여 등에 매 20대를 때린다'(勅不許供養佛牙 又勅下云 代州五臺山 及泗州普光王寺 終南山五臺 鳳翔法門寺 寺中有佛指節骨也 竝不許置供及巡禮等 如有入送一錢者 脊杖貳拾 如有僧尼等 在前作處受一錢者 脊杖貳拾 諸道州縣 應有送供人者 當處捉獲 脊杖貳拾)"라고 하였다.

21 『舊唐書』160,「韓愈傳」참조.

22 『불조통기』43(T.49, p.389a), "(咸通)十四年三月 造浮圖寶帳綵幡華蓋 勅兩街往鳳翔迎佛骨 三百里間車馬不絶 群臣諫者至言 憲宗迎佛骨尋時宴駕 上曰 朕生得見之死無所恨 四月八日佛骨至 導以禁兵公私音樂儀衛之盛 過於南郊 帝御安福門 降樓迎拜 賜沙門及耆老曾見元和奉迎者金帛有差 佛骨留禁中三日供養 迎置安國崇化二寺 令士庶得瞻禮 十二月如前禮迎佛骨還鳳翔."

예를 표했다고 한다. 그리고 의종의 죽음으로 그의 아들인 희종이 돌려보낸다. 이러한 법문사의 사리 공양은 모두 9회에 걸쳐 이루어졌다고 한다.[23]

2. 중국 사리 신앙의 성격

1) 중국에서의 사리 개념

일반적으로 몸이나 뼈, 유골 등을 뜻하는 일반명사였던 사리라는 용어가 중국에서는 불교적 의미를 부각시켜 석가불이나 고승의 시신, 또는 유골을 뜻하는 용어로 주로 사용된다. 특히 불교 전래 초기부터 사리라는 명칭을 그대로 사용하여 범부의 유골과 혼동됨을 방지하고 석가불의 사리라는 의미를 강조하여 불사리만의 특별함을 차별화하고자 하였다.[24]

『법원주림』에서는 사리를 뼈, 머리카락, 육체 등의 세 종류로 나누어 설명하기도 한다.[25] 여기서 전신사리全身舍利[26] 개념의 수용을 볼 수

---

23 주경미, 『중국고대 불사리 장엄연구』(일지사, 2004), p.257. 표5 참조.

24 『集神州三寶感通錄』上(T.52, p.404a), "사리는 원래 인도말이며, 이것은 뼈를 뜻한다. 범부의 뼈로 생각할 것을 경계하여, 본래 명칭에 근거해서 그것과 구별(하여 사리라고)한 것이다(舍利西梵天言 此云骨身也 恐濫凡夫之骨故依本名而別之)." ; 『法苑珠林』40(T.53, p.598c), "사리란 서역의 범어로, 이것은 뼈를 뜻한다. 죽은 범부의 뼈와 같이 여길 것을 경계하여 범본의 명칭을 그대로 둔 것이다(舍利者 西域梵語 此云身骨 恐濫凡夫死人之骨故 存梵本之名)."

25 『법원주림』40(T.53, p.598c), "舍利有其三種 一是骨舍利 其色白也 二是髮舍利 其色黑也 三是肉舍利 其色赤也 菩薩羅漢等亦有三種 若是佛舍利椎打不碎 若是弟子舍利椎擊便破矣."

26 『佛舍利莊嚴』(국립중앙박물관, 1991), p.131. 인도에서는 리그베다 시기 이후

있으며,[27] 결코 부술 수 없는 것이라는 불사리만이 지닐 수 있는 신성함
을 말하여 그 제자들의 사리와도 차별화시키고 있다. 또한 불사리라고
할 때 석가불의 것만이 아닌 가섭불과 같은 제자의 사리도 포함되어
있음을 알 수 있다.

한편, 법사리法舍利에 대한 인식은 7세기 후반경이라고 한다. 인도에
다녀온 현장, 의정과 같은 구법승들의 여행기의 기록[28]과 그들이 가져온
경전의 번역에 의해 알려진다.[29] 또한 『욕불공덕경』에서는 사리의 한

전해오는 토장과 화장의 두 방법이 있는데, 매장하는 유체를 全身舍利라고 하고
화장하는 유체를 碎身舍利라고 한다.

27 안철상, 「교차문화적 관점에서 본 동아시아의 초기 사리 신앙 수용의 비교」,
『한국불교학』 별집(2008), pp.615~616. 이에 대한 근거를 풍수사상의 영향에
의한 장례문화에서 찾은 견해가 있다. 중국 고대부터의 토착신앙인 풍수의 生氣와
感應의 원리, 즉 산 자와 죽은 자 사이의 상호 관계를 중시하여 매장한 조상을
사후 육신의 탈육 과정을 거친 후 풍수 좋은 곳에 그들의 뼈를 2차 매장하여
후손들의 건강과 번영을 보장하는 것을 기대한다는 것이다. 이처럼 시신의 탈육과
유골을 중시하는 풍수사상의 영향으로 인도의 신사리와 법사리가 모두 소개되었
지만 전신사리 개념만을 받아들이고, 2차 매장법을 통해 사리를 보았기 때문에
사리를 분류할 수 있었을 것으로 추정하고 있다.

28 『남해기귀내법전』 4(T.54, p.226c), "當作之時中安二種舍利 一謂大師身骨 二謂緣
起法頌,"; 『대당서역기』9(T.51, p.920a), "높이가 56촌 되는 작은 탑을 조성하여
경문을 사경하여 그 탑에 안치하였는데, 이것을 법사리라고 한다(作小窣堵波高五
六寸 書寫經文以置其中 謂之法舍利也)." (솔도파는 스투파의 음역이며, 탑을
일컫는다.)

29 이들에 의해 경전을 안치한 탑을 소개하기도 하지만, 그들도 역시 인도구법여행
후 귀국할 때에는 사리를 가지고 왔다는 기록에서 중국불교도들이 사리를 중요하
게 여겼음을 알 수 있다. 玄奘은 여래의 육사리 150립(請得如來肉舍利一百五十粒:
『대당서역기』 12, T.51, p.946c)을, 義淨은 사리 300립(舍利三百粒: 『송고승전』

종류로 법사리를 말함과 함께 그 내용이 연기법송緣起法頌임을 부언하고 있다.[30] 이러한 법사리는 8세기 초 밀교계 경전인 『무구정광대다라니경』의 등장으로 인해 각종 다라니나 불전으로까지 그 범주를 넓혔을 뿐만 아니라, 법사리 공양에 대한 공덕이 매우 큼을 선양하여 법사리를 안치하는 경우가 많아진다. 그렇더라도 법사리의 개념은 오랜 동안 중국 내에서는 거의 받아들여지지 않는다.[31]

8세기 중반 이후 당 중엽이 되면 불공이 밀교계 경전을 번역하면서 사리의 개념은 크게 확장되고 변화된다.[32] 기존의 사리 개념의 틀을 깨고 밀교계 경전에서 인위적으로 사리를 만들 수 있는 가능성을 설하면서 인조사리라는 개념으로까지 확대된 것이다.

당시 중국인들이 법사리보다 불사리에 대한 가치에 더욱 비중을 두었음을 알 수 있다. 여기에 불타와 동격처럼 여겨지는 불사리에 의한 황제권의 정당화라는 정치적 의미가 더해진다면 가히 절대적이었

1, T.50, p.710b)을 구해왔다고 전한다.

30 의정 역, 『浴佛功德經』(T.16, p.800a), "當供養舍利 然有二種 一者身骨舍利二者法頌舍利 卽說頌曰 諸法從緣起 如來說是因 彼法因緣盡 是大沙門說."

31 주경미, 『중국고대 불사리 장엄연구』, pp.79~80. 이것은 남북조시대까지 한역 또는 위경에서 일부를 제외하고는 대부분 사리라는 용어를 석가모니의 사리에 한정하여 사용되는 경향이 강한 것에도 알 수 있다. 석가불의 사리에 대해서는 불골 또는 불아 등의 용어가 함께 사용되었으며, 이 사리의 경우 대부분은 빛을 내는 구슬 모양의 보주형 사리로 신이적인 특성을 보여 구별되었기 때문이다. 왜냐하면 이 시기의 사리 신앙은 사리의 비현실적인 신이능력을 중심으로 이루어졌기 때문이라고 추정된다. 이러한 사리 개념은 수대에도 이어진다.

32 특히 『如意寶珠轉輪秘密現身成佛金輪呪王經』(『여의보주금륜주왕경』이라 약칭)에 잘 나타나 있다.

을 것이다. 또한 사리에 대한 절대적인 가치부여는 인도로부터 전해진 진신사리라는 정통성을 증명해야 하는 과제도 있었을 것이다. 이러한 불사리의 필요성은 사리의 분신이나 생성 등의 증식과 같은 신이적 현상으로 나타나고, 인위적으로 만든 인조사리까지 생각해내는 데에 일조하였을 것이라고도 생각된다.

이처럼 중국에서의 사리는 처음에는 붓다의 시신과 유골인 신골사리身骨舍利에서 붓다의 말씀인 경전을 법신으로 여겨 법사리를 받아들이고, 그 후 인조사리까지 사리로서 인식하게 된다. 이러한 사리들은 모두 불교에 대한 믿음을 고양시키는 신앙 대상으로서 중요한 위치를 차지하게 되는데, 이는 황실 주도로 이루어진 사리에 대한 장엄구의 발전과 법문사 불지사리 공양법회와 같은 공양의례의 성행이 반증해 준다.

승사리의 경우는 화장 후에 유해, 즉 사리를 모아 탑 내에 안치하는 예가 고승전류의 기록에 보여 불교 전래 초기부터 인식되고 있음을 알 수 있다. 또한 여러 고승들의 사리를 얻음을 말하고 있지만 그 구체적인 예로 알려진 것은 많지 않다. 승찬, 천태 지의, 하택 신회, 황벽 희운 등 몇몇 승려들의 사리 장엄이 기록으로 남아 알 수 있다. 그리고 『고승전』, 『속고승전』의 경우 승려의 유골을 사리라고 언급한 예가 그다지 많지 않은 반면, 『송고승전』의 경우는 대부분 승려의 것을 사리라 부르고, 석가불의 것을 불아 또는 불골이라고 따로 구분하여 지칭하고 있다. 이것은 송대 선종의 성행과 무관하지 않을 것이다.

이처럼 점차 고승들의 사리도 별다른 구분이 없어지고, 넓은 의미에서 사리라는 믿음의 대상으로서, 그리고 그것이 지니는 효험만이 관심의 대상이 되고, 누구의 것이고 어떻게 구해진 것인지는 중요하지 않게 된다. 더욱이 9세기 이후 일반인들에게 다량으로 유포된 사리는 황실 중심으로 행해진 대규모 사리 공양회의 영향을 받아서 사리 신앙이 대중화되는[33] 계기를 마련한다. 사리 신앙이 대중화되고 깊어지면서 일반 불교신자들 사이에서 석가불의 진신사리를 구하고자 하는 갈망이 빚어낸 현상이라고 할 수 있다. 사리 형태가 보주형 사리 대신 골아형 사리가 더욱 활성화된 것이 이를 나타낸다.[34]

2) 감득과 감응의 신이성

중국에 불교가 전래되고 확산되는 데에 사리 신앙은 중요한 역할을 담당한다. 영감이나 기도와 같은 지극정성에 의해 사리를 얻는 감득感得에서 사리사상이 전개되고, 사리의 신이력 체험, 즉 감응感應은 대중에게 불교에 대한 믿음을 이끌어 낸다. 사리는 불교의 시조인 석가의 유골이어서 신앙의 대상이 된다. 특히 중국에서의 사리는 신통자재한 불타를 대신하는 상징적인 숭배의 대상이 되고, 불교의 위치를 견고하게 해주는 일종의 수단이 된다. 그리고 이 신앙이란 불타의 구제력을 기대하는 수동적인 종교행위에 의해서 성립된다. 석존을 추모하는

---

33 주경미, 「탑형 사리 장엄구─건축 이미지의 공예적 변용─」, 『미술사와 시각문화』 5(2006), p.237. 이를 알 수 있는 것이 다각탑형 사리 장엄구이다. 이것은 사리 신앙이 일반화·보편화되면서 나타난 이미지이다. 발원자의 배경이 더 이상 황실과 같은 특수계층의 후원에만 한정되지 않음을 사리 장엄구의 제작에서 보여준다. 아육왕탑이나 아육왕사와 같은 특수한 사찰에 봉인된 것이 아니라는 점이 주목된다.

34 주경미, 『중국고대 불사리 장엄연구』, pp.238~240, 326~333.

것만이 아니라 무병장수, 불사, 풍요, 다산 등의 상징성도 부가되어 사람들에게 현세와 미래의 복리안락을 가져다주는 진귀한 보배라고 여기게 된 것이다.

믿음의 대상이 되는 물질은 사실상 이상화된 산물이지만, 불타의 현실성을 희구하는 심리는 관념적 경향이 강한 불사리를 현실화하여 분신分身이나 생성 등의 증식, 방광과 같은 신이성으로 표출되기에 이른다. 이는 순수하게 불교적 의도에서 표현된 것이 아니라 다분히 현실을 중시하는 중국화된 사리 신앙의 특색을 보여주는 것이다.

사리의 신이를 보여주는 사료는 많지만, 그중에서 삼국시대 오나라의 왕인 손권의 조복 이야기와 수 문제의 인수사리탑 건립과 관련된 신이를 예로 소개한다.

손권의 조복 이야기는 불교를 전파시키는 과정에서 사리의 신이를 보여주는 첫 사료이기도 하며, 강승회의 사리영험 이야기이다.[35] 수 문제는 인수사리탑 건립과 관련하여 사리의 방광, 증가 등의 신이를 드러내 사리의 영험함과 그 감응을 널리 알려 사리 신앙을 고양시키고 있다.[36]

---

35 각주 150 참조.

36 『광홍명집』 17, 「사리감응기」(T.52, p.213b)에는, 1차인 인수 원년의 사리탑 건립 이전에 어느 사문에게서 얻은 사리 한 주머니를 얻어 부도를 만들어 그 아래 두었는데 대낮같이 밝은 신령스러운 광채를 냈다고 한다.("有婆羅門沙門來 詣宅 出舍利一裏曰···皇帝皇后於京師法界尼寺 造連基浮圖以報舊願 其下安置舍 利 開皇十五年季秋之夜有神光 自基而上右繞露槃 赫若冶鑪之焱 一旬內四如之 皇帝以仁壽元年···三十州同刻十月十五日正午入於銅函石函 一時起塔.") 또한 『 법원주림』 53(T.53, p.602c)에는, 2차인 인수 2년 사리탑 건립 전에는 황제와

3) 전륜성왕적 의미

사리는 역사성을 지닌 붓다(석가불)가 남긴 유해의 일부로 여겨져가장 신성한 물건으로 여겨져 왔다. 그래서 역사적인 붓다와 직접적인 관련이 없는 주변 지역에서는 그 흔적 찾기와 더불어 붓다와 동일시되는 중요 성물聖物의 소유에 대해 일찍부터 큰 관심을 보였다. 이러한 성물의 소유와 공양의 주도는 승단보다는 오히려 세속적인 권력을 지닌 국왕이나 지배계층인 경우가 많았다. 특히 이러한 성물이 불교의 전륜성왕 개념을 입증시켜주는 것으로 생각한 여러 불교국가에서는 국왕에 의해 소유되고, 그 소유와 관련된 여러 가지 의례를 발전시킨다. 그중에서 가장 가치가 있는 것이 부처의 유골인 진신사리임은 당연할 것이다. 이것은 의례를 통해 물질성을 극복하고 신성성을 획득하면서 일반적인 물질과는 달리 성물로 여겨 예배의 대상, 믿음의 대상이 된다.[37]

하지만 중국에서 불사리가 믿음의 대상인 성물로서 여겨질지라도 붓다의 유골이므로 인도에서 전해졌다는 것을 기대하지 않으면 불사리

황후가 밥을 먹을 때마다 치아 밑에서 사리를 얻어 사리가 늘어났고 탑을 세운 곳마다 사리에서 여러 가지 상서로운 조짐을 보였고 봉안할 때도 상서로운 감응이 있음을 전하고 있다.("皇帝爾日共皇后太子宮內妃嬪 精誠用心竭力懺悔 普爲含識共結善緣 皇帝見一異僧被褐色覆膊 以語左右曰 勿驚動他 置之而去已重數之 果不須現 舍利之將行也 皇帝曰 今佛法重興必有感應 其後處處表奏 皆如所言皇帝當此十月之內 每因食次於齒下得舍利 皇后亦然 以銀盤盛水 浮其一出示百官 須臾忽見有兩粒 右旋相著二.")

37 주경미, 「불교미술과 물질문화-물질성, 신성성, 의례-」, 『미술사와 시각문화』 7(2008), pp.41~44.

신앙은 성립되지 않는다. 말하자면 분득分得의 원리가 필요하다. 따라서 중국에서는'인도에서 불멸후의 사리 분배와 아쇼카왕에 의한 진신사리의 팔만 사천 개 분배, 그리고 이를 안치한 탑 건립은 중요한 사건이 된다. 특히 불교 전파의 큰 공적뿐만 아니라 전륜성왕으로 상징되는 역사적 인물로서의 아쇼카왕의 존재는 중국에서 더욱 윤색되어 이상적인 군주상으로 강조되어 받아들여지기까지 한다.[38] 중국은 오랜 혼란기와 통일로 이어지는 역사 속에서 왕위의 정당성이나 왕권강화, 황실의 안위, 민심통합과 안정 등이 늘 과제였던 황제들에게 사리를 안치한 불탑 조성, 사리 봉송과 함께 그 의식 거행 등 사리 신앙을 통해 이를 타개해 보려는 정치적인 의도에서도 충분히 관심의 대상이 되었을 것이다. 처음에 법문사 사리를 봉송하여 공양한 당 고종은 '짐등신아육왕상朕等身阿育王像'이라고 하여 자신과 똑같은 크기의 아육왕상을 만들게 하여 사리탑 내에 안치시켰다고 한다. 고종 자신과 아육왕은 불사리의 위덕력으로 세계에 안녕과 번영을 가져오는 이상적인 성군인 아육왕의 모습에 자신을 모방한 것뿐만이 아니다. 고종등신의 아육왕상이란 불타와 인도의 전륜성왕인 아육왕과 당의 황제 고종과의 세 이미지를 합친 것이었다.[39] 이와 같이 아육왕을 전승하고 모방한 황제로

---

38 미찌하다 료오슈, 앞의 책, p.16. 중국으로의 불교 전래설 중에 아육왕의 불탑 전래설이 있다. 석존 입멸 후 약 200년경, 아육왕이 출현하여 불교를 부흥시켰는데 전국에 팔만 사천의 불사리탑을 조성하였다고 한다. 그때 중국에 세운 것이 19군데나 되는데, 그때가 東周敬王 26년의 일이라고 하는 설이다. 이 설은 전래설로서 신빙성은 없으나 아육왕을 소재로 전래설이 만들어진 만큼 중국인의 숭배 대상파이었음을 알 수 있다.

39 沖本克己 편, 앞의 책, p.307·309.

는 당 고종 이외에도 남북조시대 남조의 양 무제[40]를 비롯하여 진
무제,[41] 수 문제,[42] 당 측천무후[43] 등 역대 중국의 대표적인 숭불 황제들에

---

40 배영진, 「長安 光宅寺 七寶臺의 조성과 그 의의」, 『인문연구』 56(2009), p.212·214.
양 무제는 이전에 아육왕탑의 사리를 발견한 것이지만 오히려 그보다 많은 양의
사리 출현을 알리고, 사리의 신이에 의해 행한 몇 차례의 무차대회는 황실 입장에서
의 적극적인 지원과 참여가 있었음을 보여 왕권선양을 위해 공공연히 행해졌던
것이다. 양 무제의 사리 이용은 자신을 아육왕에 비견함으로써 천감 원년(502)
건국 이래 황제 위주의 불교국가로서의 권위 선양과 정통성을 확립하기 위한
태평성대 통치의 세력 표시로 이해할 수 있다.

41 『陳書』 2, 「本紀」 高祖에 의하면, (남북조시대의 남조 마지막 왕조인 陣나라를
연 고조 진패선은 혁명의 정당성을 입증하고자) 조칙을 내려서 여러 대신들을
지방으로 보내어 경진년에 두모택에 모셔진 부처님 치아사리를 꺼내어 사부대중
을 모아 무차대회를 열게 하고, 고조가 친히 궐 앞까지 나가서 예배하였다고
한다. 이 치아사리는 (유서가 깊은 것으로) 처음에 제나라의 승통이었던 법헌이
우전국에서 얻어 정림상사에 모셨던 것을 양나라 천감 연간 말에 섭산 경운사
사문 혜홍에 이어 사제인 혜지가 보존하고 있다가, 승성 연간(552~554) 말에
혜지가 (새로운 나라를 건국할 인물인) 고조(진패선)에게 비밀리에 전하여 세상에
보여주게 되었다는 것이다. "己卯分遣大使 下璽書勅州郡曰 …… 庚辰詔出佛牙於
杜姥宅 集四部設無遮大會 高祖親出闕前禮拜 初 齊故僧統法獻 于烏纏國得之
常在定林上寺 梁天監末 爲攝山慶雲寺沙門慧興保藏 慧興將終 以屬弟慧志 承聖
末 慧志密送于高祖 至是乃出."

42 주경미, 「隋文帝의 仁壽舍利莊嚴 硏究」, 『中國史硏究』 22(2003), pp.95~96. 『광홍
명집』 17(T.52, p.213c)에 의하면, 수 문제가 왕위에 오르기 전에 智仙이 북주
폐불을 예언하며 그가 불법을 중흥할 것이라고 말한다. 수 문제는 지선의 말대로
천하에 사리탑을 건립하고 神尼像을 안치했다는 내용이 나오는데, 이는 신니의
예언이 수나라 건국의 당위성을 미리 예언한 것이며, 정치적 당위성을 불교에
의해 보장받은 수 문제가 그 기념적 상징이 되는 사리탑의 건립을 추진한 것이다.
이는 당시의 대중 사이에 수 문제의 정치적 위신을 높였으며 불교를 통한 민심의
통일을 이끄는 계기를 마련하였다.

게서 나타난다. 이것은 대체로 황제 자신의 순수한 신앙심의 발로이기도 하지만 동시에 자신이 아육왕과 같은 전륜성왕임을 국가적 차원에서 인증하기 위한 행위이기도 하였다.[44]

그리고 사리의 신이성을 천명天命과 같은 원리로 증명하고자 하는 것은 당연한 수순이라고 할 수 있을 것이다. 수 문제의 인수사리탑 조성 시의 상서로움은 마치 천자가 천명을 얻은 것을 안팎으로 과시하기 위해 일으킨 봉선封禪 때의 상서로움과 유사하여 문제 통치의 필연성을 보증하는 천天의 의지로도 생각할 수 있기 때문이다. 인수사리탑은 평화와 통일을 가져온 위대한 천자를 만인에게 떠오르게 하는 시각적인 장치이기도 하였던 것이다.[45]

중국에서의 이와 같은 불사리 신앙의 고양과 성행은 한국의 신라를 비롯한 삼국에 그대로 전해진다. 그리고 통일신라와 고려, 조선시대로 이어지면서 왕실뿐만 아니라 민간에서도 크게 신앙된다.

---

43 『송고승전』 26(T.50, p.872c), "고종 의봉 2년(677)에 望氣者가 이르기를 광택방에서 이상한 기운이 있다고 하여, 칙명을 내려 땅을 파게 하였더니 거기에서 석함이 나왔다고 한다. 석함 안에는 불사리 만여 립이 들어 있었는데 그 빛과 색이 찬란하고 堅剛하였다고 한다. 이에 칙명을 내려 이곳에 광택사를 세우게 하고, 사리는 京寺와 諸州府에 각각 49립씩 나누어주었다. 무후는 처음으로 칠보대를 두었는데, 드디어 사액을 바꾸었다(儀鳳二年望氣者云 此坊有異氣勅掘之得石函 函內貯佛舍利萬餘粒 光色燦爛而堅剛 勅於此處造光宅寺 仍散舍利於京寺及諸州 府各四十九粒 武后於此始置七寶臺 遂改寺額)." 측천무후는 사리 신앙을 자신의 치세에 적절히 이용함으로써 국내 민심을 안정시키는 데에 성공한다.

44 주경미, 앞의 논문, 「탑형 사리 장엄구—건축 이미지의 공예적 변용—」, pp.236~237.

45 沖本克己 편, 앞의 책, p.307, 309.

III. 한국의 사리 신앙

1. 사리 신앙의 수용과 전개

1) 조선시대 이전의 사리 신앙

⑴ 사리 안치와 봉송

고대 한국의 불사리 신앙은 중국에서 전해진 이후 널리 성행한다.[46] 고구려의 경우는 기록이 없어 알기 어렵다. 백제는 직접적인 기록은 찾기 어렵지만, 위덕왕 34년(587)에 사신과 함께 일본에서 온 승려들에게 불사리를 보낸 사실이 있고,[47] 이 사리는 위덕왕 40년(593)에 법흥사法興寺의 탑에 안치된다. 또한 법륭사法隆寺에도 오노노 이모코(小野妹子)가 백제로부터 전했다는 사리가 있다.[48] 백제 유적인 익산 미륵사지탑과 부여 정림사지 오층석탑, 부여 능산리사지의 목탑,[49] 왕흥사탑의 발굴로 불사리가 봉안되었음이 밝혀진다.

불사리의 전래가 처음으로 보이는 것은 신라 진흥왕 10년(545)에 남조의 양梁나라 사신과 유학승인 각덕覺德에게 사리를 보냈는데,

---

46 『광홍명집』 17, 「慶舍利感應表」(T.52, p.217a), "高麗百濟新羅三國 使者將還 各請一舍利於本國 起塔供養 詔並許之." 이는 수 문제가 인수사리탑을 조성할 무렵, 삼국이 청하여 허가받는 내용을 담고 있는데, 삼국의 사리 신앙에 대한 열의를 역설해주고 있다.

47 『日本書紀』 21 崇峻天皇元年條, "이 해에 백제국에서 사신과 승려 혜총·영근·혜식 등을 파견하면서 불사리를 함께 봉송하였다(是歲 百濟國遣使並僧惠摠令斤惠寔 等 獻佛舍利)."

48 『斑鳩古事便覽』(『大日本佛教全書』 117, pp.89~103).

49 「昌王銘石造舍利龕」, "백제 창왕 13년(567) 정해년에 매형과 공주가 사리에 공양을 하였다(百濟昌王十三年太歲丁亥妹兄公主供養舍利)."

이를 정중하게 맞이했다는 기록이다.[50] 이어서 진흥왕 37년(576)에
수나라 유학승인 안홍安弘이 『능가경』과 『승만경』의 두 경전과 함께
불사리를 가져온다.[51] 이처럼 사리는 6세기에 신라의 유학승들에 의해
전해진다. 이후 7세기, 즉 신라가 삼국을 통일한 시기인 선덕여왕
때 당나라 유학을 갔던 자장이 돌아오면서 가져온 사리가 황룡사탑과
통도사 계단 등에 안치되면서[52] 불사리 신앙은 본격화된다. 자장이
전한 진신사리가 호국사상과 깊이 결부되면서 불사리 신앙이 점차
성행하게 된 것이다. 이것은 사리가 장엄된 모습이나 사탑 건립,[53]
그리고 사리영험을 전하는 관련 기사를 통하여 알 수 있다.

  신라시대에 불사리가 안치된 탑은 총 13기로 1,300여 사리가 된다고
한다. 봉안 장소로는 황룡사 9층목탑을 비롯하여 태화사탑, 오대산
중대, 태백산 갈반사, 천안 광덕사, 구례 화엄사탑, 지리산 노고단
아래의 법계사탑, 강원도 사자산 법흥사탑 등이다. 봉안된 사리수를

---

50 『삼국사기』「新羅本紀」 4, 眞興王 10年條, "진흥왕 10년(549) 봄, 양나라에서
   사신과 함께 신라의 학승 覺德을 파견하면서 불사리도 함께 봉송하여 왔으므로,
   왕이 백관들에게 경주 興輪寺의 앞길에 나가 이를 맞아들이게 하였다(十年 春
   梁遺使與人學僧覺德 送[新舊本皆作逸 今據海東高僧傳改之]佛舍利 王使百官 奉
   迎興輪寺前路)."

51 『삼국사기』「新羅本紀」 4, 眞興王 37年條, "安弘法師入隨求法 與胡僧毗摩羅等二
   僧廻 上稜伽勝鬘經及佛舍利."

52 『삼국유사』 3, 「前後所將舍利」條(T.49, p.993b), "貞觀十七年癸卯 慈藏法師所將
   佛頭骨佛牙佛舍利百粒 佛所著緋羅金點袈裟一領 其舍利分爲三 一分在皇龍塔
   一分在大和塔 一分幷袈裟在通度寺戒壇 其餘未詳所在."

53 사리 전래 초기부터 그 신앙의 정도를 짐작하게 해주는 대표적인 것으로서 『삼국유
   사』 興法 3 「原宗興法厭髑滅身」條에 "寺寺星張 塔塔雁行"이란 내용이 있다.

알 수 있는 곳은 통도사 계단의 4매, 월정사 13층석탑 37매, 동화사 금당탑 1,200과, 대원사탑 72매, 설악산 봉정암 7매 등이라고 한다.[54] 이들 봉안처 가운데 황룡사, 태화사, 오대산 중대, 통도사, 정암사 등은 특히 적멸보궁이라 불린다. 이 봉안된 불사리는 대부분 자장이 중국 당나라에서 가져온 것으로, 한국 사리 신앙에서 그의 중요성을 가늠하게 해준다. 오대산 문수사리 신앙 또한 그로부터 비롯된다.

고려시대는 숭불정책을 편 시대답게 사리 모시는 것을 중요시하였음을 볼 수 있다. 건국 후 30년인 제3대 정종定宗 원년(946)에 왕이 불사리를 맞이하여 개국사開國寺[55]까지 10리길을 걸어서 거동했다[56]는 기록이 보인다. 이 사찰은 거란 침입으로 소실되었는데, 현종 9년(1018)에 재건하여 사리를 안치하고 계단을 설치하여 3,200여 명의 승려에게 도첩을 주는 성대한 의례를 행하였다고 한다.[57] 또한 3년 후인 현종 12년(1021)에는 불사리를 옛 국가의 수도인 경주에 있는 두 사찰에서 개경으로 옮겨 내전內殿으로 맞이한다.[58]

그 후 예종睿宗 15년(1120)에 송나라 사신으로 간 왕자지王字之가 황제가 하사한 금함에 가득 담긴 불아와 불두골을 가지고 귀국하여, 우선 외제석원外帝釋院에 두었다가 내전으로 옮겨 안치했다고[59] 한다.

---

54 신대현, 『한국의 사리 장엄』(혜안, 2003), pp.173~174.

55 개국사는 수도인 개경의 保定門 밖에 국가의 안녕을 기원하며 창건한 대사찰이다.

56 『고려사』 2 定宗元年條, "王備儀仗 奉佛舍利 步至十里所 開國寺安之."

57 『고려사』 4, 顯宗九年 四月條, "修開國寺塔 安舍利 設戒壇 度僧三千二百余人."

58 『고려사』 4, 顯宗 12년 5月條, "戊子 命尙書左丞李可道 往取慶州高遷寺金羅袈裟 佛頂骨 昌林寺佛牙 並置內殿."

59 『고려사』 14, 睿宗 15年 5月條, "戊辰 迎入佛骨于禁中 初王字之使還宋 帝以金函盛

예종에 이어 인종仁宗은 7년(1129)에 대안사에서 불골을 가져와 인덕궁에 두고,[60] 다음해(1130)에 중화전에서 불사리를 공양함을 전한다.[61] 명종明宗은 12년(1182)에 신하를 보내 불사리를 십원전으로 맞이하여 예배하고,[62] 15년에는 신돈이 광주 천왕사의 불사리를 왕륜사로 맞이하여 왕이 백관을 데리고 참예하고,[63] 19년에는 왕륜사에 행차하여 친히 직접 불사리를 싣고 내전에 영입한다.[64] 우왕禑王도 즉위한 해(1375)에 동화사의 불사리를 신효사로 모셔 불사를 한다.[65]

이처럼 고려 말에는 혼란함까지 있었음에도 불구하고 변함없이 사리가 왕실의 존경과 극진한 보호를 받는 것에서, 고려시대도 역시 불사리 신앙이 매우 깊었음을 알 수 있다.

(2) 사리 안치의 의미

익산 미륵사탑, 황룡사 9층탑, 불국사 석가탑, 월정사 9층탑 등 불사리가 안치된 탑이 있는 사찰들은 모두 왕실의 전폭적인 후원과 보호

佛牙頭骨 以賜置外帝釋院 至是置于山呼亭." 이것은 송에서 고려로 사리를 전승한 유일한 사료이다. 그런데 『삼국유사』 3, 「전후소장사리」조에는 "大宋宣和元年己卯(睿宗 15年) 入貢使鄭克永 李子美等所將佛牙 今內殿置奉者是也"라고 하여 정극영, 이자미 등 다른 이름이 쓰여 있다.

60 『고려사』 16, 仁宗 7年 4月條(庚申), "延佛骨於大安寺 置仁德宮."

61 『고려사』 16, 仁宗 8年 7月條(乙卯), "供佛骨於重華殿."

62 『고려사』 24(甲申), "遣近臣 迎佛骨于十員殿."

63 『고려사』 32, "辛旽傳 旽与宰樞迎廣州天王寺舍利于王輪寺 王宰百官往觀 百官冠帶立庭 云云."

64 『고려사』 42, "正月甲寅 辛王輪寺 觀佛齒及胡僧指空頭骨 親自頂載 逐迎入禁中."

65 『고려사』 132, 「列傳」 16, "辛禑(辛禑元年 9月) 迎桐華寺釋迦佛骨 置神孝寺 作佛事."

118

속에서 조성되고 그 시대에 구심점 역할을 하는 중요한 사찰이 된다.

이것은 순수한 신앙심이 뒷받침되었기 때문에 가능했겠지만, 수도에 건설된다거나, 왕실의 중심 사찰인 원찰 또는 국가의 사찰인 국찰로 삼는다거나, 개국 초의 혼란 안정화 또는 민심통합을 꾀하려 한다거나, 왕실의 평안을 기원하거나, 왕권을 강화하려는 등 조성 배경에는 이러한 나름의 의도도 내포되어 있었다는 것이다.

그리고 현재 예술적 가치를 인정받는 문화유산으로 인정받을 만큼의 조형물을 만들어 사리를 안치했다는 것은 사리에 얼마나 큰 가치를 부여했는지, 당시의 사리에 대한 믿음이 얼마나 컸는지를 시사해주는 것이라고 할 수 있다. 이 모든 소망을 부처님의 육신과 말씀인 신사리와 법사리에 맡겨 신앙함으로써 그 복덕을 기대했던 것이다. 그래서 사리에 대한 신앙심은 각 시대의 중요 사찰에 탑을 건립하고 그곳에 안치하는 것으로 표출된다. 사리가 안치된 그 시대와 그 사찰이 지니는 가치의 정도가 사리 신앙을 보여주는 척도이며, 조성의 의미가 사리 신앙의 성격을 나타내는 것이라고 생각되기 때문이다. 그리고 이것을 본 논에서는, 조선 이전의 경우 익산 미륵사지 탑에 안치된 사리의 의미에서 찾아보려고 한다.

먼저 조성자가 황실이라는 것이다. 익산 미륵사 서탑에서 발견된 사리는 좌평 사택적덕의 딸인 무왕의 왕후가 쌓은 선근공덕으로 지은 사찰에 봉안된 사리이다. 무왕의 장수와 태평성대의 지속을 발원하고 있다.[66] 백제 미륵사는 국왕인 무왕과 왕후의 발원을 나란히 기록하고

---

66 미륵사 서탑에서 출토된 「舍利奉安記」에서 조성자와 그 배경을 알 수 있다.
"我百濟王后 佐平寺宅積德女 …… 造立伽藍 以己亥年正月二十九日 奉迎舍利

있으므로 왕실의 원찰이라고 할 수 있다. 이는 불타의 유골인 사리에 힘입어 왕실의 존엄과 신성을 확보하려는 의도도 내포되어 있음을 보여준다.

다음으로, 익산이라는 지역적 의미와 미륵사 조성의 사상적 의미를 통해서이다.

먼저 당시의 익산은 정치·군사·사회·경제적으로 중요한 의미를 지니는 지정학적 위치를 차지하고 있었다. 농업과 관련된 호남 지역에 주목하면서 익산 지역이 주목받았을 것이다.

더욱이 익산은 우왕 때 주목받는 지역이 된다. 무왕이 익산으로의 천도를 생각할 만큼 익산에 남다른 관심을 가졌던 것이다. 백제는 성왕이 신라와의 관산성 전투에서 패전하여 한강 유역을 잃게 됨에 따라 삼국 간의 세력면에 크게 영향을 미쳐 오랫동안 고전하였고, 성왕의 전사로 왕위를 이은 그의 아들 위덕왕은 귀족회의에서 한동안 인정받지 못할 정도로 왕권이 약화되었다. 그리고 그 뒤를 잇는 혜왕과 법왕은 그 즉위 기간이 2년이 채 안 될 정도로 짧았고, 그 다음 무왕이 즉위한다.[67] 따라서 무왕은 귀족세력 분산을 통한 왕권강화, 민심을 통합한 삼국통일 등이 그의 과제였을 것이다. 실제로 영토 확장, 국내정치 안정, 고구려와 수·당과의 외교 관계에 힘쓴다.[68]

願使世世供養 劫劫無盡 用此善根仰資 大王陛下 年壽與山岳齊固 寶曆共天地同久 上弘正法 下化倉生 又願王后卽身 心同水鏡 照法界而恒明 身若金剛 等虛空而不滅 七世久遠 並蒙福利 凡是有心 俱成佛道." 이 봉안기의 문장에 대해서는 박중환, 「미륵사 舍利記字를 통해 본 百濟 騈儷文의 발전」, 『백제문화』 41(2009), pp.67~76에서 자세히 분석하고 있다.

[67] 김주성, 「百濟 武王의 卽位過程과 益山」, 『馬韓百濟文化』 17(2007), pp.211~217.

이 과정에서 수도인 부여가 아닌 다른 지역이 요구되었고, 무왕에게
는 익산이 적격이었던 것이다. 그런데 백제의 남쪽에 위치한 익산은
귀족세력이 아직 불교보다 기존의 전통을 고수하려는 용龍 신앙과
같은 토속신앙에 가까운 신앙 체계를 가지고 있었고,[69] 왕권의 힘이
덜 미치던 지역이었다. 따라서 익산 지역의 귀족세력은 물론 민심을
하나로 만드는 신앙적 유대를 강화시킬 필요가 있었다. 그리고 이를
미륵사상, 특히 미륵하생 신앙에서 찾는다.[70] 신라와 대적하는 상황에
서 국내의 사상적 통합은 백제 전체의 통합을 의미하는 것이므로 민심을
통합하여 외세에 대응하려는 것이고, 그 역할을 불교에 기대하였으며
미륵사는 그 상징적 의미였던 것이다. 이것은 신라가 황룡사 9층탑의
건립을 통해 국가의 평안을 무력이 아닌 불법으로 주변 나라들을 포섭하
려는 의도와도 그 맥을 같이 한다. 또한 시대가 더 흘러 통일신라시대의
불국사와 석가탑 등의 건립을 통해 정신적인 통일을 도모하는 것도
같은 의미라 하겠다.[71]

---

68 김주성, 「백제 무왕의 치적」, 『百濟文化』 27(1998), pp.81~92.

69 길기태, 「彌勒寺 創建의 信仰的 性格」, 『韓國思想史學』 30(2008), pp.9, 11~17.

70 이것은 『삼국유사』 武王條 미륵사 창건설화에서 엿보인다. 왕후의 미륵사 창건의
청을 허락한 무왕이 지명법사에게 지을 터의 못을 메울 일을 물으니 하룻밤
사이에 만들어냈다는 이야기이다. "王許之 詣知命所 問塡池事 以神力 一夜頹山塡
池爲平地 乃法像彌勒三會殿塔廊無各三所創之 額曰彌勒寺[國史云 王興寺].", 홍
윤식, 「益山 彌勒寺 창건과 선화공주의 역사적 의미」, 『원광대 마한백제문화연구
소 학술발표논문집』(2009), p.32. 이것은 『미륵하생경』에서 미륵하생이 가까워진
때의 염부제 땅은 평탄하고 거울과 같다고 하는 부분을 상징적으로 표현하는
것이라고 생각된다.

71 염중섭, 「佛國寺 大雄殿 영역의 二重構造에 관한 고찰─華嚴과 法華를 중심으로─」,

무왕에게 미륵사의 창건은 백제를 넘어 삼국의 백성 모두를 포함하는 모든 중생을 구제하여 이상적인 국가를 꾀하는 미륵불국토, 즉 미륵보살이 아닌 미륵불이 하생한 불국토를 구현하려는 의미를 담고 있는 것이다. 그리고 익산을 그 땅으로 지목한 것이다.

여기에는 물론 전륜성왕적인 성격도 포함되어 왕권강화의 모색도 있는 것이다. 그래서 귀족의 세력 분산을 도모하려는 한 일환으로 수도 사비성(부여)이 아닌 익산을 계획적으로 수도와 연장선상의 별도 別都로 키우고 신성한 지역으로서의 의미를 부여하여,[72] 여기에 대규모의 미륵사를 창건한다.

이러한 미륵사에 현실에서 미래의 불국토에 대한 갈망에 의해 사리

『宗教研究』49(2007), pp.179~180. 신라가 삼국을 통일한 지 약 70~80여 년이 지나 안정기에 접어들 시점이기는 하지만, 신라는 전국을 통일하는 과정에서 생긴 민족 간의 갈등을 해소하여 화합을 이루기 위한 정신적인 통일이 남아 있었기 때문이다. 이에 당시의 불교가 삼국의 공통된 신앙이었으므로 민족과 국가를 넘어서는 상징성이 발현되기에 적합하였을 것이다. 즉 삼국의 통일은 불국사를 통해서 신라가 고구려와 백제를 정복한 것이 아닌 하나의 불국토로서 거듭나는 측면을 완성한 것이다. 또한 아사달과 아사녀의 설화에 내포된 백제와 신라 간의 화합이라는 상징성을 불국사의 대표적인 건축물인 다보탑과 석가탑으로 승화시킨다.

72 최연식, 「백제 후기 불교교학의 변천과 미륵사상의 성격」, 『백제불교문화의 寶庫 미륵사』(국립문화재연구소, 2010), p.97. 조경철, 「백제 무왕대 神都 건설과 미륵사·제석사 창건」, 『백제문화』39(2008)에서 익산 지역이 정치적 수도와는 다른 차원의 종교적인 특수 지역, 즉 神都로 운영되었다는 견해가 제기되었음을 말하며, 제석사와 미륵사를 각기 도리천과 도솔천을 상징하는 것으로 파악하여 백제왕실이 익산 지역을 도리천과 도솔천 등이 있는 불교의 신성 지역으로 상징되어 운영하였다고 한다.

봉안이 이루어진다. 그리고 석가불과 동격으로 여겨지는 사리에 예배하여 불가사의한 신이력의 영향을 받을 수 있다는 사리 신앙은 민심통합과 안정, 왕권강화 등의 전륜성왕적인 의미가 더해지면서 신앙의 대상으로 극대효과를 가져오게 된다. 무왕 대에 미륵 신앙에서 석가 신앙으로 전환되는 분위기까지 느끼게 해준다.[73] 이는 신라의 경우 왕실이 진흥왕 대를 거쳐 진평왕 대에 이르면 국왕을 정점으로 하는 석가 신앙을 표방하게 되는 것에서도 알 수 있다.

2) 조선시대의 사리 신앙

조선시대에도 역시 초기에 왕실을 중심으로 사리 신앙이 성행하는데, 중국 명나라 영락제永樂帝가 태종 7년(1407)과 세종 원년(1419)에 사리

---

73 김주성, 「미륵사지 서탑 사리 봉안기 출토에 따른 제설의 검토」, 『東國史學』 47(2009), pp.47~48. 그리고 신앙의 대상으로 석가를 대신하는 사리를 봉안한 것으로 미륵 신앙과 석가 신앙이 대립하는 것이 아니라는 입장을 보인다. 이와 관련된 연구들을 살펴보면, 제석사탑에 사리 봉안은 과거 부처님인 석가모니를 추모하는 것이라면 이와 함께 봉안한 동판 『반야경』이 미래 부처님인 미륵불을 위한 것이라고 하고, 미륵사는 미래에 올 미륵의 설법 공간인 동시에 미륵처럼 성불을 이루기 위한 수행의 공간이므로 미륵을 모시는 사찰에 과거에 중생을 구제하기 위해 출현한 석가의 사리를 봉안하는 것이 문제되지 않을 것이라고 한다(최연식, 앞의 책, pp.96~97). 또한 현재가 과거를 통해 존재하고 미래를 잉태하는 현재라는 보편성임을 말한다. 미륵사지는 미륵(미래)을 중심으로 현재와 과거를 한 공간에 펼쳐놓은, 영원한 붓다의 지평을 펼쳐 놓은 백제의 대가람이다. 그래서 미륵사지탑의 사리 봉안은 인간에게 현재가 가능한 개인의 역사이고, 모든 불교적 메시지의 삼세 중에 화신으로서 사바세계 우리들에게 왔던 석가를 기준으로 하는 것은 변함이 없으므로 현재에 자신의 발원을 담은 것이라는 것이다 (李慶禾, 「三世佛을 통해 본 백제 미륵사지」, 『韓國思想과 文化』 49, 2009, p.194).

를 청하여 오히려 사리를 보내게 되는 일이 두 차례나 있었다는[74]
사실에서도 짐작된다. 제1대 태조가 흥천사興天寺에 사리각을 짓고
사리를 봉안하는 일도 있었지만, 대표적으로는 세조를 들 수 있다.
세조는 용문사, 수종사水鍾寺, 낙산사 등을 중창하고 사리를 봉안한다.
이 외에 오대산과 관련된 사리 신앙과 깊은 연관성을 지니는데, 이에
앞서 오대산의 문수 신앙을 살펴보고, 이곳에 사리가 안치된 경위를
설명하는 과정에서 언급하려고 한다.

(1) 오대산 문수 신앙

한국의 오대산 신앙은 신라승인 자장에 의해 시작되어[75] 통일신라시대

---

74 『世宗實錄』 13 太宗 7년 5월 丁卯條와 『世宗實錄』 5 世宗 1년 8월 乙未條 참조.
75 자장은 636년 당나라 유학 때에 청량산에서 문수보살상이 있는 곳에서 7일간
   기도하였는데 꿈에서 문수보살로부터 뜻 모를 범어로 된 네 게송을 받는다.
   그 후 외국승려로 변신한 문수가 나타나 이를 해석해주고 붓다의 가사와 발우,
   사리 등의 유물을 받게 된다(『三國遺事』 3, 塔像 4 「臺山五萬眞身」條, "呵囉婆佐曩
   是曰了知一切法 達嘌哆佉嘢 云自性無所有 曩伽呬伽曩 云如是解法性 達嘌盧舍
   那 云卽見盧舍那"). 이 게송은 80권본 『화엄경』 16, 「昇須彌山頂品」 13(T.10)
   p.82a에 나오는 문구의 일부라고 한다. "了知一切法 自性無所有 如是解法性
   則見盧舍那"(김복순, 『新羅華嚴宗硏究』(민족사, 1990, p.114). 또한 나라의 안녕
   을 위한 방책에 대한 물음에 황룡사탑의 건립을 계시받거나(『삼국유사』 3, 塔像
   4 「皇龍寺九層塔」條, "皇龍寺護法龍 是吾長子 受梵王之命 來護是寺 歸本國成九
   層塔於寺中"), 신라의 오대산에서의 재회를 기약하는(『삼국유사』 3, 塔像 4 「臺山
   五萬眞身」條, "汝本國艮方溟州界 有五臺山 一萬文殊常住在彼 汝往見之") 등 오
   대산에서의 신이적 영험의 내용을 통해서 문수 신앙을 받아들였음을 알 수 있다.
   자장과 오대산 부근에 문수 신앙과 관련하여서는 월정사, 石南院(현 淨岩寺),
   水多寺를 창건한 것 외에 통도사, 元寧寺 등 10여 곳에 절과 탑을 세운 것을

인 7·8세기에 접어들어 더욱 신비화되고 구체화된다. 정신淨神대왕의
태자인 보천(寶川, 보질도)과 효명孝明은 왕위쟁탈을 피해 오대산의
중대와 북대에 각각 은거하면서 오대의 진신眞身들에게 예경하고 염불
한다. 보천은 왕위 계승을 고사하고 후일 오대산에서 생을 마치며,
그의 아우인 효명은 즉위하여 성덕왕聖德王 4년(705)에 친히 거동하여
진여원(후일 상원사)을 창건하고, 문수보살상을 안치한다.[76]

　보천에 의해 체계화된 오대산 신앙[77]은 고려시대가 되면 완전히

든다. 그는 문수보살을 만나려고 명주 오대산으로 와서 지금의 월정사지에 草庵을
짓고 3일을 있었으나, 山陰이 깊어 돌아갔다가 다시 와서 8척의 방을 창건하여
7일간 머물렀다(閔漬, 『五臺山事跡記』「奉安舍利開建寺庵第一祖師傳記」, "爲欲
面見文殊尋住溟洲五臺山 到今月精寺地假立草庵留至三日 于時是山陰沈不開未
審其形而法 後又復來創入尺房而住 者凡七日 云云[上出臺山本傳記]")는 기록이
있을 뿐으로, 오대산에서의 사탑 건립의 가능성은 희박한 것으로 보인다. 따라서
자장의 시대인 삼국시대에 오대산에 문수 신앙이 정착되었다고 보기 어려우며,
단지 그를 오대산을 비롯한 월정사와 관련하여 처음으로 언급하는 이유는 화엄경
에서 비롯된 오대산 신앙을 처음 소개한 인물로 문수보살을 만나기 위해 현재의
월정사 지역에 머물렀다는 것에 기인한다(강병희, 「문헌으로 본 월정사 팔각구층
석탑」, 월정사 성보박물관 편, 『월정사 성보박물관 학술총서』I, 월정사 성보박물
관, 2000, p.30).

76　『삼국유사』3, 塔像 4「臺山五萬眞身」條 ; 同, 「溟州五臺山寶叱徒太子傳記」
　; 閔漬, 『五臺山月精寺事蹟』「五臺山聖迹幷新羅淨神太子孝明太子傳記」.

77　『삼국유사』3, 塔像 4「臺山五萬眞身」條에 보천의 留記에 따르면 중대 진여원을
　중심으로 동서남북 사방과 상하 등의 오대산 7방위로 체계를 갖추고, 이에 각각
　문수, 관음, 미타, 지장, 석가, 비로자나 등 불·보살상을 안치하고, 각 불보살상과
　관련하여 독경할 경전과 예참법을 밝히고 있다(서윤길, 『한국밀교사상사연구』,
　불광출판사, 1994, p.95의 표 참조). 특히 중대 진여원에는 문수가 매일 이른
　아침에 36가지 모습으로 나타나 보였다고 서술하고 있다. 이처럼 오대산에는

정착되어 본격적으로 성행한다. 구산선문의 하나인 굴산堀山산문을 개창한 범일梵日의 제자 중에 범일이 입적할 때까지 오대산 수정사水精寺에 머물렀다는 즉공 행적(卽空行寂, 832~916)과 범일 제자 중 10성聖의 하나에 들고 오대산 문수 신앙의 대성자로 일컬어지는 신의 두타信義頭陀의 활약에 의해서이다.[78] 신의가 죽은 후 암자는 오랫동안 방치되었다가, 수다사水多寺의 장로인 유연有緣이 이곳에 다시 절을 지어 살았는데, 지금의 월정사가 이곳이라고 한다.[79] 오대산을 중심으로 하는 문수

불보살이 상주하며 설법한다는 신앙이 성립되는데, 이 신앙은 경덕왕 대의 信孝 거사에 의해 재차 강조된다. 신효 거사는 월정사와 관련하여 등장하는 인물 중에서 유일하게 다양한 기록을 남기고 있다. 그 기록에는 「臺山月精寺五類聖衆」 (『三國遺事』 3, 탑상 4), 「景德王 14년」條(『三國史記』 9, 「新羅本紀」 9), 閔漬, 「孝信居士親見五類聖衆事跡」(『朝鮮佛教通史』 하, pp.136~138.), 「公州古蹟條」 (『新增東國輿地勝覽』 17) 등이 있다. 이 오대산 신앙의 흔적은 오늘날 강원도 평창군 진부면 동산리 63번지 일대의 오대산 곳곳에 흩어져 있다. 현재 이곳에는 월정사와 상원사를 비롯하여 동대 관음암, 서대 염불암, 남대 지장암, 북대 미륵암, 중대 적멸보궁 등이 자리잡고 있다(정병조, 「강원도 지역의 불교-오대산의 문수 신앙을 중심으로-」, 월정사 성보박물관 편, 『월정사 성보박물관 학술총서』 II(월 정사 성보박물관, 2001, p.19).

78 강병희, 앞의 책, 정병조, 앞의 책 등에서 행적과 신의의 사적이 일치하여 동일인물 일 가능성이 제기된다.

79 『삼국유사』 3, 「台山五萬眞身」條(T.49, p.998c), "법사는 정관 17년(643)에 강원도 오대산에 이르러 문수보살의 진신을 보려고 하였다. 그러나 3일 동안 날이 어둡고 흐려서 뜻을 이루지 못하고 돌아갔다. …… 훗날 두타승 신의가 있었는데, 범일대 사의 제자이다. 이 오대산에서 자장법사가 쉬던 곳에 암자를 짓고 기거하였다. 신의가 죽자 암자도 역시 오랫동안 버려져 있었는데, 수다사의 장로인 유연이 다시 암자를 짓고 살았다. 지금의 월정사가 바로 이것이다(師以貞觀十七年來到此 山 欲睹眞身 三日晦陰 不果而還 …… 後有頭陀信義 乃梵日之門人也 來尋藏師憩

신앙은 화엄, 밀교, 법화 등의 여러 사상들과 융합되고 신앙화되며, 고려 말 전국적으로 확산되고 대중화된다. 그리하여 대몽 항쟁기에는 외적을 물리치고, 왕의 질병을 치료하는 등 대중적이고 기복적인 재난 구제의 성격을 띠게 된다. 이러한 일련의 문수 신앙의 확산에 기여한 이들로 일연一然,[80] 민지閔漬,[81] 그리고 지공指空[82]과 그의 제자인 나옹 혜근懶翁慧勤[83] 등을 들 수 있다. 또한 고려 말 공민왕의 문수회의

息之地 創庵而居 信義旣卒 庵亦久廢 有水多寺長老 有緣重創而居 今月精寺是 也)." 이와 같은 내용을 말해주는 또 다른 기록으로는『삼국유사』3, 「台山月精寺五 類聖衆」條(T.49, p.1000a)에 있다. "월정사는 자장이 최초로 茅室을 만들고, 다음 으로 신효가 와서 살고, 그 다음으로 범일의 문인인 신의 두타가 살고, 그 후는 수다사의 장로인 유연이 살아서 점차 큰 절이 되었다(此月精寺慈藏初結茅 次信孝 居士來住 次梵日門人信義頭陀來 創庵而住 後有水多寺長老有緣來住 而漸成大 寺)." 이를 통해 월정사 창건은 貞觀 17년(643)이고, 이 지역에서 자장이 草室을 지어 살았음을 알 수 있다.

80 『삼국유사』에는 오대산의 문수 신앙과 관련하여 신라시대의 것을 다수 소개하고 있는데, 이 책이 고려 때 저술된 것이므로 고려시대의 문수 신앙도 반영되었다고 볼 수 있다.『三國遺事』3, 塔像 4「台山五萬眞身」, 「溟洲五台山寶叱徒太子傳記」, 「台山月精寺五類聖衆」, 「五臺山文殊寺石塔記」; 同 5, 神呪 6「憬興遇聖」와 避隱 8「緣會逃名」등.

81 부처님의 진신사리가 상주하는 오대산 월정사가 전란을 겪고 쇠락하자, 승려들이 이를 증수하고 민지에게 오대산과 관련된 기록들을 정리할 것을 부탁함으로써 이루어졌다(이능화,『朝鮮佛敎通史』下 "五臺佛宮山中明堂").

82 『고려사』35, 忠肅王 15년 7월조. 인도 승려인 指空은 원 간섭기에 문수 신앙의 대두에 크게 기여하였다. 忠肅王 13년(1326)에 고려의 개경에 들어와 3년여 동안 전국을 누비고 설법하여 文殊師利菩薩最上乘無生戒를 주었는데, 지공의 설법과 무생계 시여는 사람들이 구름떼처럼 몰릴 만큼 고려인들에게 대단한 인기를 끌었다.

개최를 통해 대중화되는 계기가 되어 절정기를 맞이한다.[84]

조선시대에는 태조가 폐불정책을 폈음에도 문수법회는 계승하여 직접 참여하기도 하고,[85] 오대산 중대에 문수가 동물의 왕인 사자를 타고 있다는 문수보살의 주처로서 의미를 지니는 사자암을 중건하여 자신과 국가의 원찰로 삼고자 하였다. 태조 이후에 중대 상원사는 수륙사水陸寺로 지정되었으며,[86] 문수감응설화로도 유명한 세조 때가

---

83 『懶翁和尙行狀』, 『고려사』 135, 「열전」 辛禑條. 혜근은 어릴 적에 지공으로부터 문수사리무생계를 받아 일찍부터 문수 신앙을 지니게 되었다. 원에서 유학을 마치고 돌아와 오대산의 象頭庵과 靈感庵 및 청평산 청평사(문수원)에 머물렀다. 혜근의 문수 신앙은 그가 문수회를 개최하면서 절정에 이르렀다. 혜근은 우왕 2년 4월에 회암사 중창을 끝내고 문수회를 개최하였는데, 우왕이 行香使를 파견하였으며 사부대중이 폭주해 그 수를 헤아릴 수 없었다고 하여, 대중의 폭발적인 지지를 받았음을 알 수 있다.

84 공민왕 때 문수회는 신돈의 권유로 시작되었는데, 14년 7월, 15년 3월과 8월, 16년 3월, 17년 4월, 18년 4월, 19년 4월, 20년 4월에 개최되었다. 신돈이 집권하는 14년에서부터 신돈이 실각하기 직전인 20년까지 매해 한 차례씩(단, 15년은 두 차례) 열렸으며, 14년은 장소가 밝혀져 있지 않고, 15년은 궁중에서 그리고 16~20년까지는 개경 演福寺에서 행해졌다. 17년부터는 4월에 열리는 행사가 되었으며, 18년만 신돈이 주최하고 나머지는 모두 공민왕이 직접 주최하였다(『고려사』 41, 42의 해당연월). 그리고 이러한 문수회의 개최 동기는 임금과 신하의 화합 및 임금의 후사 얻기가 주요 목적이었다고 한다(『고려사』 43 恭愍王 21년 10월조, 『고려사』 132, 「열전」 辛禑條).

85 『太祖實錄』 3, 2년 3월 28일, 4월 2일조; 『太祖實錄』 5, 3년 2월 11일, 14일, 17일조 참조.

86 『태조실록』 14, 태조 7년 8월 17일조 "以天變地怪 說法席于臺山上元 金剛山表訓等 寺"; 『太宗實錄』 태종 원년 10월 12일조, 14년 2월 6일조; 『世宗實錄』 세종 6년 4월 28일조, 세종 7년 12월 19일조. 한편, 세종 때 상원사가 잠시지만 폐지된

되면 오대산 문수 신앙은 절정에 달하게 된다. 세조는 중대 상원사를 중창하고, 상원사를 대표하는 문수 신앙의 상징인 문수동자상[87]을 봉안한다(1466).[88] 이로써 오대산 중대 상원사는 문수 신앙의 중심 사찰로

적도 있었다. 세종 6년(1424) 4월 5일의 사찰정리 때는 잠시 상원과 견암사를 폐지하고 진관사와 새로이 관음굴의 두 사찰만을 수륙사로 지정하기도 하였으나, 이내 상원사의 중요성을 인지하고 23일 후에는 상원사를 다시 수륙사로 지정하였으며, 이때 상원사에는 특별히 60結의 田地까지 하사하였다(『세종실록』 세종 6년 4월 28일조 참조).

87 문수동자상에 복장되어 있던 조성발원문에 의하면, 문수동자상은 세조, 왕비, 세자의 장수를 기원하며, 세조의 딸인 의숙공주와 그의 남편인 정현조 부부에 의해서라고 한다(朝鮮國河城尉鄭顯祖懿淑公主李氏伏爲 主上殿下 王妃殿下 世子邸下 萬歲萬歲萬萬歲 亦願己身 智慧之男敬成). 문수동자상 발원문 외에 수정사리병, 사리 3립, 수정 구슬, 불전 9권, 비단 상의 2벌 등도 함께 복장되어 있다. 이 문수동자상은 왕실에서 조성한 당대 최고의 왕실 조각이라는 점에서도 큰 의의가 있다.

88 상원사는 세조 11년(1465)에 중창되는데, 이는 왕비인 정희왕후가 신미의 권유에 따라 세조의 치병을 기원하며 이루어졌으며, 이후 세조는 건강을 회복하자 상원사를 더욱 더 확충시킨다. 중창된 상원사는 佛殿과 불전 동서에 각각 上室, 상실 옆에 각 5칸의 누각, 나한전(東上室), 靑蓮堂(西上室), 齊廚室, 僧堂, 禪堂, 廚庫, 槽廠, 石槽 등 56동의 건물이 있었다는 것에서 대규모의 사찰이었음을 짐작할 수 있다(이능화, 『朝鮮佛敎通史』, 「五臺山上阮寺重創記」(新文館, 1918), pp.423~427). 세조는 상원사의 중창 낙성식 때 참석한 것으로 보이는데, 대비, 효녕대군, 왕세자를 비롯한 문무백관과 함께 참석하였다. 이때 세조의 부스럼 병을 치료하기 위해 오대산 계곡에서 목욕하던 중 문수동자를 만났다는 문수감응설화도 생겨난다. 그리고 세조가 하사한 상원사의 『重創勸善文』은 현재 월정사 성보박물관에 소장되어 있으며, 현존하는 最古 국한문혼용체의 필사본으로 보물 제140호로 지정되어 있다. 한편 睿宗 원년(1469)에는 상원사를 세조의 원찰로 삼고, 상원사에 이전에 하사된 전답에 대해 모두 면세 조치(『睿宗實錄』 3 睿宗元年 2월 14일조)됨

자리매김하게 된다. 더욱이 상원사는 신미信眉가 거주하면서 역경사업을 추진하게 되고, 당시 왕실의 세력가는 물론 한계희, 노사신, 강희맹 등과 간경도감에서의 교류를 통해 불교문화활동의 중심지로 부각되는 등 왕실과 국가의 중심 사찰로 확고한 위치를 차지하면서 세력이 막강한 사찰로 명성을 떨쳤으며,[89] 이어서 오대산에는 사고史庫도 설치된다.

이처럼 오대산은 자장에서 비롯된 문수 신앙이라는 대전제하에 삼국·신라시대부터 조선시대에 걸쳐 수많은 유산을 남기며 지금에 이르기까지 역사상 중요한 성산聖山으로 자리 잡게 된다.

(2) 사리 안치의 의미

5대 보궁은 불사리의 신성성에 입각한다. 중국의 경우 하나의 성산에 하나의 보살 신앙으로 특수성을 띠지만, 한국의 경우 융합적인 신앙의 특성을 보인다. 이는 오대산만 보아도 문수를 시작으로 관음, 지장 등과 비로자나불을 모시는 불보살 신앙이 혼융되어 있다. 여기에 석가불의 사리 안치까지 더해진다면 신앙적 측면에서는 더할 나위 없을 것이다.

오대산의 문수 신앙이 자장으로부터 비롯되기는 했지만, 자장이 중국 오대산의 신이적 경험을 통해 문수로부터 사리를 받았다는 점에서 불사리 신앙을 중시하고 있음을 알 수 있다.[90]

에 따라 막대한 부를 축적하는 등 상원사는 갖가지 특권을 누리게 된다.

89 일례로 『세조실록』 세조 9년 9월 27일(계미)에는 상원사의 승려가 상원사의 불상조성을 요청하는 기록이 보이는 것에서도 알 수 있다.

90 신동하, 「新羅 五臺山信仰의 구조」, 『人文科學硏究』 3(1997), pp.17~18. 신라에서

　　오대산의 사탑에 사리를 안치한 기록으로 월정사 8각9층석탑과 상원사 문수동자상을 들 수 있다.

　　먼저, 월정사에 사리를 봉안했다는 기록들은 14세기에 나오게 된다. 바로 「평창군오대산월정사십삼층탑봉안세존사리平昌郡五台山月精寺十三層塔奉安世尊舍利」의 기록이다. 이 사료는 대덕大德 11년(1307)에 민지가 「봉안사리개건사암제일조사전奉安舍利開建寺庵第一祖師傳」을 인용한 것이다. 여기서 자장이 당나라에서 귀국할 때 사리를 황룡사 9층탑과 월정사 13층탑에, 오대산 중대에는 불뇌佛腦를 봉안했다고 한다.[91] 『통도사지』(1642) 「통도사사리가사사적약록通度寺舍利袈裟事跡略錄」에 월정사 석탑에 안치되어 있다는 내용이 있고,[92] 같은 사료의 「강희을유중수기康熙乙酉重修記」에도 같은 내용이 쓰여 있다.[93] 「정엄사사적淨嚴寺事跡」(1874)에는 "월정사 13층탑에 사리를 안치하고, (오대산) 중대에는 사리가 아닌 불뇌佛腦를 안치한다"[94]고 되어 있다.

석가불 신앙은 진평왕 대에 특히 유행하던 신앙이었다. 이는 왕실의 신성성과 왕권의 안정화를 꾀하려는 의도였는데, 그 결과 석가불 신앙이 크게 유행한다. 자장이 문수로부터 불사리를 받아 온 것은 오대산 신앙 형성 과정에서 석가불 신앙과 깊은 관련이 있음을 보여주는 것이다. 또 다른 예로 자장이 중국 오대산에서 문수보살로부터 신라왕실이 刹帝利種(크샤트리아)이라는 것과 황룡사 9층탑을 건립하면 왕실이 안정될 것이라는 부촉을 받아왔다는 것이 석가불 신앙과 관련성이 깊이 있음을 암시하는 것이다. 그러므로 오대산 신앙 체계에서 석가불 신앙의 중요성은 매우 크다.

[91] 자현, 「오대산 문수화엄 신앙의 특수성 고찰」, 『한국불교학』 63(2012), p.32에서 중대의 사리 봉안을 신라 하대 이후로 추정하고 있다.

[92] 『通度寺誌』 「通度寺舍利袈裟事跡略錄」, pp.12~13, "次創月精寺石塔面安舍利."

[93] 『通度寺誌』 「康熙乙酉重修記」, p.92.

『동사열전東師列傳』(1894)에는 월정사에 사리를 봉안했다는 내용이 없이 사찰명만 언급되어 있지만, 그 다음에 대둔사大屯寺와 관련해 주석하는 부분에서 "사리 99립은 이미 황룡사, 월정사, 태화사, 통도사에 봉안했기 때문에"[95]라는 말이 나온다. 「건봉사말사지乾鳳寺末寺誌」에서도 자장이 오대를 포함하여 세 사찰에 석가정골, 사리, 아치, 가사, 수주數珠를 봉안했다는 기록이 있다.[96]

고려 말이 되면 오대산 중대에 자장이 진신사리를 봉안했다는 믿음이 형성되면서, 민지(1248~1326)에 의해 오대산 관련 사적에 사리와 관련된 기록이 구체적으로 보인다. 『오대산사적五臺山事跡』 내에 민지의 「봉안사리개건사암제일조사전奉安舍利開建寺庵第一祖師傳」과 「신효거사친견오류성중사적新孝居士親見五類聖衆事跡」이 있는데, 전자에서는 월정사를 창건하고 13층석탑을 세우며 탑심塔心에 사리 37립을 봉안하였다거나 중대에서 부처님의 정골사리를 모셨다[97]는 등의 기록을 남기고 있다. 후자의 사적에서는 "가람의 정원 가운데 8면 13층석탑이 있는데, 그 탑 내에 세존 사리 37립을 봉안하였다"라고 하여 세존의 사리라고 유일하게 언급하고 있다.[98]

---

94 「淨嚴寺事跡」(『韓國寺刹事典』下), p.322.

95 『東師列傳』, p.76, "九十九介安皇龍月精太和通度."

96 『조선사찰사료』 「乾鳳寺末寺誌」, p.635.

97 『五臺山事跡』 「奉安舍利開建寺庵第一祖師傳」, "後往溟洲(今江陵也)五臺山登地爐峰奉安佛腦及頂骨立碑於伽羅墟(碑則隱而不現)."

98 월정사 8각9층탑에서 발견된 사리 37립에 대해 견해가 나뉜다. 優波鞠多의 것이라는 것과, 이것은 잘못 기록된 것으로 석가세존의 사리라는 두 가지 견해이다. 이에 대해서는 강병희, 앞의 책, pp.39~40을 참조할 수 있다. 한편, 어느 견해를

적멸보궁인 오대산에서 사리 신앙의 발로를 보여주는 예는 조선조의 기록에 다수 보인다. 태조는 오대산의 여러 사찰에 쌀을 시주한다거나,[99] 태상왕 시절에는 직접 행차하였고,[100] 태종은 수륙재를 상원사에서 펼쳤다.[101] 세조 때는 문수감응설화, 상원사 중창, 직접 행차 등으로 사리 신앙이 그 절정에 이른다. 세조의 상원사 행차와 관련된 서술 내용 중에 사리의 신이를 나타내는 부분이 있는데, 신미信眉의 권선문에서는 "친히 사자암에 이르러 곤룡포를 입고 보궁에 올라 향을 피우고 예배를 올렸으며 공양과 보시를 하였는데, 그날 밤 방광放光으로 땅이 진동하여 상서가 한두 가지가 아니었다"라고 쓰고 있다. 또한 세조가 오대산 행차 길에 금강산을 거쳐 가는데, 이때 금강산에서의 신기한 경험을 오대산의 상원사에서도 경험했음을 적고 있다. 이에 대해 『세조실록』 편찬자들은 일본에서 온 사신을 통해 보내는 편지 형식으로 이때의 일을 상세히 묘사하기도 했다.[102]

따르든지 자장이 가져온 사리라고는 보기 어렵다고 하는 의견도 있다.

99 『태조실록』 태조 6년 12월 3일(신사)조.

100 『정종실록』 정종 2년 10월 24일(을묘)조, 10월 26일(정사)조, 11월 13일(계유)조.

101 『태종실록』 태종 1년 10월 2일(정사)조, 14년 2월 6일(경술)조.

102 『세조실록』 세조 12년 윤3월 17일. "우리나라에는 명산이 있어서 금강산이라고 한다. …… 요즘 내가 지방을 순행하고 있는데, 이 산에 가서 삼보에 참례하였는데, 산기슭에 이르지 못하여 땅이 진동하고 洞門에 들어가자 상서로운 기운이 뻗쳐 상서로운 구름이 둘렸으며, 하늘에서는 四花가 내리는데 크기가 오동잎과 같고, 감로가 뿌려서 초목이 목욕한 것 같았으며, 햇빛이 누래서 눈에 보이는 곳이 모두 금빛을 이루었는데, 이상한 향기가 퍼지고 큰 광명의 빛이 발산되어 산과 골짜기가 빛나며, 仙鶴이 쌍으로 날아 구름 가에 돌고 산중의 여러 절에 사리가 분신하여 오색 빛을 모두 갖추었습니다. …… 돌아오는 길에 낙산사, 오대산

한편, 조선 초기의 대표적인 조각품으로만 여겨졌던 상원사 문수동 자상은 1984년에 복장을 개봉하면서 복장품 중에 사리가 3립이 있는 것이 밝혀졌다. 그리고 조성발원문에는 성화 2년(1466)에 세조의 딸인 의숙공주와 그의 남편인 정현조가 부모인 왕과 왕비, 세자의 만세기원 과 자신들의 득남을 위해 오대산 문수사[103]에 봉안한다[104]는 내용이 실려 있어 그 조성 목적도 알 수 있다.

이같이 오대산에 석가불이 아닌 문수보살에 가치를 둔 이유는 무엇일

…… 을 거쳤는데, 상원사 총림에서 사리, 雨花, 감로, 異香 등의 상서가 다시 전과 같았으며, 한양에 이르자 또 사리, 감로, 須陀味의 상서로움이 함께 이르러서 전후에 얻은 것이 총 7천 8백 17매였습니다. 아! 부처님의 변화와 신통력의 묘함을 직접 눈으로 보고 징험한 것이 이와 같으니, 더욱 감동하여 여러 臣民들이 더불어 뛰고 기뻐하였습니다."

[103] 문수보살상의 조성처가 상원사가 아닌 문수사로 기록된 것에 대해 이견을 보이는 연구물들이 있다. 상원사의 문수보살상의 복장전적들을 토대로 조성사실을 검토한 연구가 있다. 重修發願文(선조 22년, 1599)에는 별도의 언급이 없고, 白紙黑書諸眞言 필사본은 세조 9년(1463)의 것이므로, 1463년에 당시 효녕대군 의 願刹이었던 관계로 상원사 승려가 불상조성 상소를 올린 것을 계기로 문수동자 상을 조성하게 되었고, 한편 1466년에 문수사에서도 의숙공주 부부에 의해 조성된다. 그 후 1599년에 상원사로 옮겨 함께 중수되었다는 것이다(박상국, 「상원사 문수동자상 복장발원문과 복장전적에 대해서」, 『한국불교학』 9, 1984, pp.79~98). 반면에 문수동자상 조성문이 없어졌을 것으로 추정하고, 문수사의 기록을 보아 상원사는 중대 문수사로도 불리었을 것이라 여김과 함께 문수동자상 을 조성한 지 133년 만에 개금중수한 사실에 주목하여 오히려 상원사에서의 문수동자상 위치의 중요성을 강조한 연구도 있다(정병조, 앞의 책, pp.47~48).
[104] "朝鮮國 河城尉鄭顯祖 懿淑公主李氏 伏爲 主上殿下 王妃殿下 世子邸下 萬歲 萬歲 萬萬歲 亦願 己身速得智惠之男 敬成 伏安 于五臺山文殊寺 伏願 成化 2年(1466) 2月 日誌."

까. 문수보살은 과거의 불타, 미래의 불타를 상징하는 함축성이 있기 때문이라고 생각된다. 이를 잘 보여주는 경전으로 『문수사리소설불사의불경계경文殊師利所說不思議佛境界經』 2권과 『문수사리순행경文殊師利巡行經』을 각각 들 수 있다. 말하자면 문수는 과거에 이미 깨달은 자인 부처이지만, 보살의 몸으로 이 세상에 나타난 것은 중생들을 위해 자유자재한 신통으로 모습을 드러낸 것임을 말한다.[105] 따라서 문수는 보살의 모습으로 보일지라도 부처의 경지에 있는 것이고, 그의 설법은 불타의 설법과 다르지 않음을 의미한다. 또한 미래세에 성불할 보살에 미륵보살과 함께 언급되는 부분이 있다. 그리고 반야지혜의 상징인 문수보살은 석가를 포함한 모든 부처님의 어머니(비로자나불)이고 모든 보살의 스승이지만, 현세에는 석가불의 좌협시로서 석가를 도와 중생을 제도하고 미래에는 보현여래普現如來가 되어 문수정토인 보현불국토를 주재하는 분으로 신앙되고 있다.[106]

그러므로 문수보살상은 불타로서의 상징성과 함께 중생의 구제자로서 여겨지고, 여기에 사리가 복장됨에 따라 그 신앙적 가치가 더욱 고양되었을 것이다.

---

[105] 『文殊師利所說不思議佛境界經』下(T.12, p.109b), "我常恒覺一切諸法體相平等 是故我爲三藐三佛陀." ; 同經(T.12, p.115a), "爾時世尊 復告衆言 汝等當知 此文殊師利童子 執智炬菩薩 爲欲成熟無量衆生 現此神通變化之事 此二丈夫 已能成就種種方便 獲於深理智慧辯才 已於無量阿僧祇劫施作佛事 爲衆生故生於世間."

[106] 문명대, 「상원사 목문수동자상의 연구」, 월정사 성보박물관 편, 『월정사 성보박물관 학술총서』 II(월정사 성보박물관, 2001), p.40.

(3) 오대산의 지정학적 의미와 사리 신앙

사리는 최고의 성유물로 여겨졌기 때문에 이것을 안치한 탑의 조성 장소는 그 시기 왕실에서 가장 중요하게 여기는 사찰이거나 지역이었다. 역으로 말하면 사리 안치 장소의 역사적 가치를 가늠해 보는 것이 그 시기의 사리 신앙의 정도를 알게 해주는 것이므로 오대산의 지역적 가치를 다각도에서 고찰해 보는 이유가 여기에 있다고 하겠다.

오대산 지역은 수도와 떨어지고 지형도 험준한 등의 지정학적 특성으로 인해 관심이 적었다. 그러나 통일신라시대 이후 신라의 불국토 신앙이 확산되고 후삼국시대에 구산선문 중 사굴산파가 이곳에 자리 잡는다. 고려시대에는 수도가 국토 중앙으로 이동하고 수로 이용이 발달하면서 한강 유역과 맞닿는 곳에 큰 사찰들이 세워진다. 그러면서 이 지역에서의 불교계 비중이 커지고 새로운 형태의 불교 신앙도 개척된다. 오대산을 매개로 신앙들이 다양하게 생겨나고 그런 속에서도 사리 공양에 의한 공덕을 기대하는 사리 신앙이 깊숙이 자리 잡게 된다. 이처럼 시대가 흐르면서 점차 지역적 가치가 부각되어 오대산에 대한 관심이 커지고 여러 이유로 사탑이 조성되면서 사리를 안치하려고 노력하였고, 보궁으로서의 위치에까지 이르렀을 것으로 생각된다. 말하자면 명당이라는 풍수지리적 가치와 성산이라는 토속신앙적 의미 부여가 더해져 긍정적 효과를 가져 오고, 신라시대에 불국토 사상이 확산되면서 신라시대 이후 하나의 사찰이 아닌 오대산 전체가 주목받고, 진신사리가 모셔진 적멸보궁의 하나로 말해지기에 이른 것이다.

오대산의 신앙적 배경으로는 먼저, 신라의 동북쪽에 위치하는 등 중국 오대산[107]의 위치와 가장 닮았고, 자장이 중국 청량산(오대산)에서 문수보살로부터 신라 명주(강릉)의 오대산에 문수보살이 머무르고 있다는 말을 듣고 귀국 후 문수보살을 만나려는 것에서 시작되었다는 것이 일반적이다.

또한 신라불국토설도 있다. 예로부터 산악을 숭배하는 민속신앙에 불교교리를 도입하여 불교 입장에서 고유 신앙을 습합시켜 토속화함으로써[108] 신라 땅이 불국토였다는 설과 밀접한 관계가 있다는 것이다.

---

107 중국의 오대산 문수 신앙의 사상적 근거는 일반적으로 60권본『화엄경』(동진 불타발타라, 420년경)을 드는데, 「菩薩住處品」27(『60화엄경』29, T.9, p.589c) 에 나오는 "東北方住處 各 淸凉山 過去 有菩薩常於中住 彼現有菩薩 各 文殊舍利 有一萬菩薩 常爲說法"이라고 한다. 또한『文殊舍利法寶陀羅尼經』에 "贍部州의 동북쪽에 …… 그 국토 중에 五頂이라는 산이 있고 문수사리동자가 유행 거주하며 모든 중생을 위해 설법할 것이다"라고 하여 청량산 또는 오정산에 문수보살이 거주한다는 설에 기인한다. 이때 산은 오대산을 가리킨다. 그리고 밀교적 문수 신앙으로의 변모는『佛頂尊勝陀羅尼經』(불타바리, 683)로부터 이루어진다. 말 하자면 인도승 불타바리가 중국 오대산의 문수영험을 듣고 문수를 만나고자 676년 당나라에 왔는데, 문수보살의 화신이었던 한 노인이 중생의 악업을 씻고자 이 경을 중국 땅에 유포할 것을 당부하니, 다시 인도로 가서 범본을 가지고 683년에 다시 당나라로 왔다는 것이다(『宋高僧傳』2, 唐五臺山佛陀波利傳). 이렇게 시작된 문수 신앙은 북위가 효무제 18년(494)에 낙양으로 천도하면서 정착된다. 오대산은 낙양의 동북방에 있는 고원지대의 청량한 산이므로『화엄경』 에서 말하는 청량산으로 보아 문수 신앙의 근본도량으로 삼은 것이다. 그 후 唐 중엽인 代宗(736~779) 때 밀교의 不空(705~774)과 화엄의 澄觀(738~839)이 오대산에 머물게 되면서 전성기를 맞이한다. 징관은 776년에 오대산 화엄사에 머물면서 화엄을 밀교와 융합시켜 오대산은 문수가 머무르는 도량이라는 문수 신앙에서 오대산 자체가 문수정토라는 오대산 신앙을 새롭게 창출한 것이다. 그 명성은 한국뿐만 아니라 일본, 인도, 서역에까지 널리 알려지게 된다.

108 김풍기, 「五臺山 인식의 역사적 변천과 문화사적 의미」,『동방한문학』26(2004),

이 설은 오대산 신앙에 의해 확산되는 계기가 되고, 불교의 민간토착화를 위한 중요한 밑거름이 된다. 그 후 전국의 산봉우리는 곳곳마다 불보살의 이름이 상정되고 지명과 인명에도 불교적 색채가 두드러지게 된다. 불교가 결코 낯선 외래종교가 아닌 일상생활 속에서 자연스럽게 만나는 친숙한 신앙형태로 변한 것이다. 다시 말해 오대산 신앙이 신라불교의 주류로 등장하면서 그 중심지가 바로 현재 강원도 오대산 일대였던 것이다.[109]

한편, 자장이 강릉의 오대산을 주목한 이유가 이 지역을 확보하고자 하는 의도가 있었다고 보기도 한다. 자장은 오대산이 있는 접경 지역 백성들의 마음을 위로해주고자 수다사를 짓고 문수 친견을 기원했던 것처럼, 성덕왕은 말갈과의 대치 상황[110]에서 진여원을 개창하여(성덕

---

pp.118~135. 삼국시대에 이미 산신 신앙형태로 산악숭배가 이루어지고, 고려시대에 가장 풍부하면서도 화려하게 계승된다. 오대산이 역사적으로 주목받은 것은 신라시대부터이며, 정치와 불교의 미묘한 관계를 사이에 두고 관심의 대상이 되어 왔다. 고려시대까지 신앙의 대상으로만 여겨져 오대산에 불국토의 이미지를 구현한다. 이러한 이미지는 조선시대까지 이어지는데, 불교적 색채가 강하여 유교적 경향으로 착색시키기에는 역부족이었고, 17세기 이후 도가의 의지처 정도가 되었을 뿐이다. 이는 일반인들의 접근이 어렵다는 점 때문이었다. 일종의 공포와 경외감은 종교적 측면과 결합되어 오대산은 불교성지로서의 이미지가 유지된다. 이 같은 이미지가 민간신앙을 배타적 방식보다는 습합의 방식으로 포괄하면서 불교적 색채 속으로 자연스럽게 융화시켜 나갔다는 것이다.

109 정병조, 앞의 책, p.19.

110 『삼국사기』 5, 「新羅本紀」 5, 善德王 8년, "신라가 동해안 진출 과정에서 선덕여왕 8년(639)에 봄 2월, 하슬라주(강릉)를 북소경으로 삼고 사찬 진주에게 명하여 그 곳을 지키게 하였다(春二月 以何瑟羅州爲北小京 命沙湌眞珠鎭之)."

왕 4년, 705) 이 지역의 혼란을 평정하고자 하는 데에 기인한다. 오대산이 있던 당시의 명주는 성덕왕의 관심이 지속되는 지역이었던 것이다. 성덕왕 대에 진여원을 중심으로 오대산은 5방 5불 구조의 신앙 체계가 갖추어지고 경덕왕 대에 다시 본사本寺와 하원下院이 추가되면서 완성된 체계를 갖춘다.

이것은, 7세기 중반 이후 신라불교가 성전成典사원 중심으로 운영되었는데, 왕실의 제사를 담당하고 관사官寺적 기능을 수행하며 국가의례가 베풀어져 왕이 친히 행차하기도 한다. 이러한 모습은 신라 중기의 국가·왕실에서 불교를 신봉함을 보여주는 것으로 성덕왕 대에 불국토사상의 강조로 이어졌다고 생각된다. 신라의 오대산 신앙은 각 대臺에 승려들을 배치하여 그들이 독경과 예참을 통한 불교의례를 행함으로써 성덕왕부터 경덕왕 대에 걸친 불국토사상의 구현을 체계화한 것이다.[111]

다음에서는 오대산이 명당이라는 풍수지리설,[112] 그리고 조선시대 오대산이 포함되는 강원도의 지역적 관심도를 조명함을 통해 찾아보려고 한다.

월정사를 명당으로 인식하였음은 『삼국유사』에서 경주의 7처 가람지, 울산의 영취사지, 그리고 월정사로 총 9곳만을 꼽고 있는 것에서 알 수 있다. 그중에 오대산이라는 성산聖山의 이미지가 함께하는 월정

---

111 박미선, 「新羅 五臺山信仰의 成立時期」, 『韓國思想史學』 28(2007), pp.148, 153~154.

112 오대산 적멸보궁이 풍수지리적으로 명당임을 李學東, 「五臺山 寂滅寶宮의 立地 形勢와 風水地理的 解析」, 『實學思想研究』 14(2000), 혜안, pp.913~979에서 살펴보고 있다.

사를 제외하고 불교성지로서의 성격이 강한 것을 고려한다면 진정한 명당터는 월정사뿐[113]이라고 할 수 있다. 또한 명당 기준의 관점이 다르긴 하지만, 사명당은 오대산에 있는 사고史庫의 터를 최고의 명당으로 꼽기도 했다. 또한 자장이 문수 친견에 실패하자, 자장과 오대산을 연관시키려는 후대의 노력 중에 하나가 중대에 불사리를 모시고 적멸보궁을 만든 것이 아닌가라는 추정도 있다. 이는 자장이 오대산에서 문수를 친견하지 못한 문제를 해소하는 동시에 중국 오대산에서 모셔온 사리가 한국 오대산에 있다는 동일 성산聖山의 당위성을 확보해준다고 할 수 있기 때문이다.[114]

마지막으로 강원도 지역의 관심도에 대해서이다. 조선시대에는 조선 건국의 정당성 확립과 왕권강화, 왕실의 권위 향상, 중앙집권적 통치 체계의 강화, 유교적 윤리질서의 확립 등을 이유로 지방행정구역[115]이 경우에 따라 읍호邑號가 개명, 승격, 강등되었다.[116] 그중에서

---

113 오대산의 월정사를 백두산의 大脈으로 보는 동시에 최고의 명당지로 보았다. 『五臺山事跡記』「五臺山聖跡幷新羅淨神太子孝明太子傳記」, "夫五臺之爲山也 始自白頭逶迤南來屈曲百返轉而爲金剛爲雪岳又再轉而走百有餘里歸然參天而 立飄然一丈夫號令於百萬軍中如也.";『삼국유사』(T.49, p.1000b), "相地者云 國內名山 此地最勝 佛法長興之處云云."

114 염중섭(자현),「五臺山 文殊華嚴 신앙의 특수성고찰」,『한국불교학』63(2012), pp.11, 34~35.

115 李勛相,「朝鮮後期 邑治 社會의 構造와 祭儀」,『歷史學報』147(1995), p.47. 조선시대의 지방행정은 邑治를 중심으로 편성되었으며, 이는 관 중심의 중앙집권 화된 행정 체계를 보여준다. 邑은 지방민에게는 중앙정부와 만나는 최고단위로, 관속들은 이곳에 집중적으로 거주하며 국가와 농민 사이의 중재역할을 담당하였다고 한다.

140

오대산이 속한 지역과 관련하여 보면, 먼저 강원도명 제정이다. 이는 제정 당시 읍격이 가장 높고 인구도 가장 많았던 행정구역의 앞 글자를 따서 만들었는데, 강릉대도호부의 '강'과 원주목의 '원'을 합하여 강원도라는 도명을 제정한 것이다.[117] 다음은 태조가 왕위에 오른 후 4대의 존호를 사후에 올렸는데, 그 시조인 목조穆祖의 아내인 효비孝妃가 평창 출신이어서[118] 태조가 평창의 읍호를 평창군으로 승격시키는 등 강원도의 군현인 평창·삼척·양주는 조선을 건국한 태조가 건국의 정당성과 왕위 권위의 강화를 위하여 읍호를 승격시킨 것이다. 이러한 것은 전국적으로 강원도에서만 3건이 실시되었다.[119] 또한 통일신라시대 이후 조선시대 말까지 각 시대의 행정개편에 의한 지역 분할을 보여주는 지도만 보아도, 조선 초기에 강원도가 차지하는 면적이 가장

---

116 이를 알 수 있는 기록으로는 『朝鮮王朝實錄』, 『世宗實錄』 地理志, 『新增東國輿地勝覽』, 『輿地圖書』, 『大東地志』, 『增補文獻備考』 등이 있다.

117 김세용, 「조선시대 邑號陞降에 대한 일고찰-강원도를 중심으로-」, 『사림』 42(2012), pp.135~140. 조선 초기의 계수관은 한양에서 각 도에 이르는 本街道에 있는 고을이었다(『태조실록』 7 태조4년 6월 乙亥條). 강원도의 계수관은 태종 때는 강릉·원주·회양·춘주·강릉·삼척이었고(『태종실록』4 태조2년 11월 癸丑條), 세종 때에는 강릉·원주·회양·삼척·춘천·간성이었다(『세종실록』 지리지). 이에 강원도는 계수관이 원주·회양·춘천·강릉·삼척 등의 5곳이었는데, 그중에서 강릉과 원주의 읍격이 가장 높았다. 顯宗 이후 강원도명은 때에 따라 바뀌기도 하지만, 肅宗 18년(1692), 英祖 14년(1738), 正祖 15년(1791)에 도명을 되찾으며 지금에 이르고 있다.

118 『世宗實錄』 地理志, 江原道 平昌郡條. 목조는 태조의 高祖父이며, 본명은 李安社이다. 이안사는 평창 이씨인 孝妃와 결혼하였다.

119 김세용, 앞의 글, p.125.

큰 것을 알 수 있다.[120] 이처럼 오대산을 포함한 강원도가 조선 개국과
함께 지역적 가치가 부여되어 관심 대상의 지역으로 급부상하였음을
알 수 있다.

2. 한국 사리 신앙의 성격

1) 한국에서의 사리 개념

한국의 불사리 신앙은 불교 전래 초기부터 유행했을 거라고 짐작되지
만, 활성화의 결정적인 계기는 신라 선덕여왕 때 자장이 당나라에서
불사리 100립을 가져온 것에서 비롯된다. 그 다음으로는 신라의 의상義
湘이 중국에 있을 때 상제上帝로부터 받아두었다는 불아佛牙로, 송나라
에서 인공사人貢使가 가져 왔다는 것을 중요하게 든다.

　이러한 사리 전래와 그 신앙의 형태와 내용은 『삼국유사』「전후소장
사리前後所將舍利」조의 내용을 비롯하여 여러 사적기事跡記에서 사리
의 신이를 기록한 것에서 알 수 있다. 중국의 영향을 받은 동북아시아의
경우 일반적으로 사리의 범주를 진신사리로서의 불사리뿐만 아니라,
불경佛經 자체인 법사리도 포함하여 두 종류를 뜻한다. 진신사리는
대체로 탑에 봉안되지만 계단에도 봉안되며, 불상의 내부에도 봉안되
고, 또 경전 축의 상단을 안으로 깊이 파내어 그 구멍에 사리를 봉안하기
도 한다. 고승의 신사리(승사리)는 부도에 봉안되며 때로는 유골을
부숴 흙과 섞어 유회상遺灰像을 만들기도 한다. 이처럼 신사리는 형이상
학적 물건이지만 강한 상징성으로 인해 탑·불상·불경·승상僧像에 내

120　元永煥,「朝鮮時代 江原道行政體制 變遷에 관한 硏究」,『江原史學』10(1994),
　　pp.57~83.

재하게 되어 탑·상·경 등에 더욱 강한 신앙성을 부여하게 된다.[121]

자장이 정관 17년에 삼장 400여 함을 싣고 돌아와 통도사에 안치했다거나[122] 신라 말 보요선사가 재차 오월에 가서 대장경을 싣고 왔는데 해룡왕사 개산조였다[123]는 등의 내용이 「전후소장사리」조에 실려 있어서 사리 신앙 전래부터 불경을 법사리로 여겨 중시했음을 짐작할 수 있다.

이러한 법사리 신앙은 고구려에도 있었던 것으로 추정된다. 즉 고구려의 성왕이 국경지방을 순행하다가 윗부분이 엎어놓은 솥같이 생긴, 흙으로 쌓은 삼중탑을 보고 그 안을 파보았더니 그 안에서 범서梵書가 나와서 불탑임을 알게 되었다. 그리하여 불심이 생긴 왕은 이곳에 7층목탑을 중수하니, 요동성탑이었다는[124] 것이다.

이처럼 사리의 개념에는 유골의 의미뿐만 아니라 불교경전까지 포함하여 사리로 여겼으며, 이 두 종류의 사리가 각각 또는 같이[125] 탑에

---

121 姜友邦, 「한국의 舍利莊嚴」, 『불교미술사학』 창간호(2003), p.55.

122 『삼국유사』「전후소장사리」조(T.49, p.994a), "貞觀十七年 慈藏法師載三藏四百餘函來 安于通度寺."

123 『삼국유사』「전후소장사리」조(T.49, p.994b), "羅末普耀禪師再至吳越 載大藏經來 卽海龍王寺開山祖也."

124 『集神州三寶感通錄』上(T.52, p.409a), "上如覆釜 不知是何 更往覓僧 唯有荒草 掘深一丈得杖幷履 又掘得銘上有梵書 侍臣識之云是佛塔."

125 주경미, 「백제의 사리 신앙과 미륵사지 출토 사리 장엄구」, 『원광대 마한백제문화연구소 학술발표논문집』(2009), p.170. 법사리와 신사리를 같은 공간에 나란히 마련된 사리공 안에 봉안하는 것은 7세기 이후 전라도 지역을 중심으로 독특하게 발전한 사리 장엄 방식이다. 익산 왕궁리 5층석탑에서 신사리와 법사리 장엄구가 출토되었다. 화엄사 서5층석탑에서도 사리 장엄구와 무구정경이 출토되어 신사

안치되어 예배의 대상이 되었다. 법사리 신앙이 성행하게 되는 계기는 이 불국사 석가탑, 황룡사 9층탑 등에 안치된 통일신라시대의 『무구정광대다라니경』에 의해서이다. 한국의 경우 8세기 중반 무렵까지 중국의 영향을 많이 받다가, 삼국통일 이후 중국과는 다른 독자성을 지니게 되면서 경전에 의한 법사리 신앙이 발전하였다. 중국에서 7세기 초에 번역된 『무구정광대다라니경』의 내용이, 이 경을 탑 안에 봉안하여 공양하면 장수하고 극락왕생하며 성불한다고 하여 탑 내 법사리의 봉안과 공양에 의한 공덕을 강조하면서 탑에 경전 안치를 적극 권장하는 데에서 기인한다. 그리고 또 하나의 법사리로 고려시대의 전신사리경을 든다.

중국에 법사리 개념이 전래된 것은 7세기경부터라고 생각되지만, 황실을 중심으로 한 진신사리(골아형 사리) 신앙이 발전했던 중국에서는 법사리를 그다지 숭앙하지 않았다. 그러던 것이 오대십국 시대의 오월국 이후인 10세기경에 본격적으로 나타난 것이다. 반면에 우리나라는 빠른 수용을 보인다. 한국의 사리 신앙 수용 초기에는 중국처럼 신사리의 신이와 감득이 강조되어 신사리 신앙이 주를 이루다가 백제는 7세기, 통일신라는 8세기 초부터 법사리 신앙이 크게 발전하여 중국과는 사리 신앙면에서 매우 다른 양상을 보인다.[126]

2) 감득과 감응의 신이성

초기의 사리 신앙은 중국은 물론 그 영향을 받은 한국까지 사리에

리와 법사리를 나란히 봉안했음을 알 수 있다.

[126] 주경미, 『중국 고대 불사리 장엄 연구』(일지사, 2004) 참조.

대해 뼈라는 개념보다는 신통자재한 구제자의 의미를 지니는 상징물로서의 개념이 부여된다. 그러면서 사리의 신이 능력은 사리 신앙의 중요한 요소의 하나로 등장한다. 불에 타지 않는다거나, 자유롭게 사라졌다가·나타난다거나, 오색 같은 광채를 발하는 방광放光이나, 결코 부수어지지 않는 불쇄不碎 등의 불가사의한 현상들이 나타나는 것으로 묘사된다. 특히 감득은 사리의 분신分身, 생성 등에 의해 증식하여 사리 신앙의 확대를 가져오고, 이를 통한 감응은 사리 신앙심을 더욱 견고하고 깊게 해주는 연결고리가 된다.

사리의 영험함에 의한 사리 신앙의 예를 하나 소개하면 다음과 같다. 백제 무왕의 사리 신앙에 의한 감응의 예로 왕궁리 제석사탑에 봉안했던 『관세음응험기』에서 들면, 정관貞觀 13년 기해(639) 겨울 11월에 크게 천둥치고 비가 왔는데, 마침내 제석정사帝釋精舍가 화재를 입었다. 초석을 열어보니 모두 다 타버렸는데, 오직 불사리병과 『반야경』을 담은 목칠함만은 그대로 있었다. 그러나 사리가 곧 모두 없었는데, 간 곳을 알 수 없었다. 병을 가져다 대왕에게 드렸더니, 대왕이 법사를 청하여 곧 참회하고 나서 병을 열어보니 불사리 6과가 내병에 고스란히 있었는데, 밖에서 보아도 6과가 모두 보였다. 이에 대왕과 모든 궁중의 사람들이 더욱 더 공경하고 믿어서 공양하고, 다시 절을 지어 봉안했다[127]는 내용이 있다.

---

127 『관세음응험기』, "以貞觀十三年歲次己亥冬十一月 天大雷雨 遂災帝釋精舍 發礎 石開視悉皆燒盡 唯佛舍利甁與波若經漆函如故 面舍利悉無 不知所出 將甁以歸 大王 大王請法師 發卽懺悔 開甁視之 佛舍利六箇俱在處內甁 自外視之 六箇悉見 於是 大王及諸宮人倍加敬信 發卽供養 更造寺貯焉."

태종 15년(1415)에 태종이 사리의 분신 여부를 확인하기 위하여
실제 재현을 명하여, 그 결과의 책임자가 투옥되는 사건이 일어나기도
한다.[128] 이 사건에서 볼 때 성격은 달리하지만, 중국 당나라 때 한유의
「논불골표」라는 상소문을 올렸을 때와 같이 조선시대의 분신사리分身
舍利에 의한 사리 신앙이 성행하였을 것으로 생각된다.

3) 전륜성왕적 의미

사리 신앙은 불교의 전래 초기부터, 그리고 보편화되면 될수록 왕실을
중심으로 적극적으로 받아들인다. 물론 사리에 대한 순수한 신앙심이
바탕이 되었겠지만, 사리는 부처와 같은 능력을 지녔다고 여겨 사리에
대한 공양이 늘어나고 사리 공양회는 중요한 의례의 하나로 받아들여져
활성화된다. 이렇게 사리 신앙이 더욱 깊어지고, 화려하고 성대한
의례는 수많은 사람들을 응집시켜 불교는 점차 대중화된다. 이러한
사리 신앙에 대한 호응은 민심 확보와 통합, 정치적 안정을 도모하는
데에 이용되기도 한다. 그리고 왕들의 진신사리 소유는 왕실의 평안을
기원하고 이 땅에서 불법을 현실화시키는 왕으로 인정받고, 권력을
강화시키는 상징적인 것이었다. 통치자들에게는 권력 유지와 강화의
당위성을 뒷받침해주는 효과적인 수단이 되었던 것이다. 따라서 왕들

---

128 『태종실록』 30, 태종 15년 7월 戊午條, "태종의 명을 받은 김계란과 노희봉이
思近·雪悟 등 100명의 승려를 모아 흥천사 사리전에서 정근법회를 베풀어 분신사
리를 얻으려 기도시켰다. 그 다음 날 노희봉이 장무승과 함께 분신사리를 얻었다
며 왕에게 드린 사리함 속에는 백색의 분말이 있을 뿐이어서, 왕은 자신을
속인 것이라고 진노하며 힐난했다. 노희봉과 김계란 등은 확실히 사리였다고
답하며 이것은 불결한 탓이기 때문이라는 항변을 받아들이지 않았다."

에게 사리 안치는 매우 중요한 일이 될 수밖에 없었고, 사리 신앙의 고조는 사리를 그 시대의 대표성을 띠는 사탑에 안치시킨다는 등식이 성립되면서 사리 신앙은 더욱 더 고양된다.

왕으로서는 개국 초기나 전쟁·삼국분열 같은 혼란기, 천도, 왕실의 평안 기원 등의 시기에 사리를 안치한 사탑의 건설은 더욱 절실하게 필요했을 것이다. 이를 보여주는 예를 들자면 백제 미륵사탑이나 황룡사 목탑의 건립은 진신사리의 공양을 통해서 왕권을 강화하고 삼국통일의 기반을 닦기 위한 것이었고, 신라의 선덕여왕은 당나라 측천무후의 경우와 같이 진신사리 공양을 위한 대규모의 의례를, 대중적인 지지를 끌어 모으는 데에 상당히 효과적인 수단으로써 사용하였다.[129] 당시 신라의 중심 사찰이었던 황룡사의 9층탑의 건립의 정치적 목적에 대해서는 고려 태조 왕건도 언급한 내용에서도 알 수 있다.[130]

이상에서 살펴본 바와 같이, 한국의 사리 신앙은 중국의 영향을 받았으나 독자적인 한국의 사리 신앙으로 전개되고 발전되었음을 알 수 있다.

---

129 주경미, 「百濟 彌勒寺址 舍利莊嚴具 試論」, 『역사와 경제』 73(2009), p. 28.
130 『고려사』 92, 「열전」 5, "태조가 최응에게 말하기를, '옛날에 신라가 9층탑을 만들고 통일의 위업을 이룩하였다. 이제 개경에 7층탑을 건립하고 서경에 9층탑을 건축하여 현묘한 공덕을 빌어 여러 악당들을 제거하고 삼한을 통일하려 하니 그대는 나를 위하여 발원문을 만들라'고 하였다. 그래서 최응은 그 글을 지어 바쳤다."

Ⅳ. 결어

중국과 한국에서의 사리 신앙의 전래와 성행, 그리고 그 성격에 대해서 고찰하였다.

불멸후 사리가 8개로 나뉘고, 이것이 다시 아쇼카왕에 의해 팔만 사천 개로 나뉘어 탑에 안치되면서 사리 신앙이 본격화된다. 이후 사리 신앙은 중국에 전해져 중국화되고, 이것이 한국의 사리 신앙에 영향을 미친다.

사리 신앙이 전래된 이후 두 나라 모두 왕의 전폭적인 후원과 보호 속에서 성행한다. 각 시대마다의 사리의 안치와 봉송, 이에 따른 의례의 형태, 규모 등을 통해 사리 신앙의 정도를 알 수 있었다.

먼저 사리 신앙의 전개 과정을 정리하였다. 중국의 경우는 역사적으로 대표성을 띠는 아육왕사, 영녕사, 수 문제의 인수사리탑, 당대의 법문사 사리 공양법회를 들어 설명하였다. 한국의 경우는 조선을 기준으로 전후로 나누어 개략적으로 서술한 후, 사리 신앙이 지니는 역사적 가치를 조명해 보았다. 이때 조선시대 이전은 백제 미륵사탑, 조선시대는 오대산을 중심으로 하였다.

다음으로 사리 신앙의 성격에 대해 살펴보았는데, 이에 앞서 사리 개념을 짚어보았다. 중국에 수용된 사리 개념이 변화되었기 때문이다. 일반적으로 유골을 의미하는 사리의 개념은 중국에 수용되면서 불사리의 신성함을 강조하여 차별화시킨다. 불사리인 신사리의 중시는 오랫동안 유지되다가 법사리로 범위가 넓어지고, 8세기 이후에 밀교계 경전이 번역되면서 사리 개념이 확대되어 인조사리까지 신앙된다.

승려의 유해인 승사리는 전래 초기부터 인식되었으나 기록된 예가 적으며, 주로 선승의 것이 전해진다. 이처럼 중국은 불사리를 가장 신앙하였음을 알 수 있다.

반면에 한국은 사리의 범주를 진신사리인 신사리와 법사리로 한다. 한국도 역시 불사리 신앙을 최고로 여겼지만, 사리 신앙의 전래 초기부터 법사리를 중시하는데 그 계기가 『무구정광대다라니경』이다. 법사리 신앙은 중국보다 먼저 활성화되어 중국과는 매우 다른 양상을 보인다. 또 고승의 신사리는 부도에 봉안하거나 유골을 부수어 흙과 섞어 유회상遺灰像을 만들어 강한 신앙성을 부여한다.

이러한 사리 신앙은 신이적 특성을 수반하는데, 감득感得으로써 더욱 확산되며 감응感應으로써 신앙심이 깊어지고 확고하게 된다.

또한 왕들이 신통자재한 능력을 지닌 불타를 대신하는 진신사리를 소유하는 것이 전륜성왕으로서의 면모를 보여주는 척도로 여겼음을 알 수 있다. 따라서 사탑에 사리를 안치하거나, 성대한 사리 봉송의식 등이 주로 왕 또는 왕실에 의해 이루어지고, 사리가 안치된 사탑은 그 시대에 구심점 역할을 하는 곳이 된다. 이는 순수한 신앙심이 바탕이 되었겠지만, 개국 초기나 전란 등의 혼란함으로부터의 안정화, 왕권강화, 왕위의 정당화, 왕실의 평안과 만수무강, 태평성대, 민심통합 등의 의도가 내포되었던 것이다.

이와 같이 사리의 가치가 커질수록 신앙심이 깊어져 사리 신앙은 더욱 더 성행하게 된다. 또한 한국의 사리 신앙은 중국의 영향을 받았으나 독자적인 한국의 사리 신앙으로 전개되고 발전되었음을 알 수 있다.

제4장

적멸보궁의 변천과 사상

- 일연을 통해 본 5대 보궁에 대한 정합적 이해 -

●

장성재

(동국대학교(경주) 문화예술철학전공 교수)

Ⅰ. 서론

'적멸보궁寂滅寶宮'이란 열반('적멸')하신 석존의 진신사리眞身舍利를 모신 보배의 궁전('보궁')이란 뜻을 지니고 있다. 오늘날 한국에서 석존의 진신사리(이하 佛舍利)를 봉안했거나, 적멸보궁의 이름을 내건 전각들도 적지 않고, 심지어 그곳에서 일어난 신이한 영험담들도 많이 전해온다. 그럼에도 불구하고 한국에서 적멸보궁으로 가장 높이 선양돼 있는 곳은 통도사通度寺·오대산五臺山·정암사淨岩寺·법흥사法興寺·봉정암鳳頂庵의 5대 '적멸보궁(이하 보궁)'이라 하겠다.

5대 보궁의 공통점은 기록 또는 설화를 통해 5곳 모두 신라시대 자장(慈藏, 연대미상)이 643년 중국에서 귀국하면서 가지고 온 불사리佛舍利를 봉안한 장소로 알려져 있다는 것이다. 그런데 자장의 불사리 수용을 가장 먼저 언급한 고려 후기 일연(一然, 1206~1289)의 『삼국유사』에는 5곳 중 불사리 봉안처로 통도사만 제시했을 뿐, 오대산과 정암사는 소개했으나 사리 봉안 기록은 없다. 이에 반해 일연과 같은 시대의 인물인 민지(閔漬, 1248~1326)는 오대산에 자장이 불사리를 봉안했다고 하였다. 한편 후대 성립된 정암사 수마노탑(水瑪瑙塔, 고려시대 건립 추정) 관련 설화에서는 정암사에 자장이 불사리를 봉안했다고 한다. 나머지 두 곳인 법흥사와 봉정암은 『삼국유사』에 소개되지 않았던 자장 관련 설화가 전해오고 있으나, 그 내용이 단편적인 것이고 또 언제부터 유래됐는지도 알 수 없다. 따라서 5대 보궁 중 자장이 직접 불사리를 봉안했다는 기록은 일연의 통도사와 민지의 오대산뿐이며, 나머지 3곳 중 정암사 외의 2곳은『삼국유사』의 자장 관련 기록도 없이 후대의 단편적 설화에만 의존하고 있다.

이처럼 통도사와 오대산 이외에 자장의 불사리 봉안 장소로 알려진 곳은 역사적 사실성보다 불교설화 등 종교적 상징성에 의거한 것으로 보인다. 그 예로 임진왜란 때 통도사의 사리를 나누어 봉안한 보현사나 용연사 등의 역사적 장소들보다 설화적 장소들이 더 중시되고 있다. 더 큰 문제는 '보궁'이란 말이 자장의 불사리 봉안을 기록한『삼국유사』는 물론『고려사高麗史』등에 기록되지 않았다는 것이다. 따라서 '보궁'이란 말은 조선시대 이후에 사용한 용어로 추정된다. 이처럼 자장이나 일연이 언급하지 않았던 '보궁'이란 용어와 5곳의 장소에 대한 확실한 근거도 모른 채, 오늘날 5대 보궁은 자장이 봉안한 최고 불사리 신앙의 중심지로 추앙되고 있다.

이 글에서는 설화를 포함한 자장의 불사리 봉안 장소가 오늘날 최고 성지인 5대 보궁으로 형성된 과정과 그 속에 담긴 사상적 의미를 밝혀보고자 한다. 이때 자장의 불사리 봉안 장소에 대한 역사적 진실 해명보다 자장의 이름으로 5대 보궁이 성립된 의미를 해명하는 데 중점을 두고자 한다. 이를 위해 자장의 불사리 봉안에 대한 일연의 관점이 후대에 수용되는 과정을 정합적 체계로 연결시켜 5대 보궁 속에 담긴 사상적 의미를 살펴보겠다.

글의 순서는 일연의『삼국유사』와 그 이후의 기록으로 나누어 논하고자 한다. 먼저『삼국유사』에 언급된 통도사와 오대산 및 정암사에 대한 일연의 견해를 하나의 정합적 체계 속에서 이해한 후, 조선시대

이후에 형성된 '보궁'이란 용어와 5대 보궁의 성립 과정 및 사상적
배경에 대해 살펴보겠다. 아울러 서술 범위가 넓은 관계로 이 글의
방향과 관련 없는 내용들은 생략하도록 하겠다.

Ⅱ. 『삼국유사』와 자장의 불사리 봉안

5대 보궁 중 『삼국유사』에서 언급한 자장과 관련된 장소는 통도사와
오대산, 그리고 정암사 3곳이 있다. 이때 자장의 불사리 봉안 문제와
관련된 일연의 글은 『속고승전續高僧傳』[1]과 「봉안사리개건사암제일조
사전기奉安舍利開建寺庵第一祖師傳記(이하 제일조사전기)」[2]의 기록과 상
반된 부분이 있다. 세 문헌이 모두 이전 자료들을 참고해서 저술하였지
만, 일연은 『속고승전』에 언급되지 않았던 문수보살 친견과 불사리
봉안에 대해 기록하고 있다. 반면에 「제일조사전기」에서 민지가 오대
산에 자장이 불사리를 봉안했다고 한 것과 달리, 일연은 이에 대해
침묵하고 있다. 그렇다면 『삼국유사』에서 두 글과 차이나는 내용은
곧 일연의 관점이자 이 글의 주제와 깊이 관련될 것이다. 먼저 『속고승전』
에 기록되지 않은 중국 오대산에서의 자장의 행적에서부터 귀국 후
불사리를 봉안한 문제를 일연의 관점에서 살펴보도록 하자.

---

1 唐 초기 南山律宗祖 道宣(596~667)의 저술로 501년에서 645년까지의 144년간
  고승들의 전기를 편집한 列傳이다. 梁 慧皎의 『高僧傳』을 계승해서 『續高僧傳』이
  라 했고, 唐初에 편집되어 『唐高僧傳』이라고도 한다.
2 고려 후기 一然과 같은 시기의 인물인 閔漬(1248~1326)는 1307년(충렬왕 33)
  월정사 승려들의 요청으로 옛 문헌들을 참고하여 「奉安舍利開建寺庵第一祖師傳
  記」를 위시한 오대산 사적기를 남겼다.

1. 일연이 보는 자장의 입당과 통도사 계단 설치

일연의 글이『속고승전』의 자장에 대한 기사와 뚜렷이 대비되는 부분은 중국 오대산에서의 행적과 귀국 후 가져온 불사리 봉안 문제,[3] 나아가 강릉 오대산 주변에서의 문수보살 친견 문제 등이다.

먼저 자장의 입당 문제부터 차이를 보인다.『속고승전』은 자장이 638년(선덕여왕 7) 문인 10여 명과 함께 당唐의 장안長安에 들어왔다[4]고 했고,「황룡사찰주본기皇龍寺刹柱本紀」에서도 자장이 638년 사신과 함께 입당入唐했다[5]고 하였다. 이 두 기록을 관련지어 보면, 자장은 입당하여 먼저 장안에 갔을 가능성이 높다. 일연은 이 두 문헌자료들을 다 인용하고 있음에도 불구하고, 자장이 오대산을 먼저 찾았다고 기록하고 있다. 이에 대한 사실여부의 판단을 유보하고 일연의 의도만을 생각해 보면, 일연은 자장이 황제 알현의 정치적 의미보다 문수보살 친견의 종교적 목적을 더 중시했다고 평가한 데 따른 것이라 하겠다.

『삼국유사』에는 중국 오대산에서 만난 문수보살이 자장에게 불사리를 주면서 강릉 오대산에 상주하는 1만 문수보살을 친견하라 하였고, 태화지에서 만난 용은 여자의 몸으로 왕위에 오른 선덕여왕이 권위가 없어 신라가 위기에 처했으므로, 그 대책으로 황룡사탑을 건립할 것을

---

3 『續高僧傳』에서는 자장이 귀국 후 寺塔 10여 곳을 조성할 때, 寺塔에 신령스러운 모습이 나타나기를 기원했고, 이에 감응해서 舍利들이 나타났다고 하였다. 이 또한『삼국유사』에서 인용하고 있지만,『속고승전』에는 중국에서 舍利를 가져왔다는 이야기는 없다.

4 『續高僧傳』卷24,「唐新羅國大僧統釋慈藏傳」, "以貞觀十二年 將領門人僧實等十有餘人 東辭至京."

5 「皇龍寺刹柱本紀」, "仁平五年 戊戌歲隨我使神通入於西."

알려주었다.[6] 자장이 만난 문수보살과 용, 이 두 대상과 나눈 이야기와 이로 인한 자장의 행적은 서로 밀접하게 관련[7]되어 있지만, 일연은 자장이 두 대상과 나눈 이야기 내용을 깨달음에 대한 종교적 측면과 신라의 안위에 대한 정치적 측면으로 분리해서 기록하고 있다. 이것은 민지의 「제일조사전기」에서 문수보살이 종교와 정치 두 측면을 모두 이야기하고, 용은 이를 확인시켜주는 조연 역할만 하는 것과는 뚜렷이 대조된다.[8] 귀국 후 자장의 활동이 정치 속에서의 종교활동으로 나타남으로써 두 측면이 분리되기 어려운데, 그럼에도 불구하고 일연은 자장의 활동을 문수보살에 의한 강릉 오대산의 출세간적 측면과, 용에 의한 황룡사탑의 세간적 측면으로 구분해서 보았다. 이 구분은 자장이 입당할 때 장안이 아닌 오대산에 먼저 갔다고 일연이 주장한 것에서도 암시하고 있듯이, 용과 대화할 때 자장의 목표가 깨달음의 추구('求菩提')라는 출세간적인 것임을 일연이 거듭 강조하는 데서도 나타난다. 이처럼 일연은 자장의 행적을 출세간(종교)과 세간(국가)의 두 측면으로 나누어 보고 그의 출세간적 측면을 강조하고 있다. 이것은 자장이

6 「皇龍寺刹柱本紀」에는 643년(선덕여왕 12)에 終南山 圓香禪師가 觀心을 통해 황룡사 9층탑을 세우면 나라가 평안해질 것이라 말했고, 이것을 자장이 귀국해서 알린 것으로 기록되어 있다.

7 일연도 종교와 정치가 밀접히 관련되어 있음을 의식하고 있었다. 그 한 예가 이 세간(정치)과 출세간(종교)의 두 측면이 석존의 한 몸에서 나온 불사리로 인해 서로 깊이 관련되어 있음을, 황룡사탑(세간적 측면)이 불탔을 때 통도사 계단의 석종(출세간적 측면)에도 불에 덴 자국이 생겼다는 기록일 것이다(『三國遺事』卷3, 塔像 第4, 「前後所將舍利」 참조).

8 「第一祖師傳記」 참조.

정치적 활동뿐만 아니라 깊은 수행력을 갖춘 승려임을 강조하려는 일연의 의도로 보인다.

   귀국 후 황룡사탑 건립 등 세간적인 정치적 목적과는 달리, 통도사 계단의 설치는 출세간적인 종교적 목적에서 이루어졌다.[9] 자장의 통도사 계단 설치는 계율을 토대로 신라불교를 확립하려는 승정기구와 제도 정비의 일환이었다. 그러기에 일연은 『삼국유사』에서 '자장정률慈藏定律'이라 제목을 정할 정도로 자장이 계율을 통해 신라불교의 기초를 확립했다고 보았다. 이때 자장은 643년 중국에서 불사리와 함께 가져온 400여 함 되는 삼장三藏도 통도사에 봉안함[10]으로써, 출가 수계자와 함께 불법승佛法僧 삼보三寶에 대한 상징적 의미를 부여했다. 이것은 석존의 진신(불사리)과 진리의 말씀(삼장)이 함께하는 상징적 자리에서 수계의식을 거행하려는 의도로 보인다. 이를 통해 일연은 자장이 통도사에 불사리를 봉안한 것은 출가승으로서 첫발을 내딛는 수계자들이 석존의 진신이 그들을 지켜보고 있음을 의식하게 하려는 의도로 해석하였다.

   불사리 봉안을 통한 통도사 계단이 석존의 진신이 머무는 신성한 자리라면, 당연히 불교 외적인 요소는 배제시켜야 할 것이다. 통도사의

---

9 자장의 통도사 계단 설치는 자장의 계율 관련 강의가 사람들을 감동시켜, 불교 신앙을 원하는 자들이 열 집 중 여덟아홉 집이 되었고, 이에 따라 출가자들도 많아졌기 때문이라고 일연은 설명한다. 한편 이런 외부원인 외에, 자장이 파계하느니 죽음을 택하겠다는 신념을 보일 만큼 계율을 중시한 내부원인도 있음을 일연은 암시하고 있다(『三國遺事』 卷4, 義解 第5, 「慈藏定律」조 참조).

10 『三國遺事』 卷3, 塔像 第4, 「前後所將舍利」조, "貞觀十七年 慈藏法師載三藏四百餘函來 安于通度寺."

창건설화에서 자장이 이곳에 살았던 용들을 퇴출시켰다는 이야기도 이런 맥락에서 해석될 수 있다.[11] 이 창건설화는 황룡사 창건과 9층탑 건립이 신라 고유사상의 상징을 지닌 용의 수호 아래서 이루어졌다는 호국불교적 관점과는 상반되기 때문이다.[12] 일연은 이 설화의 상징처럼 자장이 호국불교라는 세간적(정치적) 목적의 황룡사탑 건립과는 다른, 출가의례라는 출세간적(종교적) 목적의 통도사 계단을 설치한 것으로 본 것 같다. 이것은 앞서 살펴본 것처럼 일연이 자장의 행적을 기록할 때 문수보살과 용을 통해 출세간과 세간의 일을 나누어 본 것과 같은 시각이라 하겠다. 일연의 자장에 대한 이런 시각은 결국 출세간적 측면에서 설치한 통도사 계단이 출가수행의 출발 장소라면, 1만 문수보살을 친견해야 할 장소인 강릉 오대산은 수행의 최종 목표인 깨달음을 증득할 곳으로 보고 있음을 뜻한다. 깨달음을 얻어 부처를 이루는 상징적 장소야말로 석존의 진신인 불사리를 봉안함이 마땅할 것이다. 그럼에도 불구하고 어떤 이유에서인지 일연은 이에 대해 침묵을 지키고 있다.

---

11 통도사 창건설화로서 자장이 큰 연못을 메워서 통도사를 창건하려 할 때, 그곳에 사는 아홉 마리 용들이 반발해서, 자장은 법력을 써서 용들을 쫓아냈다. 그중 용 한 마리가 갈 곳이 없어 작은 연못을 만들어 살게 했는데, 그곳이 대웅전 옆 九龍池라 한다.

12 이런 관점에서 보면 황룡사탑과 통도사 계단의 불사리 역할은 다를 것이다. 따라서 만일 오늘날 5대 보궁이 출세간적 측면에서 일컬어진 것이라면 황룡사탑은 여기에 속하지 않을 것이다. 만일 황룡사탑이 보궁으로서 의미가 주어지려면, 보궁에 대한 의미가 세간적 측면으로까지 확대되어야 할 것이다.

2. 민지와의 비교로 본 오대산 불사리 봉안

『삼국유사』에 의하면 자장의 주된 입당 목적은 중국 오대산의 문수보살을 친견하여 깨달음을 얻기 위한 것이었고, 친견을 통해 신라 땅에 1만 문수보살이 상주하는 오대산이 있음을 알게 되었다. 불사리 100과를 받아 귀국 후 여러 장소에 봉안[13]했지만, 정작 자장에게 가장 중요한 강릉 오대산에 불사리를 봉안했다는 일연의 기록은 없다. 일연이 기록하지 않은 것은 자장이 오대산에 불사리를 봉안하지 않았기 때문인지, 아니면 봉안했지만 기록하지 않은 이유가 있었던 것인지 의문이 드는데, 이에 대한 일연의 견해를 민지와 비교해서 생각해 보자.

승려인 일연과 유학자인 민지는 같은 시기의 인물로, 옛 자료들을 검토해서 자장의 오대산 행적에 대해 기록하였다. 민지는 일연 사후에 그의 비문을 썼던 인물이기에, 일연에 대해 잘 알았을 것이다. 그렇지만 민지는 자장의 오대산 행적에 대한 일연의 『삼국유사』 내용을 보지 못한 것 같다. 왜냐하면 민지가 「제일조사전기」를 기록하기 전인 1295년(충렬왕 21)에 쓴 「인각사보각국사비麟角寺普覺國師碑」에는 일연의 저술 중 『삼국유사』가 기록되지 않았기 때문이다. 그렇다면 민지의 주장은 일연의 견해와 상관없이 옛 자료만을 검토해서 내린 결론일 것이다.

민지는 이곳 승려들의 요청으로 오대산에 대해 향언鄕言으로 쓰인 옛 기록들을 읽고 정리하였다.[14] 그 결과 민지는 1307년(충렬왕 33)에

---

13 일연은 자장이 불사리를 황룡사탑과 태화사탑, 통도사 계단에 봉안했고 나머지는 알 수 없다고 하였다(『三國遺事』 卷3, 塔像 第4, 「前後所將舍利」조 참조).

14 『五臺山事跡』 「信孝居士親見五類聖事蹟」, "(沙門)來謂余曰是山之名聞於天下 而

쓴 「제일조사전기」에서 자장이 "후에 명주(溟州, 지금의 강릉) 오대산에 가서 지로봉地爐峰에 올라 불뇌佛腦와 정골頂骨을 봉안하고, 가라허伽羅墟에 비를 세웠다(비는 숨겨서 보이지 않는다)"[15]고 주장하였다. 자장이 오대산 지로봉에 불사리를 봉안했다는 민지의 주장은 향언으로 쓰인 옛 기록에 근거한 것이다. 따라서 오대산에서의 자장 불사리 봉안 문제는 일연이 침묵하였지만 부정도 하지 않았기 때문에, 일단 옛 문헌을 옮긴 민지의 말을 가설로 수용해 다음 논의를 전개하겠다.

자장과 오대산에 대해 깊은 관심을 지녔던 일연이 정녕 민지가 인용했던 옛 기록들을 보지 못했을까? 그의 신분과 관심사, 그리고 활동 장소 등 여러 정황들을 미루어 생각해 봐도, 보지 못했다는 사실이 오히려 납득되지 않는다. 일연의 침묵이 그 기록들을 보지 않은 것을 의미할 수도 있지만, 만일 봤으면서도 이야기하지 않은 것이라면 이에 합당한 이유가 있었을 것이다. 그렇다면 일연이 그 기록들을 열람하고도 침묵했을 경우를 가정해서 그 근거를 살펴보자.

민지는 유학자이기에 불교적 내용이 담긴 옛 문헌자료들을 깊이 있게 이해하기보다는, 있는 그대로 요약해서 인용했을 가능성이 크다. 이에 반해 일연은 국사로 추대될 정도로 당대에 인정받은 고승인 만큼, 검토한 옛 문헌자료들을 그대로 수용하지 않고 자신의 관점에서 판단했을 것이다. 이런 태도는 자장이 입당할 때 장안으로 갔다고 기록한

所有古稽皆羅代鄕言 非四方君子所可通見. …… 予聞其言以爲然. 雖自知爲文不能副 其意亦重 違其請而筆削云爾."

15 『五臺山事跡』「奉安舍利開建寺庵第一祖師傳記」, "後往溟州(今江陵也) 五臺山登地爐峰 奉安佛腦及頂骨 立碑於伽羅墟(碑則隱而不現)."

160

옛 문헌자료들을 『삼국유사』 속에 인용했음에도 불구하고, 일연은 자신의 관점에서 자장이 입당해서 장안이 아닌 오대산을 향했다고 주장한 것에서도 드러난다. 일연이 강릉 오대산에 자장이 불사리를 봉안한 사실을 이야기하지 않았다면, 그에 합당한 자신만의 견해가 있었을 것이다. 이 관점에서 민지의 글에서 관심을 끄는 대목은 '가라허에 비를 세웠는데 그 비는 숨겨서 보이지 않는다'는 말이다. 민지의 글에 의하면 자장은 불사리를 봉안하면서 그 위치를 숨겼다는 말이 된다. 일연이 같은 글을 봤다면, 자장이 숨기려 한 의도도 생각하지 않고 옛 자료에 쓰인 대로 그 위치를 밝히지는 않았을 것이다. 민지와는 달리, 일연이 침묵을 지킨 이유가 여기에 있다고 판단된다. 다시 말해 유학자인 민지는 오대산 승려들의 요청에 따라 향언으로 된 옛 문헌들의 내용을 그대로 한문으로 옮겨 적었을 가능성이 높은 데 반해, 일연은 그 속에 담긴 의미를 읽고 오히려 침묵할 수도 있었을 것이다. 자장이 숨긴 불사리 봉안에 대해 일연이 알고도 침묵을 지켰다면 이유가 있었을 것이니, 그 근거를 자장이 강릉 오대산에서 문수보살을 친견하려 한 『삼국유사』의 내용과 관련해서 풀어보자.

일연은 『삼국유사』에서 자장이 『화엄경』에 깊은 관심을 가지고 있다고 보았다. 자장이 입당 시 오대산을 먼저 찾아 간 것은 그곳을 문수보살의 상주처로 보았기 때문인데, 자장의 이런 태도는 『화엄경』에 근거한 것으로 보인다.[16] 또 자장은 귀국 후 자신의 생가였던 원녕사元寧寺

16 본래 (60卷)『華嚴經』卷29의 「菩薩住處品」 제27에, 동북방 淸涼山에 문수보살이 1만 보살을 권속으로 두고 항상 그들을 위해 설법한다는 글이 있다. 이에 중국인들은 인도의 동북쪽 방향인 중국의 오대산을 『화엄경』에 제시된 문수보살 상주처로

낙성식에서 『화엄경』을 강의해서 참석한 사람들을 감동시켰다.[17] 이때의 강의와 관련이 있는지 모르겠으나, 원녕사에서 문수보살을 친견하기도 하였다.[18] 이를 통해 일연은 강릉 오대산에서 자장의 문수보살 친견에 대한 열망은 곧 『화엄경』에서 제시한 깨달음의 세계에 들어가려는 뜻으로 해석했을 것이다. 이것은 중국 오대산에서 자장이 용과 대화할 때 자신의 목표가 깨달음을 얻는 것('求菩提')임을 용에게 밝힌 것[19]과 문수보살을 마지막으로 친견한 대송정大松汀에서 자장이 진리의 본질('法要')에 대해 물은 것[20]에서도 나타난다.

이때 자장은 대상으로서 깨달음의 세계인 오대산에 대해 묻지 않고, 주체로서 자신이 깨달아야 할 진리 인식에 대해 물었다. 이것은 자장에게 오대산에서의 문수보살 친견이란 곧 진리 인식을 통한 궁극적인 깨달음을 의미하기 때문이다.

이처럼 자장에게 있어서 오대산이 깨달음의 세계(대상)를 상징한다면, 석존의 진신인 불사리는 진리 인식을 통해 깨달은 자(주체)를 상징할 것이다. 따라서 깨달음의 측면에서 대상인 오대산과 주체인 불사리는 대응될 것이다. 그렇다면 일연에게 있어서 자장이 오대산(대상)에 불사리(주체)를 봉안했는가라는 문제는 깨달음의 세계인 오대산과 깨달음의 주체인 불사리를 대응시켜 설명해야 하는 문제가 된다.

생각했다.

17 『三國遺事』卷4, 義解 第5, 「慈藏定律」조 참조.

18 『三國遺事』卷3, 塔像 第4, 「臺山五萬眞身」조 참조, "復住元寧寺 乃見文殊."

19 『三國遺事』卷3, 塔像 第4, 「皇龍寺九層塔」조, "忽有神人出問 胡爲至此. 藏答曰 求菩提."

20 『三國遺事』卷4, 義解 第5, 「慈藏定律」조, "早行至松汀 果感文殊來格 諮詢法要."

162

그런데 『화엄경』에서는 석존(주체)은 깨달음의 세계(대상)에 대해 깊은 삼매 속에서 이를 침묵으로 표현하고 있다. 자장의 사상을 『화엄경』과 관련시킨 일연의 입장에서는 주체와 대상을 나누어 볼 수 없는 경지에 대한 깨달음의 두 상징물을, 마치 분별하는 세속적인 일처럼 '오대산에 불사리를 묻었다'라고 대응시켜 표현할 수 없다고 추리된다. 평생을 진리 인식 체험을 위한 속 깊은 수행으로 정진했던 일연이라면 이런 세속적 표현은, 가장 고귀한 보배의 가치를 함부로 훼손시키는 일처럼 생각할 수 있다. 이런 관점에서 일연이 자장의 행위를 표현해야 했다면, 『화엄경』에서처럼 '침묵'으로 표현하는 방법이 최선이었을 것이다.[21] 따라서 일연이 오대산에서의 자장의 불사리 봉안을 인정했다면, 깨달음의 세계인 오대산과 깨달은 주체인 불사리를 나누어 볼 수 없는 상징성에 대해 민지처럼 직접적이고 세속적인 표현으로 옮기지는 않았을 것으로 추정된다.

3. 정암사에 대한 일연의 관점과 수마노탑 설화
1) 정암사에 대한 일연의 관점
일연에 의하면 지금의 정암사가 위치한 갈반지葛盤地에서 기다리던 자장이 문수보살을 친견하지 못한 것은 '아상我相', 즉 '나'라는 의식 때문이었다.[22] 이것은 앞서 중국에서 문수보살에게서 받은 범어로 된 『화엄경』 4구게의 핵심이 '무자성無自性'임을 깨달아야 한다는 것과

---

21 자장이 불사리를 봉안하고 그 위치를 숨겼다고 한 민지가 참고한 글을 일연이 보았다면, 그는 자장이 숨긴 의도 또한 이 같은 상징적 의미로 해석했을 것이다.
22 『三國遺事』卷4, 義解 第5, 「慈藏定律」조, "有我相者 焉得見我."

같은 뜻이다.[23] 그렇다면 자장이 입당해서 오대산에서 문수보살에게 깨달음에 도달하는 핵심적 가르침을 이미 받았음에도 불구하고, 자장은 죽기 직전까지 그 핵심인 '무자성'에 대해 깨닫지 못했다는 말이 된다. 자장은 귀국 후 원녕사에서 『화엄경』을 강론하여 주위로부터 찬탄을 받았던 인물이다.[24] 그럼에도 불구하고 '아상'을 떨쳐내지 못했다는 것은 자장이 『화엄경』의 구절은 이해하지만, 체험에까지 이르지 못했음을 의미한다. 즉 일연은 자장이 지닌 문제점을 이론이 아닌 체험에 있다고 평가한 것이다. 자장은 자신의 깨달음(깨닫는 주체)을 구하는 데만 집중함으로써, 이와 분리될 수 없는 문수보살의 방문(깨달음의 대상)을 알지 못한 것이라 일연은 보고 있다. 체험을 중시하는 선사상의 관점에서 일연은 자장이 역설적이게도 자신의 깨달음을 지나치게 의식함으로써, 오히려 '나'란 생각 자체가 걸림돌이 되어 깨달음을 체득하지 못한 것으로 평가했다.

이처럼 일연이 소개한 자장의 출세간적 측면은 『화엄경』에 근거한 중국 오대산에서 친견한 문수보살에게서 '무자성'에 대한 4구게의 가르침을 받고, 귀국해서는 『화엄경』을 강의해 주위의 찬탄을 불러일으킬 정도의 높은 이론적 수준을 지니고 있었다. 또한 자장은 만년에는 강릉 수다사水多寺에서 대송정과 석남원(石南院, 지금의 정암사)에 이르기까지 문수보살의 인도에 따라 깨달음을 구하고 있었다. 이것은 마치 『화엄경』「입법계품入法界品」에 나오는 선재동자善財童子가 선지식들

---

23 『三國遺事』卷3, 塔像 第4,「臺山五萬眞身」조, "了知一切法 自性無所有. 如是解法性 卽見盧舍那."

24 『三國遺事』卷4, 義解 第5,「慈藏定律」조 참조.

을 찾아 깨달음을 얻는 여정과 같다. 그러나 일연은 선재동자와는 달리 자장은 자신을 내려놓지 못하는 '아상'으로 인해 무자성을 체험하지 못함으로써, 자장의 바람은 좌절되었다고 보았다.

일연은 자장이 비록 화엄사상을 강론할 정도로 이론에 밝다 하더라도, '무아'에 대한 속 깊은 체험은 하지 못함으로써 오대산(깨달음)에 도달하지 못하고 좌절했다고 평가하였다. 따라서 정암사는 비록 자장의 불사리 봉안에 대한 일연의 기록이 없다하더라도, 자장의 삶을 통해 화엄사상의 이론이 지닌 한계와 선사상의 체험이 요청되는 중요한 상징적 장소가 될 수 있을 것이다.

2) 정암사 수마노탑 설화

정암사에는 고려시대 것으로 추정되는 수마노탑水瑪瑙塔이 서 있는데, 『삼국유사』에 언급되지 않은 것으로 보아 일연 사후에 건립된 것으로 보인다. 『강원도태백산정암사사적江原道太白山淨巖寺事蹟』에 수마노탑 건립 이후 형성된 설화가 전해오는데, 이에 의하면 정암사에는 눈에 보이는 수마노탑 외에도 눈에 보이지 않는 금탑金塔과 은탑銀塔이 있다고 한다. 자장은 어머니에게 금탑과 은탑을 보여 드리려고 영지影池를 파서 그 그림자를 비춰 보이게 했다는 것이다. 자장이 부모를 잃고 출가한 것을 상기해 보면, 이 설화는 허구에 바탕을 두고 있다. 다만 이 설화 속에 담겨 있는 불교적 상징성을 생각해 볼 때, 만약 수마노탑이 통도사 계단처럼 드러난 것이라면 금탑과 은탑은 오대산 중대처럼 감추어진 것으로 해석해 볼 수 있다. 다시 말해 수마노탑 설화의 상징을 자장의 불사리 봉안 장소와 관련시켜 비교해 보면, 드러난 수마노탑('통

도사 계단')을 단서로 감춰진 금탑과 은탑('오대산 중대')은 영지에 비춰
봐야만 보인다('無自性의 깨우침')는 뜻으로 해석된다. 그러므로 이
설화는 『삼국유사』를 바탕으로 자장의 출세간적 삶의 측면을 상징해서
만들어진 것으로 불교의 교훈적 내용을 담고 있다 하겠다.

또 다른 설화로서 자장이 태백산에서 탑 세울 터를 찾을 때, 세
줄기 칡넝쿨이 뻗어 나온 곳에 탑을 세웠다는 이야기가 있다. 1653년(효
종 4) 수마노탑 중건 때 기록된 「정암사수마노탑지석」을 보면, "(용왕
이) 약간의 수마노水瑪瑙·산호珊瑚와 함께 불두골사리佛頭骨舍利를 (자
장)대사에게 맞아들여 이 산 천의봉天倚峰 아래 신神이 찾아낸 삼갈반지
三葛盤地에 봉안하였다"[25]고 하였다. 이 탑지석의 설화가 『삼국유사』의
내용과 다른 점은, 정암사에 불사리를 봉안했다는 것과 이때 통도사와
오대산의 경우와는 달리 용의 도움을 받았다는 것이다. 이 설화가
일연의 관점과 차이가 있는 것은 후대에 『삼국유사』에 근거한 교훈적인
불교설화가 세간의 의식이 개입되어 민간설화로 변형되었기 때문일
것이다.

한편, 자장이 수마노탑에 불사리를 봉안했다는 탑지석에 기록된
설화 내용은 이 탑이 고려시대의 것임을 감안할 때 사실이 아닐 것이다.
그럼에도 불구하고 1706년 채팽윤(蔡彭胤, 1669~1731)이 쓴 「통도사
사리탑비通度寺舍利塔碑」에 통도사에 있던 불사리를 정암사에 나누어
봉안했다는 기록이 있다. 임진란 때 왜적에게 통도사 사리를 빼앗길
것을 우려해 유정惟政이 스승 휴정休靜에게 두 함을 보냈는데, 휴정은

---

25 「淨巖寺水瑪瑙塔誌石」, "水瑪瑙若干片 與所授佛頭骨舍利 奉于大師邀入 是山天
倚峯下 神得三葛盤之地."

한 함을 다시 통도사에 재봉안하라고 돌려보낸 일이 있었다. 유정은 태백산太白山 갈반(葛盤, 정암사)은 신령함이 밝게 드러난 곳이니 소홀히 할 수 없다고 하여, 받은 함을 다시 나누어 서쪽(정암사)과 남쪽(통도사) 두 기의 사리탑에 봉안했다는 것이다.[26] 그런데 이 일과 관련된 다른 비문의 기록에는 이런 사실이 적혀 있지 않고,[27] 또 당사자가 아닌 후대 문인이 100년이 지난 일을 기록한 것이어서, 이 글 또한 그대로 믿기가 어렵다.

이처럼 정암사에 자장의 불사리가 봉안되었다는 뚜렷한 증거는 없다. 그러나 정암사는 직간접적으로 자장의 불사리가 모셔진 장소라는 여러 설화나 기록들이 남아 있을 정도로, 조선 후기에 이르기까지도 세인들에게 관심이 많았던 것으로 보인다. 이렇게 된 까닭은 통도사 계단에서 시작된 출가수행을 오대산에서 깨달음으로 완성시키려면, 정암사에서 자장이 보여준 '아상'에서 벗어나 '무자성'을 반드시 체험해야 한다는 일연의 글 때문으로 보인다. 이때 금탑 은탑의 설화에서는 일연의 자장에 대한 평가가 상징 속에 반영되었지만, 이후 파생된 민간설화에서는 일연의 본뜻을 잃어버리고 신비화되었다 하겠다.

---

26 『娑婆教主釋迦如來靈骨舍利浮圖碑幷序』, "遂以一函還政旣 而曰葛盤太白山昭其靈也 其忽諸. 乃命二門人 奉其一函而西爲文而刻之 由是有西南二浮圖焉."

27 그 예로 채팽윤의 글과 달리, 1603년 휴정이 「普賢寺釋迦如來舍利碑」에 직접 쓴 글에는 정암사에 봉안했다는 내용은 없다.

Ⅲ. 『삼국유사』 이후의 5대 보궁

1. 조선시대 오대산 보궁과 통도사

1) 오대산 중대 보궁과 그 명칭

'보궁'의 명칭 사용은 조선시대 1466년(세조 11)에 상원사 중수 후, 세조가 오대산에 행차하여 '보궁'을 찾아 참배했다는 내용이 김수온(金守溫, 1410~1481)의 글에서 보인다. 그는 "10월 초5일에 친히 본사(상원사)에 도착하여, …… 그날 재를 마친 세조는 친히 사자암에 이르러 곤룡포를 입고 '보궁寶宮'에 올라 향을 올려 배례하였고 공양 보시하였다. 이날 밤 방광하고 땅이 진동하여 상서로움이 한둘이 아니었다"[28]고 하였다.[29] 이로부터 200년 후 노서魯西 윤선거(尹宣擧, 1610~1669)가 쓴 「파동기행巴東紀行」의 1664년 3월 7일자에 오대산 사자암 위로 '적멸보궁寂滅寶宮'이란 편액이 걸린 집이 있다는 기록으로 미루어 볼 때, 보궁이란 말은 중대 전각의 현판에서 비롯된 것으로 보인다.[30] 이것은 우담愚潭 정시한(丁時翰, 1625~1707)의 「산중일기」 1687년 10월 11일자에 오대산 중대 법당에 '적멸보궁'의 현판 글자는 홍명기洪命基가

---

28 『五臺山事跡』, 「我朝本山事蹟」, "十月初五日 親到本寺 …… 其日齋後 上親幸至獅子庵 御袞龍袍 上寶宮 行香拜禮 供養布施. 是夜光放動地 瑞祥非一."

29 이 글이 세조를 찬양하는 내용에서 비롯된 것이지만, 그 바탕에 異蹟에 의한 신비주의가 강하게 흐르고 있다. 이것은 이후 세조가 상원사에서 휴양할 때, 문수동자를 친견한 것과 이를 기념해서 1468년에 조성한 木造文殊童子像에서도 재현되고 있다.

30 『魯西先生遺稿』 續卷3 雜著 「巴東紀行」, "七日 早登中臺 歷獅子庵金夢庵 庵上數十步許 乃建一舍. 鐵瓦重壁 扁曰寂滅寶宮."

168

9세에 쓴 것으로, 지금 그의 나이가 29세라고 한 글[31]에서도 확인된다.[32] 이처럼 '보궁'이란 말은 오대산과 관련해서 조선시대부터 사용된 것으로 보인다. 이후로도 1833년(순조 33) 화재로 월정사를 중건하고 기록한 「산중산기山中散記」에 '적멸보궁의 향불을 올리는 곳'[33]이란 글이나 1902년에 쓰인 『오대산사적五臺山事跡』의 발문에서 만화萬化 관준(寬俊, 1850~1919)의 '적멸보궁寂滅寶宮 수호원장守護院長'이란 칭호 등은 모두 이곳 중대의 보궁과 관련된 것이다. 그런 까닭에 1918년에 간행된 이능화(李能和, 1869~1943)의 『조선불교통사朝鮮佛教通史』에도 '적멸보궁'이란 호칭은 오직 오대산 중대에만 사용하고 있다.[34] 따라서 오늘날 사용하고 있는 '적멸보궁'이란 말은 오대산 중대의 전각을 지칭했던 고유명사가 일반명사화된 것으로 보아야 할 것이다.[35]

---

31 『愚潭集』卷11, 「山中日記」, "丁酉年十月十一日. 上中臺…有空殿 六書寂滅寶宮 四字. …洪命基九歲時所書 洪也時年二十九."

32 1687년에 정시한이 본 현판은 윤선거가 1664년에 앞서 보았던 것과 23년 차가 난다. 따라서 정시한이 본 현판은 20년 전에 홍명기가 썼던 것이어서, 윤선거가 지적한 적멸보궁이란 현판은 홍명기가 쓴 것보다 3년 이전의 것으로 보아야 할 것이다. 현판은 특별한 사유가 없으면 교체하지 않는 것이니만큼, 교체하기 전의 현판 또한 오래전부터 걸려 있었을 것으로 추정된다.

33 『五臺山事跡』「山中散記」, "今之月精寺 即古之水精菴也. 瑠源寶畧守護重地 寂滅 寶宮奉香之所."

34 이능화는 신라시대 불사리탑으로 위 다섯 곳 외에 황룡사 9층탑, 태화사탑 등 자장이 봉안한 사리탑과 월정사 13층탑, 동화사 금당탑, 천안 광덕사탑, 대화엄사 탑, 노고단 하법계탑, 대원사탑 등 여러 장소들을 제시하고 있으나, 월정사 중대 외에는 적멸보궁이란 호칭을 사용하지 않았다(『朝鮮佛教通史』下篇 二百品 第3 印度高僧今付佛骨 참조).

35 통도사 금강계단 뒤 전각에 걸린 여러 현판들 중에 '적멸보궁'이 있다. 이것은

이렇게 고유명사가 일반명사로 확대된 것은 '보궁'이란 뜻에 내포된 정의가 분명하지 않아서 외연이 넓혀진 것으로 추정된다. 다시 말해 오대산 중대가 자장의 불사리 봉안 장소로 신성시되면서, 이곳의 전각만을 지칭하던 것이 자장 또는 자장 이외의 불사리 봉안 장소로까지 점차 확대되어 사용된 것이라 하겠다. 그렇다면 자장의 불사리 봉안을 언급했던 일연의 입장이라면, 보궁에 대한 의미를 어떻게 규정했을지 추리해 보자.

동양에서는 가장 존엄한 대상이 거주하는 건축물과 그 공간을 궁전宮殿이라 하지만, 상황에 따라 궁宮과 전殿을 구분하는 경우가 있다. 이때 '궁'에 대한 의미를 '전'과 비교해서 이해해 보자. 궁과 전을 대소大小 또는 상하上下 관계로 본다면—마치 경복궁 안에 근정전이 있는 것처럼—궁은 여러 전각들을 포함한 영역 전체를 의미할 것이다. 또 이를 확대 해석하면 불사리를 봉안한 사찰은 불교에서 가장 존엄한 대상인 깨달은 석존의 진신을 모셨기 때문에 다른 어떤 사찰보다 상위로 인식될 수 있다. 오늘날 여러 사찰들이 보궁이란 이름으로 불사리를 모시려 하는 것 또한 이런 이유에서일 것이다.

이에 반해 궁과 전을 좌우左右 또는 내외內外 관계로 본다면—죽음·여성 등에 관련된 내밀한 공간인 음陰의 상징인 궁과, 삶·남성 등에 관련된 드러난 공간인 양陽의 상징인 전으로 구별되는 것처럼—궁은 밖으로 표출된 전법 공간인 '대웅보전大雄寶殿' 등과 대비되는, 안으로 함장된 석존의 선정삼매禪定三昧 공간을 뜻한다 하겠다. 다시 말해

통도사 주지로 독립운동을 도왔던 天輔(1872~1965)의 글이기 때문에, 통도사의 보궁에 대한 칭호는 근래에 와서 사용된 것으로 추정된다.

대웅전과 같은 석존의 설법처가 아닌, 진리와 합일된 석존의 열반세계이자 깨달음의 경지를 의미한다고 보아야 할 것이다. 『삼국유사』에서 일연은 자장이 오대산을 깨달음으로 인도하는 전법 공간이 아니라, 궁극적 깨달음의 공간으로 인식했다고 보았다. 따라서 일연이 이곳 중대를 자장의 불사리 봉안 장소로 인정했다고 가정하면, 그는 오대산 보궁을 보다 존엄한 대상(대소 관계)을 모신 곳으로 인식하기보다는 깨달음의 경지(음양론적 관점의 내외 관계)를 상징하는 장소로 보았을 것이다.

이런 보궁에 대한 일연의 입장은 조선 후기 선사상을 중흥시킨 청허 휴정(淸虛休靜, 1520~1604)의 불사리 봉안에 대한 태도에서도 나타난다.[36] 1603년(선조 36) 휴정은 통도사 불사리를 묘향산 보현사에 나누어 봉안하고 쓴 「보현사석가여래사리비」의 글에서 "아! 지금 부처님께서 세상에 머무시어 중생들이 감感이 있으면 온갖 덕德의 몸으로 응應하시고, 감感이 없으면 삼매정三昧定에 들어 계실 뿐으로 왕래를 막지 않는다"[37]라고 하였다. 여기서 휴정은 불사리를 봉안한 하나의 공간에서 중생과 석존의 감응 관계를 설명하고 있는데, 하나의 공간을 감응 유무에 따라 두 공간으로 나누어 생각해 보자. 봉안한 불사리가 중생과 감응이 있다면, 중생들에게 자비를 베푸는 공간(殿)이 될 것이다.

---

36 淸虛 休靜은 신라 말 구산선문에서 비롯되어 고려 말까지 발전된 선사상을 조선시대에 중흥시킨 인물이다. 근현대 한국불교사상 또한 그의 사상을 계승하고 있기 때문에, 보궁에 대한 휴정의 입장을 일연과 비교해서 살펴보는 것은 중요한 일이 될 것이다.

37 「普賢寺釋迦如來舍利碑」, "吁今佛之住世 群生有感 則應萬德身 無感 則入三昧定 而已 非干往來也."

반대로 중생과 감응이 끊어지면, 불사리가 삼매정, 즉 깨달음의 세계에
들어가 있는 공간(宮)이 될 것이다. 따라서 보궁의 공간에 대한 일연과
휴정의 입장은 모두 중생과 감응이 끊어진 깨달음의 세계를 뜻할 것이
다. 신라시대 자장이 오대산 중대에 남몰래 불사리를 봉안했다는 민지
의 글이나, 고려시대 오대산을 깨달음의 세계로 해석한 일연의 관점,
그리고 중생과의 감응이 끊어진 석존의 선정삼매로 설명한 휴정의
견해는 모두 음양론적 관점의 내외 관계에서 본 '보궁'에 대한 의미로
볼 수 있다. 다만 이때 휴정의 글이 중생과의 감응 관계에 따라 하나의
공간이 궁과 전의 의미로 전환될 수 있음을 뜻한다면, 일연이 통도사에
자장이 불사리(佛)와 함께 삼장(法)을 봉안했다고 한 것 또한 궁과
전의 의미를 합해서 설명한 것으로 해석된다. 이들의 의견에 따라
오대산 보궁이 궁의 의미를 가진다면, 통도사 보궁은 궁과 전의 의미를
함께 지니게 될 것이다. 다음에서 휴정의 불사리 봉안에 대한 입장을
좀 더 자세히 살펴보자.

2) 불사리 봉안에 대한 휴정의 관점

통도사 계단의 불사리는 알려진 장소인 만큼, 내우외환에 많이 시달렸
다.[38] 특히 조선조 임진란 때 왜구들에 의해 강탈당할 것을 우려해,

---

[38] 『삼국유사』에는 按廉使 2人이 봉안한 돌함을 열었다는 기사를 비롯해서, 주로
고려시대 원나라 지배하에서 일어난 일들이 기록되었다. 그 예로 1235년 上將軍
2人이 다시 열었을 때 사리 4粒이 있었고, 元나라 사신(皇華)이 와서 열었을
때는 變身舍利의 조화도 보였다는 등의 내용이 있다(『三國遺事』 卷3, 塔像 第4
「前後所將舍利」 참조). 고려 말 牧隱 李穡(1328~1396)도 1379년(우왕 5) 통도사
주지 月松이 왜구들의 침략에 불사리를 강탈당할까 우려해서 개경으로 가져왔다

1603년(선조 36) 송운 유정(宋雲惟政, 1544~1610)은 두 함에 불사리를 보관해서 금강산에 머물던 휴정에게 가져왔다. 이에 휴정은 금강산도 안전하지 못하니 자장의 뜻을 받들어 한 함은 그대로 통도사에 재봉안하도록 하였고, 다른 한 함의 불사리는 묘향산 보현사에 봉안했다. 이에 대한 전후 사정은 휴정이 직접 쓴 「보현사석가여래사리비」의 글에 남아 있다.

그 글 가운데 휴정이 통도사 계단에 불사리를 재봉안하는 이유에 대해 "오직 영남 통도사의 신승 자장이 예전에 봉안한 석가세존의 금골金骨 사리 부도가 자못 신령한 영험이 많아 마침내 천 사람의 집이 선善에 들게 하였고 또한 한 나라가 인仁을 일으키게 하였으니 세상의 존귀한 보배라 할 만하다"[39]고 하였다. 휴정은 『삼국유사』의 내용을 근거로 자장이 통도사에 불사리를 봉안해서 신라가 윤리적 사회가 되었다고 판단하였다. 이런 휴정의 자장에 대한 평가는 결국 통도사 계단을 통한 계율로 신라불교의 토대를 마련했다고 한 일연의 평가를 전제로 한 것이라 하겠다. 나아가 휴정은 통도사 계단에 봉안한 불사리의 보이지 않는 영험―앞서 살펴본 불사리와 중생(신라인)의 감응―으로 신라 사람들이 계율을 받들어 선하게 됨에 따라 사회 또한 윤리적으로 바르게 되었음을 지적하고 있다. 이때 휴정은 계율에 의한 선의 실현을 유교의 제1덕목인 '인仁'으로 설명하고 있다. 이것은 조선시대 유학사상을 염두에 둔 말이기도 하지만, 또 한편으로는 자장의

고 하였다(『牧隱文藁』 卷3, 記 「梁州通度寺釋迦如來舍利之記」 참조).

39 「普賢寺釋迦如來舍利碑」, "唯嶺南通度寺神僧慈藏 古所安釋迦世尊金骨舍利浮圖 頗多神驗 竟使千門入善 又令一國興仁 可謂世之尊寶也."

계율을 유교의 최고 덕목인 인仁 사상과 비교함으로써, 불교가 유교보다 뛰어난 사상을 지녔다는 우월의식도 전제되어 있다.[40]

이러한 휴정의 생각은 묘향산에 통도사 불사리를 나누어 봉안한 것에 대해서도 "태백산은 처음으로 한 나라의 임금을 낳아 조선국 백성들로 하여금 영원히 동이東夷의 호칭을 벗어버리게 하고, 마침내 삼계의 스승을 봉안하여 동방의 백성들로 하여금 부처가 되는 인연을 잊지 않게 하였으니, 이것이 어찌 이 산의 신령스러움이 아니겠는가"[41]라고 하였다. 이 글에서 휴정은 『삼국유사』의 고조선 건국신화에서 환웅이 내려온 태백산을 묘향산이라고 한 일연의 주장[42]을 전제로, 묘향산을 한국 최초의 국가인 단군조선을 개국한 장소로 보았다. 이에 따라 휴정은 앞서 자장이 통도사 계단에 불사리를 봉안하여 신라 사회를 윤리적으로 바르게 만든 것처럼, 이곳 묘향산에 불사리를 봉안함으로써 한국 최초 국가의 터에 불교 이념을 뿌리내리고자 하였다.

이때 휴정이 불사리를 봉안한 이유는 석존의 진신을 모심으로써 한민족의 원류에 불교 정신이 자리함을 상징하려는 것이지, 사리 신앙을 통한 가시적인 이적을 바라는 신비주의 경향은 보이지 않는다. 이것은 『삼국유사』에서 자장이 통도사 계단에 봉안했던 불사리와 관련해서 ─ 이를 개봉하지 않았던 고려시대 이전에는 ─ 구체적인 이적을

---

40 이것은 불교적 관점에서 유교의 5常을 불교의 5戒에 대응시키고, 특히 그중에서도 유교의 仁을 불교의 5戒 중 不殺生과 비교해서 불교의 우월성을 설명하는 방식과 관련된다. 휴정의 『三家龜鑑』 또한 이 관점에서 저술된 것이라 하겠다.

41 「娑婆敎主釋迦世尊金骨舍利浮圖碑」, "然則太白始胎乎一國王 使朝鮮國民永脫 東夷之號 終安于三界師 亦使東方群氓不失成佛之因 此非山之靈也耶."

42 『三國遺事』卷1, 紀異 第1, "雄率徒三千 降於太白山頂(卽太白今妙香山) 神壇樹下."

174

기록하지 않은 것과 상통한다. 다만 고려 사회에 깊이 뿌리내렸던 신비주의적 불교 신앙의 근거에는 불사리에 대한 신앙도 큰 역할을 하고 있었다.[43] 이것은 조선시대에 들어와 불사리에 대한 유학자들의 냉담한 태도[44]로 이어지자, 선종을 중심으로 불교계가 신비주의를 드러내는 데 신중한 태도를 보이게 된다. 따라서 신앙적 관점에서의 신비주의적 태도는 왕실의 번영이나 일반 서민들의 기복신앙에 방편상 수용하되, 선사상의 수행적 관점에서는 신비적 관점을 축소시키는 것으로 나타났다. 이런 사상적 흐름으로 인해 휴정에게서 불사리 신앙에 대한 구체적인 신비주의적 경향은 보이지 않는다.

이처럼 위 두 글의 내용을 볼 때, 휴정의 불사리 봉안에 대한 견해는 모두 일연의 『삼국유사』를 통해 이뤄진 것이라 하겠다. 태백산을 묘향산으로 지적한 것은 물론, 통도사에 불사리를 재봉안하는 것 또한 『삼국유사』의 내용을 근거로 판단한 것이기 때문이다. 따라서 선사상의 중흥조로 불리는 휴정의 이런 결정은 자장에 대한 일연의 관점을 전적으로 수용함과 동시에, 나아가 이후 근현대 한국불교에도 영향을 주어 불사리에 대한 태도는 물론 자장의 계율 확립에 대한 의미도

---

43 그 한 예로 고려시대 閔漬의 「國淸寺金堂主佛釋迦如來舍利靈異記」를 보면, 민지 또한 사리의 영험한 신비주의를 긍정적 관점에서 보고 있다.

44 불교비판론자인 三峰 鄭道傳(?~1398)도 舍利에서 나타나는 기이한 현상에 대해서는 인정하고 있다. 그러나 그는 舍利를 조개 속에서 진주가 생성되는 것에 비교해서, 사리의 기이한 현상은 사물의 특성에서 비롯된 자연현상에 불과하다고 보았다. 따라서 삼봉은 쓸모없는 사리의 기이한 현상에 현혹되지 말고, 그 대신 실생활에 유용한 불(火)과 같은 자연의 대상들을 적극 활용할 것을 주장하였다(『三峰集』 卷5, 「佛氏雜辨」 闢異端之辨 참조).

크게 부각되었다. 이것은 특히 일제 강점기에 일본불교와 대항해서
비구 중심의 한국불교 전통을 유지하는 데 큰 역할을 하였다.

2. 근현대 보궁에 대한 사상적 의미

1) 근현대 보궁에 대한 기록

이능화의 『조선불교통사』(1918)에 보궁에 대한 표현을 '월정사 적멸보
궁'에만 한정시키고 있는 것처럼, 근대에 들어서도 오대산 외에 자장의
불사리 봉안 장소들을 보궁이라 지칭하지 않았다. 다만 1906년에 세워
진 「금강산건봉사석가령아탑봉안비」에는 "신라승 자장은 …… 석존의
정골사리와 치아사리를 받들어서 …… 오대五臺·취서鷲棲·사자獅子·
갈래葛來의 4산에 간직하였다"[45]고 하여, 자장의 불사리 봉안처로 일연
의 기록한 장소 외에 사자산 법흥사를 언급하였다. 그러나 이곳들을
보궁이라 칭하지는 않았다. 또 『한국사찰전서』를 저술한 권상로(權相
老, 1879~1965)도 1930년 7월에 건립된 「각황사석가세존진신사리탑
비명」에서 "우리나라는 신라 자장이 전한 것이 가장 많아 오대·취서·태
백·설악 등 명산에 받들어 모셨으며, 그 후에도 종종 한두 과顆씩
전해진 것이 있었다"[46]고 하였다. 이 또한 자장의 불사리 봉안 장소로서
오늘날 5대 보궁 중 사자산 법흥사를 제외한 4곳이 제시되었지만,
보궁으로는 칭하지 않았다. 이때 그는 '설악산'을 자장의 불사리 봉안

---

45 「金剛山乾鳳寺釋迦靈牙塔奉安碑」, "新羅僧慈藏 …… 奉釋迦頂骨舍利牙齒 ……
　　藏于五臺鷲棲獅子葛來四山."

46 「覺皇寺 釋迦世尊眞身舍利塔碑銘」, "吾東則新羅慈藏所傳取多 五臺鷲棲太白雪
　　岳等名山崇奉 而厥後種種有一二傳者."

176

장소로 인정하고 있다. 이런 견해는 「봉정암칠창사적기」에 "이 암자가 최초로 창건된 것은 당나라 정관 병신년에 신라 출신 자장법사가 당나라에 들어가 세존사리를 모셔온 후 이곳에 안치하였다고 한다"[47]고 한 글에서도 나타나 있다. 이에 1931년 봉정암을 직접 답사하고 글을 쓴 이은상도 「동아일보」에 기고한 글에서 "설악산 봉정암 7층탑에 자장이 세존사리를 봉안했다"[48]고 하였다. 그러나 그 역시 이곳을 보궁이라 칭하지는 않았다. 이렇듯 일제 강점기에는 자장의 불사리 봉안 장소를 설악산 봉정암까지 추가해서 제시하였지만, 보궁이란 말은 사용하지 않았다.

그렇다면 오대산의 보궁만을 지칭하는 고유명사로서가 아니라, 5대 보궁이란 보통명사로 사용한 것은 대체로 언제부터인지 당시 「동아일보」와 「경향신문」의 기사를 중심으로 살펴보자.[49] 검색 결과, 보통명사로서의 보궁이란 말은 일제 강점기에는 보이지 않다가 해방 후인 1960년대에 등장한다.

1964년 5월 30일자 「동아일보」에 기자 윤량중이 쓴 글에 '우리나라 다섯 적멸보궁의 하나로 부처님의 사리탑이 있는 청봉靑峰 마루턱의 봉정암'이라 하여, 설악산 봉정암을 5대 보궁의 하나로 지칭하였다. 하지만 5대 보궁이 어디인지는 제시하지 않았다.

1966년 10월 25일자 「동아일보」에 기고한 황산덕(1917~1989)은

47 『江原道麟蹄縣雪岳鳳頂庵七創事蹟記』, "是庵初始於唐貞觀丙申 羅代人慈藏法師 入中國奉舍利還安于此塔."
48 「동아일보」 1931.11.28 참고.
49 네이버, 「뉴스 라이브러리」 검색 참조.

불사리를 설명하면서, 한국에 대표적인 불사리 봉안처로서 오대산 적멸보궁과 통도사를 소개하였다.

1967년 11월 14일자 「동아일보」에 기고한 안재준은 오대산만을 적멸보궁이라 하고, 통도사와 정암사, 법흥사는 자장의 불사리 봉안 장소로 제시하고 있다.

1968년 1월 10일자 「경향신문」에 소개된 '영월 법흥사 복원' 보도기사 에서 법흥사를 '4대 보궁'의 하나로서 설명하고 있다.

1970년 7월 22일자 「경향신문」에는 한국의 여러 불사리 봉안 장소들 을 소개하면서 특별히 '보궁'을 지칭하지 않았다.

표본조사 결과, 1960년에도 보통명사로서의 보궁이란 말은 아직 정립되지 않았음을 알 수 있다. 5대 보궁(1964년 기사)과 4대 보궁(1968 년 기사)이란 말은 사용하고 있지만, 이 기사들은 일반 기자의 글이라 전문지식을 바탕으로 쓰인 것이라고 보기는 어렵다. 따라서 비록 개연성 에 의한 결과이지만 1960년대 언론계에서는 보궁을 고유명사가 아닌 일반명사로 일컫기 시작했으나, 불교전문가들은 이 용어를 보통명사가 아닌 고유명사로서 오대산 보궁에만 한정했을 것으로 추정된다.

전문가들이 꺼려했던 일반명사로서의 보궁이란 말이 오늘날 당연한 것처럼 널리 쓰이는 까닭은 무엇 때문일까? 이에 대한 해답은 1960년대 한국 불교계의 상황에서 찾아볼 수 있다고 본다. 해방 후 불교정화운동 으로 인한 비구-대처승 간의 갈등이 계속되다, 1962년 통합종단으로서 '조계종'이 새롭게 출범하였다. 그러나 이후에도 비구-대처승의 갈등은 계속되어 1969년 비구승의 조계종과 대처승의 태고종이 분리되었다. 이 시기에 계속된 비구-대처승의 분쟁을 전제로 생각해 보면 5대 보궁은

조계종 비구승의 관점과 깊은 관련이 있는 것처럼 보인다. 그렇다면
5대 보궁으로 일컬어진 것에 대해, 1960년대 조계종의 입장에서 생각해
보자.

2) 조계종의 성립과 5대 보궁의 관계에 대한 정합적 이해

5대 보궁이란 말이 1960년대 비구-대처승의 대립 시기에 생겨난 것이라
한다면, 앞서 살펴본 것처럼 이 말은 조계종과 연관될 가능성이 높다.
특히 조계종의 성립 배경은 5대 보궁이 지닌 의미와 깊은 상관성을
보인다.

　조계종의 성립 과정을 보면 조선시대 정치사회적 억압 속에서도
휴정에 의해 선사상의 맥을 이은 한국불교가 이후 구한말까지 경허
등을 통한 사자상승師資相承에 의해 임제종 선맥을 이어갔다. 이런
전통이 일제 강점기를 거쳐 해방 후 대처승과의 대결에서 조계종단을
출범시켰다. 따라서 조계종단에서는 무엇보다 대처승에 의해 흐려진
비구승 중심의 계율을 다시 정립할 필요가 있었고, 나아가 한국 전통의
선사상도 한국불교의 흐름에 근거한 정통성을 선명하게 제시해야만
했다. 이에 따라 출가자를 위해 무엇보다 그전까지의 기복신앙이나
대처승과 같은 일본불교의 영향을 제거하고, 조계종의 이념에 따른
출가 비구승을 위한 청정계율과 한국 전통의 선사상을 다시 제시할
필요가 있었다. 이와 관련해서 불사리 봉안 문제는 앞서 살펴 본 자장의
계율과 이것을 평가한 일연의『삼국유사』, 그리고 휴정의 태도가 큰
역할을 했을 것이다. 이렇게 해서 점차 자연스레 정립된 것이 5대
보궁이란 가설 하에, 이를 구체적인 기록에 의한 입증 방법 대신 조계종

의 이념과 자장의 불사리 봉안 문제를 관련시켜 정합적 구성 방법으로 추리해서 살펴보겠다.

(1) 통도사·오대산·정암사

첫째, 통도사 계단과 관련해서 조계종의 대처승 비판은 신라시대 비구승 중심의 계율을 정립한 자장에 주목했을 것이다. 계율의 중요성은 앞서 살펴본 통도사 불사리 봉안과 관련된 휴정의 글에서도 제시되었다. 따라서 이곳은 일제 강점기와 해방 이후에 대처승 중심으로 일본불교화된 한국불교의 전통을 다시 회복시키는 운동[50]에 큰 도움이 되었을 것이다.

둘째, 자장이 큰 관심을 기울인 오대산에 대해서는—민지가 불사리 봉안을 인정한 것과 일연이 침묵을 지킨 것에 대한 해석과 함께—자장의 화엄사상과 후대 선사상의 관점에서 오대산 중대가 궁극적 깨달음의 세계를 상징한다고 생각되었을 것이다. 또한 상원사의 유래가 되는 보천寶川과 효명孝明의 화엄밀교적 경향은 선사상의 관점에서 고려시대 기복불교의 폐해에 대한 반성으로 축소되거나 은폐되는 반면, 월정사의 신효信孝와 신의信義로 계승되는 측면은 계율과 사굴산문의 선사상과 결부시켜 그 의미를 더욱 강조했을 것이다.

셋째, 정암사는 앞서 살펴본 것처럼 일연의 기록에는 없지만, 설화에서는 자장이 불사리를 봉안한 장소로 알려져 있다. 이곳이 주목받게

---

50 한 예로 1947년 구산선문의 하나인 문경 희양산 봉암사에서 성철, 청담 등의 젊은 수좌들이 공동생활하는 데 필요한 16가지의 共住規約을 만들었다. 이 규약은 계율과 선사상의 가르침에 따라 '부처님 법대로' 살자는 교단개혁운동이라 하겠다.

180

된 것은, 자장은 '아상'으로 인해 정암사에서 문수보살을 친견하지 못했다고 한 일연의 기록 때문일 것이다. 이것은 계율과 화엄사상의 교학적 수행방법만으로는 무자성을 체험하기 어렵다는 대표적인 예로 해석될 수 있다. 따라서 선사상의 관점에서 보면 정암사는 자장의 계율과 화엄사상이 지닌 한계를 드러낸 장소이자, 나아가 선사상의 필요성이 제시되는 상징적 장소가 된다. 그렇다면 이 세 장소는 당시 새롭게 출발하는 조계종의 입장에서 볼 때, 기록과 설화에 의한 자장의 불사리 봉안 장소로서 뿐만 아니라『삼국유사』에 근거한 계율과 화엄사 상을 수용하면서도 그 한계를 선사상으로 극복 발전시켰다는 종단의 정통성과 필요성을 부여하는 중요한 곳으로 인식되었을 것이다.

(2) 법흥사와 봉정암

법흥사와 봉정암에서의 자장의 불사리 봉안은『삼국유사』등의 기록에는 채록되어 있지 않은, 후대 설화에서 이야기 된 것이다. 그럼에도 불구하고 앞서 보았듯이 이 장소들은 이미 일제 강점기에 자장의 불사리 봉안 장소로 거론된 데다, 조계종의 입장에서는 한국 선불교를 계승한 다는 관점에서도 자장의 설화가 깃든 이 두 장소에 대한 의미부여가 필요했을 것이다.

사자산 법흥사와 설악산 봉정암은 단편적인 자장설화를 지닌 장소이 면서도 동시에 한국 선사상의 뿌리가 되는 구산선문九山禪門의 상징적 장소이기 때문이다. 즉 법흥사가 자리한 영월은 정암사가 있는 태백의 이웃으로, 주변 지역에 자장설화가 전해져 온다.[51] 주변의 자장설화들 로 인해 자연스럽게 자장의 불사리 봉안설화가 있는 법흥사도 주목받았을 것이다. 게다가 법흥사는 구산선문 중 사자산문의 근거지가 되는 곳이니, 조계종의 관점에서 보면 자장의 한계를 벗어나 깨달음을 증득할 수 있는 상징적 장소로도 비쳐질 것이다.

역시 자장설화가 전해지는 봉정암이 자리한 설악산은 구산선문의 여러 대표 인물들을 배출시켰다. 먼저 조계종의 종조로 제시[52]된 가지산문迦智山門의 도의(道義, 연대미상)는 설악산 진전사에서 마치 소림사의 달마처럼 오랫동안 은거생활을 했으며, 일연도 이곳에서 출가했다. 또 도의가 창건한 설악산 오색석사에서는 성주산문聖住山門의 무염(無染, 801~888)이 출가했으며, 봉림산문鳳林山門의 심희(審希, 854~923) 또한 설악산에 은거했었다. 이처럼 설악산은 가지산문과 성주산문 및 봉림산문의 대표인물들이 배출된 장소인 까닭에, 이에 따라 자장의 불사리 봉안설화가 깃든 설악산의 봉정암은 도의道義를 종조로 하는 조계종으로서는 놓칠 수 없는 중요한 상징적 장소가 되었을 것이다.

그런데 문제는 이 두 곳이 자장의 설화와 관련된다 하더라도, 동시에 구산선문을 모두 아우르는 장소로 충족되지는 못한다. 사실 구산선문에서 실상산문實相山門과 동리산문桐裡山門, 희양산문曦陽山門과 수미산문須彌山門은 이곳과는 관련이 없어서, 구산선문 중 4파의 선문이 빠진 성지는 그만큼 의미가 퇴색될 것이기 때문이다. 그렇다면 이렇게

---

51 그 한 예로 영월군 상동읍 구래리의 지명은 자장이 태백산 갈반지(정암사)를 찾으려고 이곳을 아홉 번이나 다녀갔으므로, 九來里라 부르게 되었다 한다.

52 조계종 宗憲의 제1장 제1조에 "本宗은 大韓佛敎 曹溪宗이라 칭한다. 본종은 신라 道義國師가 創樹한 迦智山門에서 기원하여 고려 普照國師의 重闡을 거쳐 太古 普愚國師의 諸宗包攝으로서 曹溪宗이라 공칭하여 이후 그 종맥이 綿綿不絶한 것이다"라고 하여, 도의를 종조로 제시하고 있다.

182

4파의 산문이 제외됨에도 불구하고, 이곳이 의미를 가지는 이유가 무엇인지 좀 더 자세히 살펴보도록 하자.

3) 5대 보궁과 구산선문의 대표성 문제

앞서 살펴본 내용들을 5대 보궁과 관련시켜 보면 사굴산문을 계승한 신의(信義, 연대미상)는 오대산 월정사에서, 사자산문을 확립한 절중(折中, 826~900)은 사자산 법흥사에서 선법을 펼쳤다. 또한 가지산문의 도의와 성주산문의 무염, 봉림산문의 심희는 모두 설악산과 인연을 맺은 인물들이다. 이들은 모두 구산선문 중 5파의 선문에 해당되는데, 공통점은 이들이 모두 마조 도일(馬祖道一, 709~788)의 홍주종洪州宗을 수용한 선문이라는 점이다.

즉 오대산 월정사에 거처했던 신의信義의 스승인 사굴산문의 범일(梵日, 810~889)은 염관 제안(鹽官齊安, 미상~842)에게서, 사자산문의 도윤(道允, 798~868)은 남전 보원(南泉普願, 748~835)에게서, 가지산문의 도의는 서당 지장(西堂智藏, 735~814)에게서, 성주산문의 무염은 마곡 보철(麻谷寶徹, 연대미상)에게서, 법흥사에 거처했던 봉림산문의 심희의 스승 현욱(玄昱, 787~869)은 장경 회휘(章敬懷暉, 연대미상)에게서 법을 이어받았다.

그런데 여기서 제외된 나머지 산문들 중에서 홍척(洪陟, 연대미상)의 실상산문과 혜철(惠哲, 785~861)의 동리산문도 모두 마조의 홍주종 계열로서, 이들은 가지산문의 도의과 함께 서당 지장을 스승으로 두고 있다. 따라서 도의가 서당 지장의 선사상을 제일 먼저 도입한 대표자로 본다면, 신라에 수용된 홍주종 계열의 선문은 모두 선사상의 사자상승

師資相承에 따른 대표성에 의해 이곳 5대 보궁과 직간접적으로 관련을 맺는 것이 된다. 이런 관점에서 볼 때 통도사에서 분사리分舍利한 보현사와 용연사를 5대 보궁에서 제외시킨 것도 통도사가 대표성을 갖는 이유였을 것이다. 그렇다면 실상산문과 동리산문이 비록 설악산과 직접적인 관련이 없다 하더라도, 가지산문의 도의道義가 지장의 선사상을 계승한 대표자이기에 그가 자리 잡았던 설악산 또한 이들 산문에게도 중요한 장소가 될 것이다.

나아가, 이때 언급되지 않은 희양산문과 수미산문 또한 새로 출범한 조계종의 입장에서는 임제종의 법맥을 선명하게 하기 위해서라도 오히려 구분되어야 할 대상일 것이다. 왜냐하면 희양산문의 도헌(道憲, 824~882)은 최초로 신라에 선을 전한 신라승 법랑(法朗, 연대미상)의 선법을 사자상승하고 있지만, 그것이 남종선南宗禪 이전의 4조 도신(道信, 580~651)의 선사상이기에 혜능의 돈오선법頓悟禪法과는 차이가 있다. 또 수미산문의 이엄(利嚴, 870~936)은 동산 양개(洞山良价, 807~869)의 조동종曹洞宗을 계승한 운거 도응(雲居道膺, 미상~902)을 이어받고 있어서, 조계종이 표방한 홍주-임제종 계열과는 뚜렷한 차이를 보이고 있기 때문이다.[53]

이처럼 보궁과 조계종 두 대상을 정합적으로 비교해 볼 때, 조계종의 관점에서 본 5대 보궁은 비단 자장의 불사리 봉안 장소에 그치지 않고, 한국불교의 정신이 담겨 있는 비구승 중심의 계율과 임제종을 중심으로 한 선사상의 근거가 되는 구산선문과 깊이 관련된 상징적 장소가 된다.

---

[53] 정리된 내용은 본고 말미에 첨부한 도표 참조.

이런 결과는 하루아침에 정립된 것이 아니라, 일제 강점기에 일본불교에 섞이지 않으려는 몸부림이 비구승 중심의 계율과 임제종 중심의 선불교에 뿌리가 되는 법흥사와 봉정암을 포함한 여러 장소들을 중시하게 되었고, 나아가 이것은 해방 후 일본불교 척결을 표방한 조계종의 출범으로 점차 5대 보궁으로 정립되었다 하겠다. 따라서 자장에 의한 불사리 봉안 장소로 알려진 이 5곳이 조계종의 관점에서도 중요한 성지로 여겨짐에 따라, 자연스럽게 5대 보궁이 형성된 것으로 추리된다. 그렇다면 오늘날 5대 보궁은 역사적 사실로서보다는 조계종단의 상징적 의미에서 해석되어야 할 것이다.

IV. 결론

이상에서 5대 보궁의 성격을 규명하기 위해, 그 근거가 되는 자장에 대한 일연의 관점을 중심으로 통도사 계단과 오대산, 그리고 정암사와의 관계를 정합적으로 이해해 보았다. 또 이를 통해 오늘날까지 일연의 관점이 어떻게 수용되고 나아가 법흥사와 봉정암으로 확대되는 변천 과정도 정합적으로 추리해 보았다. 이를 요약하면 다음과 같다.

일연은 자장의 불사리 봉안에 대해 호국용이 관련된 황룡사의 세간(정치)적 측면과 용이 배제된 출세간(종교)적 측면으로 나누어 보았다. 일연은 자장이 출세간적 측면에서 통도사 계단에 불사리佛舍利를 봉안하여, 계를 받는 출가승들이 석존의 언행을 본받게 하려는 의미를 부여했다고 보았다. 또 민지가 지적한 자장의 오대산 불사리 봉안에 대해 일연은 침묵하였다. 이것은 자장의 불사리 봉안을 부정하는 의미

보다 깨달음을 침묵으로 표현한 『화엄경』에 입각해서 직접적인 언급을
피한 것으로도 해석해 볼 수 있다. 그런데 일연은 정작 자장이 평생
깨달음을 추구했지만, 처음 문수보살에게서 받은 사구게의 핵심어인
'무자성無自性'을 체험하지 못하고 '아상我相'으로 인해 깨달음을 얻지
못한 장소를 정암사로 보았다. 이곳에 자장이 불사리를 봉안했다는
증거는 없으나, 후대 수마노탑 설화가 일연이 평가한 자장의 삶을
함축해서 상징하고 있다. 즉 감추어진 금탑과 은탑이 영지影池에서만
비춰서 볼 수 있다는 것은 곧 실체가 없는 무자성을 감각이나 언어가
아닌 체험을 통해서만 인식할 수 있다는 것이며, 이때 '나'라는 분별된
생각인 '아상'은 제거돼야 함을 의미한다. 이처럼 일연은 자장의 출세간
적 측면을 출가수행의 출발점인 통도사 계단의 계율과 그 완성인 오대산
의 화엄사상을 양극으로 하여, 그 사이에 정암사를 통한 체험화의
수행 과정으로 상징화시켜 정합적으로 이해하였다.

　『삼국유사』 이후로 조선 전기 오대산 중대 보궁에 세조가 배례한
기록과 함께 '적멸보궁'이란 이름의 현판이 걸렸고, 이능화의 『조선불
교통사』(1918)에도 '적멸보궁'이란 용어는 이곳 전각만을 지칭하였다.
따라서 적멸보궁이란 본래 오대산 중대의 전각을 지칭한 고유명사였
다. 이때 '보궁'의 뜻은 음양론적 관점에서 석존의 전법처가 아닌 선정삼
매의 장소로 이해하는 것이 자장의 불사리 봉안에 대한 일연의 관점과
부합되며, 이 또한 휴정에게도 일관되어 나타난다.

　휴정은 불사리 봉안을 그곳에 불교를 뿌리내리는 의미로 보았다.
이에 단군신화의 태백산을 묘향산으로 보고, 단군조선의 터에 불교
정신을 접목시키려 보현사에 불사리를 봉안하였다. 통도사 계단 또한

자장의 계율정신이 뿌리내려진 뜻 깊은 장소로 보았다. 이런 휴정의 태도는 모두 일연의 『삼국유사』를 근거로 언급하고 평가한 내용들이어서, 신라시대 자장에 대한 일연의 관점은 조선조 휴정에게 수용되었다 하겠다.

일제 강점기에도 보궁은 오대산 중대만을 지칭했으나, 자장의 불사리 봉안 장소는 기존의 통도사와 오대산으로부터 정암사에 이어 법흥사와 봉정암까지 확대되어 일컬어졌다. 이것이 해방 후인 1960년대에 들어서 불교전문가가 아닌 언론 등에서 4대 또는 5대 적멸보궁이란 말을 쓰기 시작하면서, 고유명사가 점차 일반명사화 된 것이라 하겠다. 오늘날 5대 보궁이란 말이 성립되는 데는 일제 강점기에 일본불교에 물들지 않고 한국불교의 전통을 지키려는 정신과 함께, 해방 후 일본불교를 척결하고 계율 확립과 전통 선사상을 회복하기 위해 1962년에 출범한 조계종의 성격과 깊이 연관된다. 사자산 법흥사와 설악산 봉정암은 자장설화와 함께 한국 선사상의 뿌리가 되는 구산선문의 상징적 장소들이다. 특히 봉정암이 있는 설악산은 조계종의 종조가 되는 가지산문의 도의를 비롯한 구산선문의 대표적인 주요 인물들이 은거하고 출가한 장소이다. 이들은 모두 마조도일의 홍주종을 계승하는 선문들로만 이루어져 있다. 이것은 일제 강점기 때 일본불교, 특히 조동종의 영향에서 벗어나려는 홍주-임제종 계열의 한국 선불교의 전통을 지키려는 과정에서 자연스럽게 법흥사와 봉정암이 자장 불사리 봉안처로 거론된 것으로 보이며, 해방 후 1960년대 조계종의 출범으로 비구승 중심의 계율과 함께 홍주-임제종의 선사상이 점차 강화되고, 호국불교 이념의 기초가 되는 신라불교가 주목받게 됨에 따라 자장의 이름 아래

5대 보궁이 확립된 것으로 추정된다.[54]

앞서 살펴본 것처럼 일연에 의해 이루어진 자장의 계율과 화엄사상에 대한 출세간적인 측면에서의 평가를 한국 선사상의 중흥조인 임제종 계열의 휴정이 수용하고, 나아가 일제 강점기와 해방 이후 일본불교와 구별되는 한국 선불교의 전통을 선명하게 하려는 노력으로, 5대 보궁에 대한 상징적 의미는 오늘날까지 이어지고 확대된 것으로 보인다. 따라서 5대 보궁은 역사적 사실성 여부문제로만 볼 것이 아니라, 전통 선사상 관점에서 본 한국불교의 특징과 흐름에 대한 상징적 이념에 더 큰 의미를 부여해야 할 것이다. 아울러 이 특징과 흐름 속에 일연의 사상이 면면히 이어지고 있음도 기억해야 할 것이다.

---

[54] 혹 남북이 갈려 북에 있는 묘향산 보현사, DMZ 안에 있는 금강산 건봉사 등의 불사리는 배제되었다고 생각할 수 있다. 그러나 일제 강점기 때 이미 지금의 5대 보궁의 사찰들이 일컬어지는 것을 볼 때, 이것은 역사적 관점이 아닌 사상적 의미에서 해석해야 할 것이다. 왜냐하면 이 장소들은 모두 통도사 불사리를 나누어 봉안(보현사)하거나, 임란 후 일본에서 돌려받은 불사리들을 봉안한 것(건봉사)이기 때문이다. 건봉사 불사리 봉안 기록에 대한 것은 「釋迦如來齒相立塔碑銘」(1726) 및 「四溟大師紀蹟碑銘」(1800) 참조.

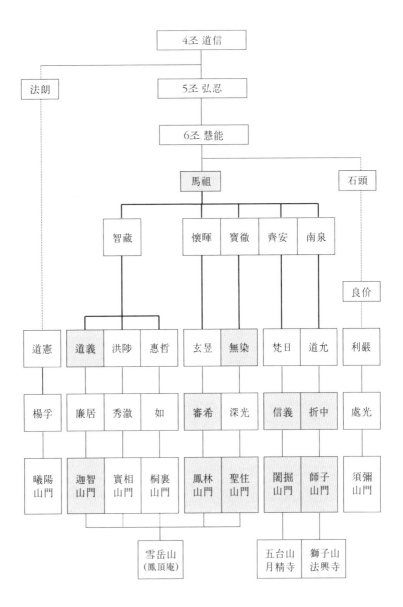

제5장

오대산 중대 적멸보궁의 역사

•

이원석
(동국대대학교(서울) 교양교육원 강의초빙교수)

Ⅰ. 머리말

적멸보궁이란 부처님의 진신사리를 봉안한 소장처所藏處 앞에 예배를 올리는 장소로 사용되던 배전拜殿으로 '寂滅寶宮'이라는 현판이 달린 목조건물이다.[1] 현재 한국에서 흔히 일컬어지는 5대 적멸보궁은 모두 신라의 고승 자장慈藏이 창건한 것으로 알려진 오대산五臺山 중대中臺·양산 통도사·태백산 정암사·설악산 봉정암·영월 법흥사에 위치한다. 특히 통도사가 삼보사찰(불보사찰)의 권위를 누린 것도 실로 부처님의 진신사리眞身舍利를 계단戒壇에 안치한 데에 기인한다. 그런데 적멸보궁의 역사를 언급하면, 통도사의 경우 계단 남쪽에 현재와 같은 배전拜殿이 세워진 것은 1645년이고, 심지어 '적멸보궁'이라는 현판은 1970년대까지도 걸려 있지 않았다. 그렇다면 한국에서 가장 오랜 역사를 간직한 곳은 오대산 중대의 적멸보궁이다. 후술하듯이 문헌기록은 말할 것도 없고, 중대 적멸보궁은 외관이 19세기 말의 형식이지만 내부가 조선 전기의 다포계多包係 건물이라는 실재 증거가 있기 때문이다.[2]

---

1 이강근, 「오대산 中臺 寂滅寶宮 건축에 대한 연구」, 月精寺聖寶博物館, 『오대산 적멸보궁의 綜合的 檢討』, 2002, p.87 ; 同, 「조선 후반기 제1대 불교건축의 형식과 의미—사리각에서 적멸보궁으로—」, 『강좌미술사』 38호, 2012, p.180. 일반적으로 '舍利閣'으로 불렸던 적멸보궁은 詩作이나 韻文의 경우에는 '寂滅宮', 儒者의 경우에는 '寂滅寶閣' '寂滅閣'으로도 표기된다.

2 이강근, 「上院寺 寂滅寶宮에 대한 조사보고서」, 大韓佛教曹溪宗 聖寶保存委員會, 『성보』 2호, 2000 참조.

그럼에도 불구하고 오대산 중대 적멸보궁에 대한 연구는 매우 적다. 한국의 적멸보궁의 체계적인 학술연구로 거론할 수 있는 것은 월정사성보박물관月精寺聖寶博物館에서 편찬한『오대산 적멸보궁의 종합적 검토』가 있을 뿐이다. 여기에 게재된 논문은 한국의 진신사리 신앙과 사리장신구, 그리고 적멸보궁이라는 건축물에 대한 연구가 중심을 이룬다.[3] 다만 여기에는 '지궁地宮'을 포함한 '적멸보궁'에 대한 전후의 역사적 맥락이 사실상 배제되었다. 그 밖에 풍수지리적인 관점에서 적멸보궁의 지상地相을 검토하고 해석한 연구도 있지만, 학문적 접근과 다소 거리가 있다.[4]

사실 적멸보궁의 연구에는 몇 가지 어려움이 존재한다. 첫째는 적멸보궁의 연구가 과학적 학문 영역과 종교적 신앙 영역의 사이에 존재하지만, 일반적으로 후자가 보다 강조되는 경향성이 있다. 그런데 종교적 신앙 영역은 실로 학문적 접근에 한계가 있을 뿐만 아니라 논리적 설명도 불가능한 경우가 적지 않다. 예컨대『오대산사적기五臺山事蹟記』에 기록된 내용을 모두 역사적 사실로 볼 수 있는가 하는 문제는 그 핵심이 될 것이다. 둘째는 중대의 '지궁'을 창건한 것으로 일컬어지는 자장(576~655)[5]이라는 인물이 가지는 다면성으로 인해 학계의 견해가 다기多岐한 점이다. 현재 학계에서는 자장의 생몰 연도, 입당 시기,

---

3 月精寺聖寶博物館(2002a) 참조.

4 이학동, 「五臺山 寂滅寶宮의 立地形勢와 風水地理的 解析」,『실학사상연구』제14집, 2000 참조.

5 남무희가 규정한 자장의 생몰 연도는 조금 이른 논란이 있지만, 일단 그의『신라자장 연구』(서경문화사, 2012, pp.16~18)에 따른다.

중국 오대산의 방문 여부, 황룡사 9층목탑의 건립 여부, 만년에의
오대산 입산 등 그의 생애뿐만 아니라 계율사상, 화엄사상, 유가사상,
밀교사상 등 자장의 불교사상도 엇갈리는 평가가 적지 않다.[6] 게다가
신라시대 초기 승려라는 점으로 인한 자료 부족과 함께 그의 '감통感通'
이나 '이적異蹟'이라는 신앙 영역도 하나의 원인일 것이다.[7] 마지막은
연구 시대의 장구함이다. 연구 시대의 설정은 삼국시대 자장의 지궁
개창에서 조선 후기까지, 어쩌면 일제 강점기도 포함되어야 한다.
이는 '지궁'을 배제하고 여말선초 이후의 '적멸보궁'을 위주로 서술하기
어렵다는 인식과도 관련이 있지만, 광범위한 시대 설정은 일반적인
연구자가 접근하기에 간단하지 않을 것이다.

　이러한 문제의식을 염두에 두고 필자는 중대 적멸보궁의 역사를
접근하고자 한다. 서술의 대상으로는 '지궁地宮'과 분리된 '적멸보궁寂
滅寶宮'이나 그 불교건축을 위주로 삼기보다는 양자를 유기적으로 포괄
하겠다. 이번 학회의 주제와 관련하여 부처님의 신골身骨과 동일한
범주에 드는 법사리法舍利와 함께 불사리佛舍利도 부기할 작정이다.[8]

6　현재 학계에는 자장에 관한 연구사도 체계적으로 정리되어 있지 않지만, 우선
　남무희, 같은 책 ; 김복순, 「자장의 생애와 율사로서의 위상」, 『대각사상』 제10집,
　2007 참조.

7　현재 자장에 대한 전제 연구서로 남무희의 『신라 자장 연구』(서경문화사, 2012)가
　유일한 것도 이와 관련이 있다.

8　사리의 종류는 佛經, 佛齒, 佛爪, 佛髮, 가사, 바리때, 佛杖 등의 法舍利가 있고,
　법사리의 부족으로 인하여 금, 은, 유리, 수정, 마노, 피리, 자갈, 약초, 대나무
　등으로 만든 佛舍利가 있다. 金禧庚, 「한국불교의 불탑사리탑신앙─佛舍利信仰과
　韓國의 舍利莊嚴」, 月精寺聖寶博物館, 2002, p.14.

또한 적멸보궁과 함께 사자암이나 상원사를 포함하는 '중대中臺'의 영역도 중시하려 한다. 나아가, 논지의 전개상 필요할 경우에는 월정사를 포함하는 오대산 불교계도 시야에 두겠다. 왜냐하면 사자암이나 상원사는 물론이지만 월정사를 배제하고 적멸보궁을 설명하기 어려운 점이 있고, 적멸보궁만을 대상으로 삼을 경우 사료의 부족과 이로 인한 공백이 너무 많기 때문이다. 다만 오대사암五臺寺庵의 중수는 본고의 관심 영역이 아니므로 다소간의 누락이 있을 것이다.

Ⅱ. 신라시대 오대 불적과 중대 지궁의 개창

일반적으로 중대 적멸보궁과 월정사를 비롯한 오대산 신앙은 모두 삼국시대의 고승 자장으로부터 시작된다고 한다. 이와 관련된 내용은 주로 『삼국유사』권4·3 의해義解 제5 「자장정률慈藏定律」·탑상塔像 제4 「대산오만진신臺山五萬眞身」과 『오대산사적기五臺山事蹟記』의 「봉안사리개건사암제일조사전기奉安舍利開建寺庵第一祖師傳記」(이하 「제일조사전기」로 명명)를 중심으로 이루어져 있다. 필자는 이를 중심으로 그 유래를 검토하고자 한다. 다만 황룡사 관련 기록은 편의상 배제하겠다.

A「慈藏定律」以仁平三年丙申歲(卽貞觀十年也)受勅 與門人僧實等 十餘輩 西入唐 謁清涼山. 山有曼殊大聖塑相 …… 藏於像前 禱祈冥感 夢像摩頂授梵偈 覺而未解. 及旦有異僧來釋云. 又曰"雖學萬教 未有過 此" 又以袈裟舍利等付之而滅(藏公初匿之故唐僧傳不載). 藏知已蒙 聖莂 乃下北臺 抵大和池. …… 貞觀十七年癸卯 本國善德王上表乞還

…… 歲月增至 乃創通度寺 築戒壇 以度四來 …… 暮年謝辭京輦 於江
陵郡 創水多寺居焉 …… 驚悸而起 早行至松汀 果感文殊來格 ……
藏往太伯山尋之 見巨蟒蟠結樹下 謂侍者曰"此所謂葛蟠地" 乃創石南
院(今淨岩寺) 以候聖降. …… 遂殞身而卒 茶毗安骨於石穴中.[9]

B「臺山五萬眞身」貞觀十年丙申 入唐 初至中國大和池邊石文殊處 虔
祈七日 忽夢大聖授四句偈 …… 明旦忽有一僧 將緋羅金點袈裟一領·
佛鉢一具·佛頭骨一片 到于師邊 …… 仍以所將袈裟等 付而囑云"此是
本師釋迦尊之道具也 汝善護持." 又曰, "汝本國艮方溟州界 有五臺山
一萬文殊常住在彼 汝往見之." …… 大和池龍現身 …… 乃告云"昔之傳
偈老僧是眞文殊也." 有叮囑創寺立塔之事 …… 師以貞觀十七年 來到
此山 欲覩眞身 三日晦陰 不果而還. 復住元寧寺 乃見文殊云 至葛蟠處
今淨嵒寺是.(亦載別傳) 後有頭陁信義 乃梵日之門人也 來尋藏師憩息
之地 創庵而居 …… 有水多寺長老有緣 重創而居 今月精寺是也.[10]

C「奉安舍利開建寺庵第一祖師傳記」善德王卽位七年戊戌 西浮大洋
…… 入於六〔大〕唐 周遊寶宇 歷叅知識 然後始入五坮. 於北坮帝釋所
立文殊像前 藉艸爲座 精修一旬. 夢見文殊像 摩頂授梵語偈 …… 明早
忽有梵僧來 …… 因謂曰"欲求佛法 無過此偈." …… 又以緋羅金點袈裟
一領·白玉鉢盂一座·珠貝金葉經五貼·全身舍利百枚·佛頂骨·佛指
節骨等授之 曰"幷是本師釋迦信物 可愼護之" …… 太和池池邊 ……

---

9 『三國遺事』 권4, 義解 제5 「慈藏定律」.

10 『三國遺事』 권3, 塔像 제4 「臺山五萬眞身」.

老人卽池龍也. 以貞觀十七年癸卯而還 …… 爲欲面見文殊 尋往溟州
五臺山到 今月精寺地. 假立草庵 留至三日 于時是山陰沈不開 未審其
形而去. 後又復來創八尺房而住者凡七日云云. 後於大松下 一居士忽
現 與師淸談良久 …… 向太白尋葛蟠處 見大蟒蟠在大樹下 …… 創院
曰薩那. …… 有神仙洞 又創蘭若 曰上薩那. …… 捨身 仍茶毘於其處
安骨于石穴焉.[11]

    그리고 『삼국유사』 권3 D 탑상 제4 「대산월정사오류성중臺山月精寺
五類聖衆」은 「대산오만진신」과 매우 비슷하다. "자장법사가 처음 오대
산에 이르렀을 적에 문수진신을 보고자 하여 산기슭에 띠풀을 이어
머물렀다. 7일이 (지나도록 문수보살을) 친견하지 못하고 묘범산妙梵
山에 이르러 정암사淨岩寺를 창건하였다."[12] 그 밖에 『삼국유사』의 E
「황룡사장육黃龍寺丈六」과 F 「황룡사구층탑黃龍寺九層塔」에는 자장이
중국 오대산에서 감응한 문수보살의 비법 전수와 사탑 건립을 부탁한
내용이 있다.[13]

    이상에 인용한 A~F의 내용은 약간의 차이가 있다. 1) 문수보살을
친견하기 위한 기도일은 A에는 언급이 없고, B에 7일, C에 10일이다.
그 장소는 A가 오대산 북대北臺, B가 오대산 아래의 태화지太和池,
C가 오대산 북대이고, E와 F는 오대산이다. 아울러 B와 C는 용으로

---

11 『五臺山事蹟記』, 「奉安舍利開建寺庵第一祖師傳記」.

12 『三國遺事』 권3, 塔像 제4 「臺山月精寺五類聖衆」, "按寺中所傳古記云 慈藏法師
　初至五臺 欲覩眞身 於山麓結茅而住 七日不見 而到妙梵山 創淨岩寺."

13 『三國遺事』 권3 塔像 제4 「黃龍寺丈六」·「黃龍寺九層塔」 참조.

현신한 태화지 노인이 황룡사 9층탑의 건축을 부촉한 내용이 결합되어
있다. 2) 게송을 해석한 스님은 A가 이승異僧, B가 일승一僧, C가
범승梵僧이다. 3) 그 스님이 자장에게 부촉한 것은 A가 가사와 사리
등, B가 비라금점가사緋羅金點袈裟 1령領·불발佛鉢 1구具·불두골佛頭
骨 1편片, C가 비라금점가사 1령·백옥발우白玉鉢盂 1좌座·주패금엽경
珠貝金葉經 5첩貼·전신사리全身舍利 100매枚·불정골佛頂骨·불지절골
佛指節骨 등으로 점차 확대되었다. 특히 불지절골은 처음 등장하고
전신사리의 수가 100매로 대폭 늘어났다. 4) 자장의 오대산 방문은
A가 만년, B가 귀국 직후, C가 만년, D는 명기되지 않았다. 5) 자장의
사찰 창건은 A가 수다사水多寺·정암사淨岩寺, B가 정암사이지만 월정
사의 경우 자장이 휴식한 곳으로 애매하게 처리되었고, C는 명칭만
다르고 B와 동일하지만, 월정사지月精寺地에 이르러 임시로 초암草庵,
다시 찾아서는 8간의 암자를 창건하였다고 명기되었다. D는 정암사이
고, 산기슭에 띠풀을 이은 집(茅屋)이었다. 6) 삼자의 공통점은, 오대산
이나 태백산에서 문수보살을 친견한 적도 있지만 결국 불법을 전수받는
데에 실패하였고, 만년에 자장이 태백산 정암사에서 입적한 것이다.
7) 기타 입당 연도는 A가 636년, B·C·F는 638년이고, D와 E는 언급이
없다. A에는 오대산의 문수보살에 대한 언급이 없는 점이 특이하다.

이상과 같은 상이한 내용은 아마도 일연이 취합한 자료와 관련이
있을 것이다. A는『속고승전』「자장전」을, B와 C는 산중이나 사중寺中
에 전하는『고전古傳』과『고기古記』에 의해 뒷받침된다. 이에 대해
A→ B→ C의 순서대로 내용과 논리 및 사실이 진전된 측면으로 이해
하는 견해도 있고,[14] 후인에 의한 자장의 윤색설로 단정하여 1) 오대산

방문은 종남산에서의 경험 이입에 불과하고 문수의 친견은 부정되며, 이에 따라 2)와 3)도 논리적 근거가 없다는 의견도 있다.[15] 필자의 의견은 다음과 같다.

1) 중국 종남산에서 귀국할 적에 오대산을 방문하였을 가능성이 있고, 오대산에서의 문수보살 친견은 후일 윤색되었지만 그 지향성의 측면에서 의미가 있다. 3) 또한 종남산이든 오대산이든 자장이 부처님의 진신사리를 구한 것은 사실일 가능성이 높지만, 특히 C는 법사리의 종류나 진신사리의 매수가 지나치게 부풀려졌다.[16] 4) 자장의 오대산 참례參禮는 정치적 입지가 크게 좁아진 만년인데, 이는 6) 오대산이나 태백산에서 문수보살을 친견하기도 하였지만 궁극적인 성과를 얻지 못하고 태백산에서 입적한 것으로 본다.[17] 5) 자장이 창건하였다는 당시 월정사는 자장의 휴식지·임시 초암·8간의 암자·띠풀집(茅屋)으로 표기된 것처럼 후자로 갈수록 정형화되지만 도리어 작위적이다. 예컨대 C는 월정사와 연결하기 위해 자장이 의도적으로 두 차례나 오대산을 찾는다. 자장이 오대산에 머문 날자와 행적을 함께 고찰하면 당시 월정사는 임시적인 '초암草庵' '초옥草屋'에 불과하였을 것이다.[18]

---

14 염중섭(자현), 「『오대산사적기』「제1조사전기」의 수정인식고찰—민지의 오대산 불교인식—」, 『국학연구』 제18집, 2011 참조.

15 辛鍾遠, 『新羅初期佛教史研究』, 民族社, 1992, pp.255~259 ; 金福順, 「新羅 五臺山 事蹟의 形成」, 『江原佛教史研究』, 小花, 1996 참조. 단 남무희는 『신라 자장 연구』에서 비슷한 입장에 섰지만 다소 절충적이다.

16 불보사찰 통도사 金剛戒壇의 사리가 4과라는 점과 비교하면 더욱 그러하다. 강순형(2002a), p.35~36.

17 남무희는 자장이 황룡사에서 세상을 떠난 것으로 추정하였다. 위의 책, p.43.

7) 자장의 입당은 대체로 학계의 의견처럼 638년에 이루어진 것으로 본다.

자장의 월정사 창건설은 『오대산사적기』의 「제일조사전기」에 가장 명확하게 드러나는데, 바로 여기에 인도 스님(梵僧)이 부촉한 사리를 중대中臺에 안장하였다는 주장이 피력되어 있다. 문헌상으로 처음 확인되는 중대 '지궁地宮'의 개창이다.

> 후에 명주溟州의 오대산에 이르러 지로봉地爐峰에 올라 불뇌와 정골을 봉안하고, 가라허伽羅墟에 비석을 세워〔비는 문혀 보이지 않는다〕 그 사적을 기록하였으며, 인하여 월정사를 창건하고, 13층탑을 세워 사리 37매를 탑심塔心에 봉안하였다.[19]

인도 스님이 자장에게 준 사리는 이미 3)에서 A → B → C로 가면서 종류와 매수가 확대됨을 지적하였거니와, 『오대산사적기』「오대산사적」에는 "나의 정골頂骨 사리舍利 및 염주 가사 등"[20]으로 표기되어 있다. 필자의 견해로 중대에 부처님의 진신사리가 안치되었다고 한다

---

18 이는 보천, 특히 신효 거사의 월정사 중창이 동일 장소에서 이루어졌는가 하는 문제를 야기한다. 이런 시각에서 月精寺의 寺名이 불교사상과 무관하고 명당과 관련된다는 연구가 있다. 염중섭(자현), 「月精寺의 寺名에 관한 동양학적인 검토」, 『신라문화』제36집, 2010, 참조.

19 『五臺山事蹟記』, 「奉安舍利開建寺庵第一祖師傳記」, "後往溟州五臺山 登地爐峰 奉安佛腦及頂骨 立碑於伽羅墟(碑則隱而不現) 以紀其蹟 因創月精寺 建十三層塔 奉安舍利三十七枚於塔心(今傳優婆掬多之舍利塔者誤也. 出元曉所撰傳)."

20 『五臺山事蹟記』, 「五臺山事蹟」참조.

면, 후술에도 보이듯이 그것은 가장 공통적으로 언급된 '정골頂骨'(頭骨, 腦骨)일 것이고,[21] 봉안 형식은 '지궁地宮'이며,[22] 적멸보궁이라는 '배전' 은 원래 존재하지 않았다. 또한 '지궁'으로 인하여 월정사가 창건되었다 는 기록도 주목된다. 이는 중대의 보궁(寶宮, 地宮)이 월정사보다 중요 하다는 의미로, 오늘날 중대 보궁의 공식적인 명칭이 '월정사 적멸보 궁'[23]이라는 것과 정반대의 양상이다.

이와 관련하여 자장이 중대에 지궁을 개창하기 이전에 중국 오대산에 서 가지고 왔다는 진신사리를 황룡사 9층목탑·통도사 금강계단·태화 사太和寺탑에 안치한 기록이 있다. "자장은 오대산에서 받은 사리 100립 粒을 (황룡사 9층목)탑의 기둥 속과 통도사 (金剛)계단, 그리고 태화사 탑에 나누어 봉안하였다."[24] 643년에 "자장법사가 모셔온 것은 불두골· 불아·불사리 100립과 불소착不所着의 비라금점緋羅金點 가사 1령이다. 그 사리는 삼분하였는데, 1분은 황룡사탑에 있고 1분은 태화탑太和塔에 있으며 1분과 함께 가사는 통도사의 (금강)계단에 있다."[25] 위에서

---

21 참고로 1931년 權相老·李光洙 등이 결성한 '五臺山釋尊頂骨讚仰會'에도 '釋迦如 來頂骨'이나 '석가세존의 뇌골' '부처님의 이마뼈' '부처님의 정골'로 표기하고 있다. 權相老, 「五臺山釋尊頂骨讚仰會를 讚함」·李光洙, 「부텨님의 정골을 뫼신 오대산 적멸보궁을 찬앙하사이다」, 『불교사 불교』 81권, 1931, pp.7~12.

22 이강근(2012), p.180.

23 위의 논문, p.181.

24 『三國遺事』 권3, 塔像 제4 「黃龍寺九層塔」 참조.

25 『三國遺事』 권3, 塔像 제4 「前後所將舍利」. 이와 함께 자장의 道具·布·襪과 태화지 용이 헌상한 바의 木鴨枕과 釋尊의 田衣 등은 모두 통도사에 있다. 같은 책 권4, 義解 제5 「慈藏定律」 참조.

서술한 것처럼 A-C의 기록에서 자장이 중국에서 가져온 사리는 가사와 진신사리의 두 종류로 보이는데, 이는 통도사에 봉안된 것이 거의 확실해 보인다. 흥미롭게도 여기에는 월정사나 오대산 중대에 대한 언급이 없다. 오대산 중대에 진신사리를 봉안한 내용은『오대산사적기』「제일조사전기」에만 자세히 언급되어 있다. 이상으로부터 본다면, 자장이 중국에서 부처님의 진신사리를 가지고 온 것은 거의 확실하고 '정골頂骨'을 오대산 중대의 '지궁'에 봉안한 것 같지만, 이를 증명할 명확한 물증은 없다.

전체적으로 보면,『오대산사적기』「제일조사전기」는 바로 부처님이 입적할 적에 만수실리(萬殊室利, 문수보살의 별명)가 그 유명遺命을 받들어 수행한 결과였다. "너는 나의 정골사리 및 염주, 가사 등의 신물信物을 가지고 중국의 청량산(淸凉山, 오대산)에 들어가 기다려라. 그러면 1천 년 뒤에 푸른 옷을 입은 사미승沙彌僧 자장慈藏이 동방에서 올 것이니, 너는 이 신물을 잘 전하도록 하라."[26] 또한 「오대산성적병신라정신태자효명태자전기五臺山聖跡幷新羅淨神太子孝明太子傳記」에 나오는 "옛적에 자장법사가 불뇌 및 정골을 중대 지로봉에 봉안하였다"[27]는 기록과 정합되어 보천태자寶川太子로 연결된다. 결국 월정사의 창건과 지궁의 개창은 부처님의 유명에 따른 것이고, 이는 자장을 계승한 보천으로 이어지는 법통이 이루어진다고 할 수 있다. 이와 같은 법맥은 역사적 사실과 다를 가능성이 많지만, 종교적·신앙적인 측면을 상징적

---

26 『五臺山事蹟記』, 「五臺山事蹟」 참조.

27 『五臺山事蹟記』, 「五臺山聖跡幷新羅淨神太子孝明太子傳記」, "五臺山而皆諸佛 菩薩常住之處也. 昔者慈藏法師 奉安佛腦及頂骨於中臺地爐峰."

으로 표현한 것으로 여겨진다. 이와 관련하여 후술하듯이, 후대 문수
신앙의 약진과 고려시대 오대산 불교의 강세가 불교사상과 신앙의
왜곡을 초래하였다는 지적[28]은 『삼국유사』에 실린 오대산 불적에도
일정 부분 적용될 수 있을 것이다.

한편, 문수를 중심으로 하는 오대산 신앙은 통일신라 하대 정신대왕
淨神大王의 태자 보천寶川과 효명孝明에 의해 5방方 5불佛 5색色의 체제
를 갖추게 된다. 왕위 계승에서 밀려난 두 태자가 오대산에 은거하여
기도하고 수행하며 경험한 불교 신앙은 오만진신五萬眞身의 친견親見이
다. 『삼국유사』 탑상塔像 제4 「대산오만진신臺山五萬眞身」・「명주오대
산보질도태자전기溟州五臺山寶叱徒太子傳記」에 의하면, 이는 동대東臺
만월산滿月山에는 아촉여래阿閦如來를 위주로 하는 1만 관음觀音, 남대
南臺 기린산麒麟山에는 8대보살을 위주로 하는 1만 지장地藏, 서대西臺
장령산長嶺山에는 무량수여래無量壽如來를 위주로 하는 1만 대세지大勢
至, 북대北臺 상왕산象王山에는 석가여래를 위주로 하는 1만 미륵보살[29]
과 500대아라한大阿羅漢, 중대中臺 풍노산(風盧山, 地盧山)에는 비로자
나를 위주로 하는 1만 문수文殊이다.[30]

---

28 자현, 『월정사의 유래와 한강의 시원』, 운주사, 2011, p.96.

29 『三國遺事』 권3의 塔像 제4 「臺山五萬眞身」에는 없는 부분이지만, 『五臺山事蹟
記』, 「五臺山聖跡幷新羅淨神太子孝明太子傳記」에 따라 補入하였다.

30 『三國遺事』 권3, 塔像 제4 「臺山五萬眞身」, "一日同上五峯瞻禮次 東臺滿月山有一
萬觀音眞身現在 南臺騏驎山 八大菩薩爲首一萬地藏 西臺長嶺山 無量壽如來爲首
一萬大勢至 北臺象王山 釋迦如來爲首 五百大阿羅漢 中臺風盧山 亦名地盧山
毗盧遮那爲首 一萬文殊 如是五萬眞身 一一瞻禮." ; 『三國遺事』 권3, 탑상 제4
「溟州五臺山寶叱徒太子傳記」 ; 『五臺山事蹟記』, 「五臺山聖跡幷新羅淨神太子孝

본고와 관련하여 주목을 끄는 것은 진여원(眞如院, 오늘날 상원사)과 관련된 문수의 36변현變現이다. 보천은 중대의 남쪽 기슭 끝 푸른 연꽃이 피어 있는 진여원의 터에 자리를 잡았다. 그리고는 효명과 함께 매일 인시寅時에 문수보살의 36변상變相을 친견하였다.[31] 후일 성덕왕聖德王이 된 효명은 그 4년(705)에 다음 친히 백관을 거느리고 오대산 중대에 이르러 전당殿堂을 세우고 문수보살 니소상泥塑像을 봉안하였다. 그리고 영변靈卞 등 비구 5명으로 화엄결사華嚴結社를 조성하여 『화엄경』을 읽게 하였다. 국가에서는 매년 춘추로 인근 주현에서 각각 창조倉租 1백 석, 기름 1섬을 지급하는 것을 항규恒規로 삼고, 본원의 부지 2결 외에 시지柴地로 산 15결, 잣나무 밭 6결을 복전福田으로 지급하였다. 보천은 진여원에 머물렀다.[32] 이에 따르면 오늘날의 상원사上院寺는 신라 성덕왕에 의해 705년에 창건되었고, 상원사에서 문수보살이 중시된 것도 이에 소급될 수 있으며, 진여원이 있던 중대가 오대산의 중심이었던 것이다.

그런데 위와 같은 『삼국유사』의 관련 기록은 문제점도 있다. 우선 진여원 개창자가 명확하지 않다. 보천과 효명은 신라왕계에 등장하지

明太子傳記」.

31 『三國遺事』권3, 塔像 제4「臺山五萬眞身」; 『三國遺事』제3, 塔像 제4「溟州五臺山寶叱徒太子傳記」참조. 『五臺山事蹟記』, 「五臺山聖跡幷新羅淨神太子孝明太子傳記」에도 구체적인 내용이 적시되어 있지만, 이는 「臺山五萬眞身」과는 조금 차이가 있다. 廉仲燮, 「五臺山 文殊華嚴 신앙의 특수성 고찰」, 『韓國佛敎學』제63집, 2012, p.28의 각주 69 참조.

32 『三國遺事』권3, 塔像 제4「臺山五萬眞身」; 『五臺山事蹟記』, 「五臺山聖跡幷新羅淨神太子孝明太子傳記」참조.

않는 왕자로 왕위 계승에서 밀려난 신문왕神文王의 두 아들로 보인다. 효명을 효소왕孝昭王으로 보는 일반적인 관점에서 보면 705년 성덕왕이 진여원을 개창한 기록과 어긋난다. 또한『고기』에 근거하여 입산시기를 648년으로 소급한 것도 효소왕의 즉위년보다 45년이나 빠른 일연의 지적처럼 '대오大誤'였다.[33] 자장과 보천, 효명을 연결하기 위해 "장사지반藏師之返"이라는 시대에 맞지 않는 문구도 억지로 삽입되었다.[34] 나아가 중국의 오대산 신앙이 흥성한 것은 위보다 훨씬 뒤로 금강계만다라를 제시한 불공不空과 금강계만다라의 구조를 빌려『화엄경』에 입각하여 오대산 신앙의 교리를 확립한 징관(澄觀, 738~839)에 의해서였다. 당시 신라는 물론 중국조차 오대산 신앙이 체계화되지 않았다는 지적도 있는 것이다.[35]

전체적으로 보면『삼국유사』와『오대산사적기』의 내용은 신라 하대의 사실로 보기에는 여러 가지 한계가 있지만,[36] 8세기 중반~9세기 초 신라의 불교 신앙을 이해하는 자료라는 점,[37] 오대산 중대의 진여원眞

---

33 『三國遺事』 권3, 塔像 제4 「臺山五萬眞身」 참조.

34 辛鍾遠, 「新羅五臺山事蹟과 聖德王의 卽位背景」, 『崔永禧先生華甲紀念韓國史學論叢』, 탐구당, 1987 참조.

35 朴魯俊, 「唐代 五臺山信仰과 澄觀」, 『關東史學』 제3집, 1988 ; 同, 「唐代 五臺山信仰과 不空三藏」, 關東大學校 嶺東文化研究所, 『嶺東地方 鄕土史基礎調査研究結果報告』, 1989 ; 金福順, 「新羅 下代 華嚴의 一例—五臺山事蹟을 中心으로—」, 『史叢』 제33집, 1988 참조.

36 金福順(1988, 1996) 참조.

37 박미선은 「新羅 五臺山信仰의 成立時期」(『韓國思想史學』 제28집, 2007)에서 8세기 중반에 성립하였다고 보았고, 김두진은 『신라 화엄사상사 연구』(서울대학교출판부, 2002, p.245)에서 신라 하대에 완전히 갖추어졌다고 지적하였다.

如院이 국가나 왕실로부터 직접 지원을 받은 최초의 원찰이라는 점에서 의미를 찾을 수 있을 것이다. 특히 신라를 불국토로 만들려는 의지는 매우 강렬한 것으로 보인다. 여기서 자세히 서술할 수는 없지만, 보천이 입적하려고 할 적에 후일 산중에서 국가를 보익補益하는 일에 대해 기록해 두었다. 이에 의하면 보천이 최종적으로 머문 신성굴神聖窟에 오대의 본사本寺인 화장사華藏寺, 하원下院의 문수갑사文殊岬寺를 추가로 포함하여 2~3중의 화엄세계를 형성하는 7사체제로 발전한다.[38] 이에 따르면 흙색 방위인 중대의 진여원에는 가운데에 니상泥象으로 된 문수보살 부동상不動像을 모시고, 뒷벽에는 누른 바탕에 그린 비로자나불을 우두머리로 한 36문수보살을 모신다. 복전승福田僧 5명은 낮에 『화엄경』·『육백반야경六百般若經』을 읽고, 밤에 『문수보살예참文殊菩薩禮懺』을 염송하며 화엄사華嚴寺라 일컫는다.[39] 여기서 본사인 화장사와 함께 육사六社 도회都會의 중심을 하원의 문수갑사로 삼은 점은 월정사의 부각과 관련하여 주목된다.

---

38 한상길(2009) ; 자현, 「오대산 월정사의 역사」, 『월정사의 한암과 탄허』, 국립중앙박물관, 2013, pp.248~249.

39 『三國遺事』 권3, 탑상 제4 「臺山五萬眞身」, "中臺眞如院中安泥像文殊不動 後壁安黃地 畫毗盧遮那爲首 三十六化形 福田五員 晝讀華嚴經六百般若 夜念文殊禮懺 稱華嚴社 寶川庵改創華藏寺 安圓像毗盧遮那三尊及大藏經 福田五員 長門藏經 夜念華嚴神衆 每年設華嚴會一百日 稱名法輪社 以此華藏寺 爲五臺社之本寺 堅固護持 命淨行福田 鎭長香火 …… 又加排下院文殊岬寺 爲社之都會."

Ⅲ. 고려시대 월정사의 발전과 사리 불국

고려 초에 오대산 불교계의 실상을 알려주는 자료는 많지 않다. 그 가운데에는 명주의 호족 왕순식王順式의 부친 왕허월王許越이 태조 왕건이 머문 개경 궁궐 내원(內院. 帝釋院)의 승려였고,[40] 후술하는 통효 범일通曉梵日의 제자 낭원 개청朗圓開淸·낭공 행적朗空行寂과 연결된 자취도 있다.[41] 또한 태조 왕건의 후원으로 오대산 미타방彌陀房에서 수정결사水精結社가 행해졌다는 추론이 있고,[42] 월정사와 사자암獅子庵도 비보사찰裨補寺刹로 지정된 것으로 보이는 비문이나 시詩가 보인다.[43] 그 기록으로 추정되는 것이 바로 민지(閔漬. 1248~1326)의 『오대산사적기』의 「고려민지일차사적기발高麗閔漬一次事蹟記跋」이다. 여기에는 월정사가 국가의 비보사찰임을 보여주는 내용이 실려 있다.

---

40 『高麗史節要』권1, 태조 5년 7월 ; 『高麗史』권 92, 「王順式列傳」 ; 김두진, 『고려 전기 교종과 선종의 교섭사상사 연구』, 일조각, 2006, pp.126~127.

41 김두진, 같은 책, pp.125~128.

42 김두진과 김영미는 閔漬의 『五臺山事蹟記』=「五臺山佛宮山中明堂記」(李能和, 『朝鮮佛教通史』下, pp.132~138)를 근거로 오대산의 결사와 신앙에서 궁예와 밀접한 법상종이 배제된 점과 관련하여 태조 왕건의 지원이 있었을 것으로 추정하였다. 金杜珍, 「新羅下代의 五臺山信仰과 華嚴結社」, 論叢刊行委員會, 『伽山李智冠스님華甲紀念論叢 韓國佛教文化思想史』상, 1992, pp.691~693 ; 김영미, 「高麗前期의 阿彌陀信仰과 結社」, 『淨土學研究』제3집, 2000, pp.153~155.

43 朝鮮總督府編, 「原州雉岳山龜龍寺事蹟」, 『朝鮮寺刹資料』(下), 韓國文化開發社, 1972 ; 楓溪明察, 「五臺山在江陵西三十韻」, 『楓溪集』(韓國佛教全書 제9권), pp.135~136.

오대산은 부처님의 진신사리가 상주하신 곳이고, 월정사는 5대 성인이
현신한 곳이다. 하물며 이 사찰은 또한 오대산의 목구멍에 해당된다.
그러므로 고려 태조가 처음으로 왕업을 개창하였을 때, 옛 성인의
가르침에 따라 매년 춘추에 각각 백미 200석, 소금 50석을 보내고
별도로 공양을 갖추어서 복전(福利)에 이바지하니, 마침내 역대의
항규恒規가 되었다.[44]

　인용문은 고려의 태조 왕건이 월정사를 국가의 비보사찰로 삼았다는
내용으로, 성덕왕의 진여원의 경우처럼 오대산 불교계에 대한 왕실의
지원이 고려 초에도 이어졌다는 것이다. 그 배경은 오대산 불교사적의
특징으로 부처님의 진신사리와 5대 성인의 현적現迹을 거론하면서
월정사의 지리적 중요성과 결부시키고 있는데, 여기에는 신라 중대
보천과 효명의 불교 신앙이 계승 피력되어 있다. 또한 부처님 진신사리
가 봉안되었다고 하였지만 장소에 대한 별다른 설명이 없고 '적멸보궁'
이라는 용어가 없는 것으로 보아, 부처님의 진신사리는 여전히 중대의
'지궁地宮'에 안치되어 있는지도 모른다. 덧붙여 오대산 불교계의 중심
은 더욱 하원의 월정사로 옮겨지고 있었다.
　그런데 필자는 10세기 초반 월정사를 창건 수준으로 '중창'을 단행한
것은 신효 거사信孝居士를 계승한 신의 두타信義頭陀로 본다.[45] 우선

44 『五臺山事蹟記』, 「高麗閔漬一次事蹟記跋」, "五臺山者 佛聖眞身常住之所也. 月精
　寺者 五類大聖現迹之地 況是寺亦爲是山之喉㖶. 故我太祖肇開王業 依古聖訓 每
　歲春秋 各納白米二百石 塩五十石 別修供養 而用資福利 遂以爲歷代之恒規."
45 『五臺山事蹟記』, 「信孝居士親見五類聖衆事蹟」, "居士沒後 信義頭陀繼來重刱."

208

『삼국유사』의 「대산월정사오류성중臺山月精寺五類聖衆」에 나오는 신효 거사의 사적은 다음과 같다. 공주 출신으로 유동보살幼童菩薩의 화신이자 '순효純孝'한 신효 거사가 다섯 마리의 학을 사냥하다 하나의 깃털을 얻었다. 뒤에 출가하여 명주溟洲에 이르러 관음보살의 화신인 노파를 만났고, 그의 말에 따라 성오평省烏坪을 찾아 자장이 처음에 띠풀을 이어 머문 곳, 즉 월정사月精寺에 이르렀다. 그 뒤에 찾아온 다섯 스님이 가사 한 폭=깃털을 달라 하여 헤진 가사에 맞추니 꼭 들어맞았다. 그들이 떠난 다음에 거사는 이들이 5류성중의 화신임을 깨달았다는 것이다.[46]

신의 두타는 바로 나말여초 9산선문 가운데에 사굴산파闍崛山派의 개창자 통효 범일(通曉梵日, 810~889)의 10대 제자였다.[47] 강릉 출신의 범일은 입당하여 남종선의 대가 제안齊安·유엄惟儼의 법맥을 이어 평상심平常心과 함께 조사선祖師禪을 강조하는 진귀조사설眞歸祖師說을 주장하면서도 화엄사상과 교섭하는 경향성이 있었다. 굴산사에 머물렀던 그는 관음보살을 안치하여 화엄사상을 강조하는 낙산사에 정취보살상正趣菩薩像을 병존시켜 그 신앙 체계마저 선불교로 흡수하였다.[48] 범일의 심인心印을 전해 받은 문도門徒 낭원 개청(854~930)과

---

46 『三國遺事』 권3, 塔象4 「臺山月精寺五類聖衆」 참조.

47 『五臺山事蹟記』, 「信孝居士親見五類聖衆事蹟」, "義公卽梵日國師十聖弟子中之一也."

48 『三國遺事』 권3, 塔象4 「洛山二大聖觀音正趣調信」; 金杜珍, 「新羅下代 崛山門의 形成과 그 思想」, 『省谷論叢』 제17집, 1986; 김흥삼, 「羅末麗初 屠崛山門의 禪思想」, 『白山學報』 제66집; 정동락, 「梵日의 선사상」, 『대구사학』 제68집 2002; 金鐘徹, 「梵日國師 形象化의 네 층위」, 『古代都市 溟州와 崛山寺』, 國立中原

낭공 행적(832~916)은 강원 영서지방과 경북을 포함한 동해안 일대까지 영향을 미쳤다. 전자는 강릉의 굴산사에서 범일을 모셨고, 후자는 880년대 후반에 오대산의 수정사水精寺에서 머물렀다.[49] 신의 두타는 다른 기록이 전하지 않지만, 이들과 동문수학한 후진後進으로 보인다. 이런 관계로 나말여초에 월정사를 비롯한 오대산 불교계는 사굴산문의 영향권에 있었던 것이다.

이상『삼국유사』「대산월정사오류성중」에 나오는 신효 거사의 불화 佛話는 자장의 법맥을 계승한 것이지만, 오대산 신앙의 측면에서 보천의 5방불方佛 7사寺 체제가 월정사 위주의 5방方 5불佛 체제로 축소된 듯하다.[50] 그런데 이는『오대산사적기』「신효거사친견오류성중사적信孝居士親見五類聖衆事蹟」의 내용과 거의 같지만, 신효 거사가 "고려 때"[51] 인물이라는 부문은 삭제되었다. 반면에 같은 책의「대산오만진신臺山五萬眞身」에는 신효 거사의 사적이 누락되었다. 여기서 신효 거사란 인물이 문제가 된다. 사실, 신효 거사와 신의 두타의 사적은 모두 월정사의 중창과 관련된다. 자장이 만년에 월정사를 개창하였다는 기록이 사실이라고 하더라도 1307년 민지가『오대산사적기』를 정리할 때까지 월정사의 사적은 사전史傳에 보이지 않는다. 그래서 신효 거사

文化財研究所·江陵市, 2011, pp.150~154.

[49] 金杜珍(1986) 참조.

[50]『五臺山事蹟記』,「信孝居士親見五類聖衆事蹟」. 바로 북대의 석가모니불, 동대의 관세음보살, 중대의 문수보살, 서대의 대세지보살, 남대의 지장보살이었다. 그러므로 월정사는 오존상을 모시고 있는 것이 가장 기묘한 일이다. 다만 필자가 보기에 이는 中臺 중심이 아니라 월정사 중심이다.

[51]『五臺山事蹟記』,「信孝居士親見五類聖衆事蹟」, "居士高麗時 公州人也."

가 자장과 신의 두타를 연결시키기 위해 의도적으로 삽입된 인물이란 견해도 있다.[52] 또한 신효 거사의 불적佛蹟이 신라 경덕왕景德王 때에 웅천주熊川州의 효자 향덕向德의 효행[53]과 흡사하고 '고려인'을 '고구려인'으로 비정하여 그를 8세기 중반의 공주에 사천한 고구려 유민으로 보기도 한다. 여기에서 공주의 통치세력과 비슷한 정치 입장이었던 무열왕계의 김주원金周元이 명주 일대를 장악하여 강대한 세력을 구축하였고, 아울러 『비화경悲華經』이나 『심지관경心地觀經』을 학의 깃털과 관련하여 석탑을 세운 것으로 해석한다. 이는 결국 9세기 초 신효 거사가 고구려 양식의 월정사 8각9층석탑을 세웠다는 것이다.[54] 그러나 자장의 상징성을 초월할 정도의 대대적인 월정사 개창은 '거사居士'의 명실名實이나 고구려 후예가 지니는 한계와 함께 월정사의 발전 과정에서 이후 신의 두타와 유연 장로有緣長老의 위치 설정이 매우 곤란한 점에 비추어 어려울 것으로 보인다. 이와 관련하여 『삼국유사』의 「대산오만진신」과 「대산월정사오류성중」에는 "자장이 휴식한 장소"나 "자장이 처음에 띠풀을 이은 〔집〕"을 찾아 모두 신의 두타가 '창암創庵'하였다고 하여 신효 거사의 역할을 배제하였다.[55] 반면에 『오대산사적기』

---

52 자현, 「'월정사'라는 사찰명칭에 관한 동양사상적인 검토」, 『월정사의 유래와 한강의 시원』, 운주사, 2011, pp.40~43. 그 근거는 신효 거사를 幼童菩薩=儒童菩薩로 표기하거나 출가하였음에도 불구하고 '居士'로 불리었고, 신효 거사를 월정사의 터로 인도한 것은 문수보살이 아니라 관음보살이라는 점이다.

53 『三國史記』, 권48, 「列傳」 8 向德 참조.

54 강병희, 「문헌으로 본 월정사 팔각구층석탑」(月精寺聖寶博物館, 2000), pp.34~36.

55 『三國遺事』 권3, 塔象4 「臺山五萬眞身」, "後有頭陁信義 乃梵日之門人也 來尋藏師 憩息之地 創庵而居." ; 「臺山月精寺五類聖衆」, "慈藏初結茅 次信孝居士來住 次梵

「신효거사친견오류성중사적」에는 신의 두타가 이어 와서 '중창重刱'하였다고 하였다. 대개 신효 거사는 늦어도 대략 범일의 세대보다 약간 늦은 9세기 말 정도의 인물로 자장의 '임시 초암'을 이어 '암자' 정도의 월정사를 세웠고, 사찰의 기본 규모로 '중창'한 것은 신의 두타일 것이다.

한편, 위의 「제일조사전기」에서 인용하였듯이 자장은 중대에 정골을 봉안한 다음에 가라허에 비석을 세워 그 사적을 기록하였고, 인하여 월정사를 창건하고 13층탑을 세워 사리 37매枚를 탑심塔心에 봉안하였다.[56] 그 후반부와 비슷한 내용은 『오대산사적기』 「신효거사친견오류성중사적」에도 있다.

> (월정사) 뜰 가운데에는 8면 13층석탑이 있다. 그 안에는 세존의 사리 37매가 봉안되어 있다. …… 탑도 제작이 매우 정교하여 비교하는 대상이 드물고, 또한 매우 영이하여 지금 산중의 참새와 까치가 감히 그 위를 날지 못하니, (이는) 중령衆靈에 의해 보위되는 바를 알 수 있다.[57]

日門人信義頭陁來 創庵而住."
56 『五臺山事蹟記』, 「奉安舍利開建寺庵第一祖師傳記」, "後往溟州五臺山 登地爐峰 奉安佛腦及頂骨 立碑於伽羅墟(碑則隱而不現) 以紀其蹟 因創月精寺 建十三層塔 奉安舍利三十七枚於塔心(今傳優婆掬多之舍利塔者誤也. 出元曉所撰傳)."
57 『五臺山事蹟記』, 「信孝居士親見五類聖衆事蹟」, "庭中有八面十三層石塔 內安世尊舍利三十七枚(出通度寺戒坍記亦出事林廣記也) …… 塔亦製作甚竗 罕有其比 而又多靈異 只今山中鳥雀 不敢飛過其上 爲衆靈所衛 可知也."

인용문은 월정사 8각9층석탑을 부처님의 진신사리를 봉안한 사리탑으로 규정하고 그 영이성靈異性을 서술한 것이다. 민지가 월정사의 탑을 8면 13층석탑이라고 한 것은 사실 기단마저 포함하여 계산한 오류거니와[58] 여기서 문제가 되는 것은 그 사리의 내용이다. 일연은 「제일조사전기」에서 "지금 우파국다優婆掬多의 사리탑이라고 전하는 것은 잘못이다. 원효가 찬술한 『전傳』에 나와 있다"고 기록하였다.[59] 우파국다란 부처님이 열반한 뒤 100년 뒤에 나온 장자 구다瞿多의 아들로, 출가하여 도를 배워 무상불無相佛로 사람들을 가르치도록 수기受記를 받은 인물이자 아쇼카왕을 불교에 귀의시킨 부처이기도 하다.[60] 당시에 월정사석탑에 봉안된 사리는 우파국다의 사리라는 견해가 있었는데, 일연은 『사림광기事林廣記』를 근거로 속설을 비판하고 진신사리임을 강조하였다. 반면에, 우파국다의 경우는 불사리에 해당될 것이다. 이 문제를 바로 해결할 수 있는 것은 후술하듯이 민지의 「오대산월정사세존사리비문五臺山月精寺世尊舍利碑文」이다. 물론 이 비문의 내용은 실전되었기 때문에 비문에 나오는 세존사리가 대개 월정사 8각9층석탑에 봉안된 것을 가리킨 것으로 추정될 뿐이다. 아마도 민지는 월정사 8각9층석탑에 부처님의 진신사리를 봉안했다고 본 것 같다. 다만 37과라는 사리의 숫자는 분명히 과장되었다.

이와 관련하여 1970년 월정사 8각9층석탑을 해체 보수하는 과정에서

---

58 자현, 『월정사의 유래와 한강의 시원』, p.104.

59 『三國遺事』 권3, 塔象4 「臺山五萬眞身」.

60 강병희는 「문헌으로 본 월정사 팔각구층석탑」(2000), pp.39~40에서 이는 신의 두타가 월정사탑을 세웠거나 사리를 봉안하였을 가능성의 근거로 해석하였다.

제1층에서 탑신석 상면 중앙의 원형사리공圓形舍利孔에서 동경銅鏡·경문經文·향목香木 등의 사리장치가 발견되었다. 그 가운데에 청동외합靑銅外盒 안의 은제사리내함銀製舍利內函에서 자색향낭紫色香囊·수정사리병水晶舍利瓶·『전신사리경全身舍利經』 등이 수습되었다. 여기에는 37과의 진신사리가 없고 수정조롱사리병에 담홍색 사리 14과가 들어 있었다. 그런데 『전신사리경』으로 판단해 보건대 월정사석탑의 건축 연대는 최고로 소급해도 10세기 후반으로 추정된다.[61] 결국, 37과의 진신사리는 월정사에 봉안되지 않았거나 안치된 뒤에 유실되었을 가능성도 있고, 아니면 다른 곳에 이안移安되었을 것이다. 요컨대, 이 14과의 사리는 자장이 지궁地宮에 봉안한 진신사리와 무관한 것이다.

다만 월정사 8각9층석탑의 창건자는 수다사水多寺에서 온 유연 장로 有緣長老로 보인다. 유연과 관련된 기록은 "두타 신의가 입적한 뒤에는 황폐해져 해가 거듭되었다. 유연이 중영重營하여 거주하였는데, 또한 비상한 사람이었다."[62] "뒤에 수다사의 장로 유연이 와서 머물렀는데, 점차 대사大寺를 이루었으니, 월정사의 오류성중과 9층탑은 모두 성적 聖跡이었다"[63] 등이 있다. 이에 따르면 유연이 월정사를 중건하여 거대 사찰로 발전시킨 것으로 보인다. 유연의 월정사 중창과 8각9층석탑의 건립은 지역적인 기반과 함께 국가적 지원을 상정하는 동시에 고려

---

61 강순형(2000, 2002a), pp.73~84, pp.41~43 ; 한상길(2009), pp.126~131.

62 『五臺山事蹟記』, 「信孝居士親見五類聖衆事蹟」, "厥後荒廢積年 而水多寺長老有緣 重營而住 緣亦非常人也."

63 『三國遺事』 권3, 塔象 제4 「臺山月精寺 五類聖衆」, "後有水多寺長老有緣來住 而漸成大寺. 寺之五類聖衆 九層石塔 皆聖跡也."

214

전기 월정사의 성세를 말해준다. 『삼국유사』에 황룡사와 함께 월정사가 단일 사찰로 가장 많은 기사가 수록된 점도 이에 따른 것이다.[64]

그런데 중대 적멸보궁과 관련된 『오대산사적기』 「제일조사전기」의 원문은 "후왕명주오대산後往溟州五臺山 등지로봉登地爐峰 봉안불뇌급정골奉安佛腦及頂骨 입비어가라허立碑於伽羅墟 이기기적以紀其蹟 인창월정사因創月精寺 건십삼층탑建十三層塔 봉안사리삼십칠매어탑심奉安舍利三十七枚於塔心"이다. 이 사료를 잘 읽어보면 '지궁地宮'과 함께 비석의 건립과 월정사의 창건, 8각9층석탑의 건설은 거의 동시적이다. 그러나 자장과 신효 거사는 정황상 그 건립이 불가능하다. 결국 유연에 앞서 두타 신의가 세웠을지도 모른다는 가설이 성립된다. 그렇지만 5층과 1층의 사리장신구로 보면 최대 상한을 1000년으로 설정한다고 하는 최근의 연구결과에 비추어도 신의 두타는 실로 배제된다.[65] 게다가 선종을 중심으로 하는 사굴산계의 신의 두타가 8각9층석탑을 세우기도 어려울 것이다. 필자는 유연 장로가 1100년을 전후하여 8각9층석탑을 세운 것으로 이해한다.[66] 또한 동일한 관점에서 본다면 유연 장로가

64 廉仲燮(자현), 「『五臺山事蹟記』「第1祖師傳記」의 수정인식 고찰-閔漬의 五臺山 佛敎 인식」, 『國學硏究』 제18집, 2011, p.241.

65 月精寺聖寶博物館(2000), p.113.

66 일반적으로 월정사 8각9층석탑은 한국의 通史類에서 고려 전기 문벌귀족사회의 문화결정체로 이해되지만 정확한 시기는 언급이 없다. 邊太燮, 『韓國史通論』, 三養社, 1996, p.200 ; 李基白, 『韓國史新論』, 一潮閣, 1985, p.165. 宋日基도 필자와 같이 유연을 8각9층석탑의 창건자로 보지만, 『全身舍利經』을 근거로 대략 13세기 전반으로 규정하였는데, 이는 최씨 무인정권기와 몽골 침입기에 해당되므로 가능성이 줄어든다. 「五臺山 月精寺의 佛敎典籍」, 月精寺聖寶博物館, 『江原道 佛敎文化財의 綜合的 檢討』, 2001, pp.114~115.

중대의 지궁을 개창하였을 가능성도 있다. 아울러 가라허에 세워진 비석은 한암漢巖이 땅속에서 찾아 적멸보궁에 세웠다는 비와도 다를 것이다.

그 뒤 무신집권기에 원진국사 승형承逈이 오대산 중대를 찾은 것으로 보인다. 그는 「보경사원진국사비寶鏡寺圓眞國師碑」에 1197년 조계산으로 보조국사普照國師 지눌(知訥, 1158~1210)을 찾아가 법요法要를 물은 다음 "강릉군 오대산으로 가서 문수보살을 예배하여 명감冥感을 얻었다"[67]고 한다. 이후 대몽항쟁을 거치면서 오대산 불교계는 영락하였고, 월정사는 국가의 지원이 끊겼다. "병화를 겪은 이래로 국가의 행보가 매우 어려워 공양이 여러 차례 끊기고 사원도 너무 심하게 기울어졌으니, 스님으로서 한 번 보고 개연히 탄식하지 않은 자가 없었다."[68]

그러나 경제수탈을 통한 간접 지배로 방향이 전환된 몽골의 내정간섭기에 오대산 불교계는 도리어 중흥하였다. 여기에는 몽골의 압박에 대한 민족적 반감, 전통문화의 결집이라는 시대적 요청과 함께 오대산에 이어 금강산도 성산聖山으로 자리 잡기 시작하는 배경도 있었다. 우선 오대산 사적에 대한 정리 작업이 추진되었다. 13세기 말~14세기 초 일연一然과 민지閔漬가 오대산 신앙과 사적을 집록하였다. 위에서 살펴본 것처럼 일연은 1281년(충렬왕 7) 무렵 산중의 『고전古傳』과

---

67 朝鮮總督府編, 『朝鮮寺刹史料』上, 「寶鏡寺圓眞國師碑」, 韓國文化開發社, 1972. p.371, "遂往參曹溪山普照國師 次決法要 後江陵郡五臺山 禮文殊 得冥感."

68 『五臺山事蹟記』, 「信孝居士親見五類聖事蹟」, "自經兵火以來 國步多艱 供養屢絶 寺亦頹圮已甚 沙門而一見之 慨然發嘆."

『고기古記』를 바탕으로『삼국유사』에 오대산과 관련된 4편의 글을 남겼다. 민지도 각종 사찰의 사적기와 불적 관련 기문을 저술하였는데, 그 가운데에『오대산사적기』가 있다. 또한 13세기 말 삼척의 두타산에 이승휴(李承休, 1224~1300)도 머물렀다고 한다. 이는 모두 오대산 불교가 주목되는 사례들이다.

그리고 14세기 전반에 「오대산월정사세존사리비五臺山月精寺世尊舍利碑」와 「월정사시장경비月精寺施藏經碑」가 세워진 점도 실로 주목된다. 전자는 현전現傳하지 않지만 민지가 「오대산월정사세존사리비문」을 찬술하였다는 사실만 알려져 있다.[69] 또한 「월정사시장경비」는 1339년(충숙왕 복위 8) 충혜왕忠惠王과 공민왕恭愍王의 어머니인 덕비(明德太后, 1298~1380)가 월정사에 대장경을 시주하고는 백금 등을 하사하여 세운 것으로 그 비문이 일부 전한다. 당시 대장경의 봉안법회에 5천 명의 사부대중이 모였다는 기록으로 보아 월정사를 비롯한 오대산의 불교는 중흥한 것으로 볼 수가 있다.[70] 덧붙여 1380년대 휴상인休上人은 사중은四重恩을 갚기 위해 주해『화엄경』과『법화경』을 판각하여 오대산에 안치하였으나,[71] 그 소장처가 어떤 사암寺庵인지를 밝히지는 않았다. 월정사를 중심으로 대장경과 불경의 판각과 시주는 8만대장경의 판각과 비견될 수 없지만 나름대로 그 의의가 있다. 특히 세존의

69 寶鼎,『著譯叢書』,「閔漬法喜撰 五臺山月精寺世尊舍利碑」(한국불교전서 제12책), p.484.

70 황인규,「여말선초 나옹문도의 오대산 중흥불사」,『불교연구』제36집, 2012 ; 한상길,『월정사』, 대한불교진흥원(한국의 명찰시리즈 3), 2012, pp.38~41.

71 李穡,『牧隱藁』3, 牧隱文藁 권8「贈休上人序」; 徐居正 外,『東文選』권87 ;『국역 동문선』7, 민족문화추진회, 1998, pp.188~189.

정골과 사리뿐만 아니라 대장경과 불경도 법사리에 포함되는 것은
유의할 필요가 있다.[72]

　이와 관련하여 위에서 언급하였듯이, 1307년에 민지는 중대의 '적멸
보궁'을 기존 사실로 인식하였다.[73] 그는 『오대산사적기』「제일조사전
기」·「오대산성적병신라정신태자효명태자전기」에서 중대에 '불뇌佛
腦' '정골頂骨'을 중대에 봉안하였고, 「고려민지일차사적기발高麗閔漬一
次事蹟記跋」에서는 오대산에 '불성진신佛聖眞身'을 모셨다고 언급하였
다. 이에 앞서 일연은 『삼국유사』에서 중대의 지궁을 언급하지 않았지
만, 민지와 마찬가지로 월정사 8각9층석탑에도 부처님의 진신사리가
안치되었다고 인식하였다. 여기에 『전신사리경』을 비롯한 각종 사리
유물, 세존사리·시장경施藏經의 비문碑文, 불경의 판각 등을 함께 검토
하면 고려시대는 각종 사리의 봉행이 유행하였을 것이다. 따라서 당시
오대산은 고지대인 중대의 '지궁'과 함께 저지대인 월정사에도 불사리
와 법사리가 봉안된 '사리불국舍利佛國의 성지聖地'로 간주되었다. 특히
14세기 후반에 중대의 '지궁'은 거의 기존 사실로 굳어졌을 것이다.

Ⅳ. 여말선초 사암의 중건과 중대 적멸보궁

몽골의 내정간섭기인 여말麗末 오대산 중흥의 또 다른 주역은 나옹
혜근(懶翁惠勤, 1320~1376)이다. 그는 문도 무학 자초(無學自超, 1327~
1405)와 함허 득통(涵虛得通, 1376~1433)을 거쳐 여말선초의 불교계에

72　金禧庚(2002a), p.14.
73　金福順(1996), pp.34~36.

거대한 영향을 미쳤다. 나옹에 관한 기록에 의하면 그는 1360년, 1369년에 북대北臺 상두암象頭菴과 영감암靈鑑菴에 머물렀다.[74] 또한 오대산 신성암神聖庵에 주석한 문도 환암 혼수(幻庵混修, 1320~1392)에 따르면 나옹은 당시 고운암孤雲菴에 있었다.[75] 환암이 머물렀던 신성암은 보천이 주석한 신성굴의 암자로 추정되고 고운암은 북대인 상왕대象王臺 아래에 있던 암자로 보인다.[76] 『오대산사적기』「아조본산사적我朝本山事蹟」에도 "고려가 멸망하자 나옹이 오대산 북대에 은둔하여 불상을 조성하고 난야蘭若를 창건하였다"는 기록이 있다.[77] 북대에 남겨진 나옹의 불적佛蹟은 입적한 뒤 그의 가사와 불자拂子가 오대산에 모셔지는 배경이 되었다.[78] 또한 나옹이 범일의 사굴산파의 법맥과 사상이 연결된다는 측면도 있을 것이다.[79] 이러한 연유로 김시습(金時習,

74 『懶翁和尙語錄』(한국불교전서 제6책), p.706 ; 『東師列傳』, 「懶翁王師傳」(한국불교전서 제10책), p.1005 ; 李穡, 「楊州檜巖寺禪覺王師碑」, 朝鮮總督府編, 『朝鮮金石總覽』 上, 朝鮮總督府, 1919, p.501.

75 李智冠, 「忠州靑龍寺普覺國師幻庵定慧圓融塔碑文: 校勘譯註」, 『伽山學報』 제6호, 1997, p.252, p.264. 그는 나옹을 자주 친견하여 불법을 전수받았고, 나옹은 뒤에 神物로 金襴袈裟·象牙拂子·山形拄杖子를 수여하였다.

76 宋光淵, 『泛虛亭集』 권7, 「五臺山記」, "북대는 象王臺이다. 그 아래에 孤雲菴이 있는데, 암자에는 性英이라는 首座僧이 살고 있었다."

77 『五臺山事蹟記』, 「我朝本山事蹟」, "懶翁和尙 …… 高麗亡遯於是山之北臺 塑塗聖像 開創蘭若." 그러나 태조가 3대신을 파견하여 정사의 참여를 요청하였다는 기록은 사실이 아니다. 나옹은 그 이전에 세상을 떠났다.

78 黃仁奎(2012b), p.266 ; 李穡, 「寧邊安心寺指空懶翁舍利石鐘記」, 許興植編, 『韓國金石全文』(中世 下), 亞細亞文化史, 1984, p.1225.

79 金杜珍(1986), p.37.

1435~1493)은 1460년 오대산에 머물면서 나옹의 향반香槃과 승상繩牀을 참배하였고,[80] 1687년 정시한丁時翰이 상두암에 올랐을 적에도 벽면에 나옹의 얼굴 그림이 그려져 있었다.[81] 현재도 북대에는 나옹대懶翁臺라는 유적과 함께 나옹과 관련된 전설들이 전해진다.[82]

나옹의 오대산 주석은 그 문도들이 오대산 불교를 중흥하는 계기가되었다. 영로암英露菴은 1376~1377년 상원사(진여원)를, 각운 설악覺雲雪岳이 1401년 사자암獅子庵을, 나암 유공懶菴游公과 수암 영공收菴永公은 1393년 불탄 서대 수정암(염불암)을, 지선志先은 1402년 이전에동대 관음암을, 비구니 혜명 등은 1469년에 남대의 영감암을 중창하였다. 이는 모두 나옹의 추념사업의 일환으로 추진되었다.[83] 후술하는사자암의 중창에서 보이듯이 국가와 왕실 및 인척의 후원과 결합된,나옹과 문도들의 오대산 중건은 오대산 불적의 재건뿐만 아니라 조선초 왕실을 중심으로 오대산 불교계를 발전시키는 토대가 되었다.

이와 관련하여 중대의 면모는 특히 일신되었다. 나옹의 제자 영로암은 오대산을 유람하다 승당僧堂이 없는 상원사의 빈터를 보고 탄식하였다. "오대산은 천하의 명산이요, 상원사는 또한 큰 사찰이다. 승당은성불하는 곳이요, 시방의 운수도인雲水道人이 모이는 곳이니, 사찰이

---

80 金時習, 『梅月堂集』 권10, 「懶翁裝包 2首」(한국불교전서 제7책), p.371, "所以製香槃 點檢寂與散 …… 古木小禪牀 僅可容倦膝 …… 高臥山中雲 掛之菴壁間 用策同遊動 自從蕙帳空 抛擲誰人顧 繩斷齧於鼠 脚敗侵於蠹."

81 丁時翰 著, 金成讚 譯註, 『山中日記』, 國學資料院, 1999, p.278.

82 黃仁奎(2012b), p.264 ; 한상길, 『월정사』, 대한불교진흥원(한국의 명찰시리즈 3), 2009, p.183.

83 황인규(2012b) 참조.

220

없을 수 있겠는가?" 이에 판서判書 최백청崔伯淸의 부인인 안산군부인安
山郡夫人 김씨金氏 등의 시주를 받아 1376년(우왕 2) 가을에 공사를
시작하여 이듬해 겨울에 공역을 마치고는 바로 33명의 승려와 함께
10년 좌선을 시작하였다.[84]

특히 적멸보궁을 사자암으로 통칭하는 측면에서 나옹의 문도 각운
설악이 태상왕太上王 이성계李成桂의 지원을 받아 중대 사자암을 중건
한 것은 보다 중요하다. 1401년(建文 3) 정월 참찬문하부사參贊門下府事
권근權近은 내신內臣 판내시부사判內侍府事 이득분李得芬을 통하여 태
상왕에게 불려가, 전교傳敎를 받들어 사자암을 중수하는 과정을 다음과
같이 정리하였다.

내가 일찍이 듣건대, 강릉부江陵府의 오대산은 빼어나다는 칭송이
예로부터 드러났으므로 원찰願刹을 세워 승과勝果를 심으려고 생각한
지 오래였다. 지난해 여름에 노납老衲 운설악雲雪岳이 오대산에서 와
다음과 같이 고하였다. "오대산의 중대에 있는 사자암은 국가가 보비補
裨하던 곳입니다. 중대의 양지에 자리를 잡았으니, 중대를 오르내리는
사람이 모두 거쳐 가는 곳입니다. (암자는) 세운 지 오래되어 없어졌지
만 유기遺基가 아직도 남아 있으니, 보는 사람들이 탄식하며 가슴
아파합니다. 만약 이 암자를 다시 세운다면 많은 사람들이 마음속으로
흔경欣慶함은 반드시 다른 곳보다 배나 더할 것입니다." 내가 듣고
기뻐하여 공인(工匠)을 보내 새로 (암자를) 세웠다. 위에 3칸[85]을 세운

84 李穡, 『牧隱藁』, 牧隱文藁 권6 「五臺上院寺僧堂記」 ; 『東文選』 제75, 「五臺上院寺
僧堂記」 ; 『국역 동문선』 6, 민족문화추진회, 1998, p.384.

것은 부처를 안치하거나 스님이 머물려는 것이고, 아래 2칸을 만든 것은 문간과 세각洗閣으로 쓰기 위한 것이었다. 규모는 비록 작지만 형세에 합당하니, 알맞게 만들었지 사치하거나 크게 만들려고 하지 않았다. 공사가 끝난 뒤, 겨울 11월 (24일)[86]에 친림親臨하여 보고 낙성落成하였다. (이는) 대개 먼저 간 사람들의 명복을 빌고 이로움을 후세에 미루어 물아物我가 다 같이 (은택을) 받고 유명幽明이 함께 의지하려는 것뿐이니, 경卿은 글을 지어 영구히 보이도록 하라.[87]

인용문에 의하면, 사자암의 중건은 각운 설악이 국가비보사찰인 사자암의 중창을 건의하였고 명당에 원찰을 삼으려는 태상왕 이성계의 수용에 의해 이루어졌다. 그 목적은 억울하게 죽은 고려 왕씨王氏의 원혼을 달래고 백성들의 기복祈福을 위한 것이었다. 특히 이는 국가와 왕실의 지원이라는 점에서 진여원의 사례를 연상시키는 동시에 태종으로의 양위가 사자암 중창의 한 배경이었음을 시사하고 있다.

사자암이 중창되자, 1401년 태상왕 이성계가 친행親幸하였다. 그 결과 "산골의 숲은 광채가 나고 연하煙霞는 빛깔이 달라졌으니, 이

---

85 『국역 陽村集』에는 '三楹'을 '3채'로 번역하였으나, 한상길(2009, p.177)은 '3칸'으로 보았다. 필자도 한상길의 견해에 동의한다. 그 아래에 나오는 '2칸'이라는 기술이나 '규모는 비록 작지만 형세에 합당하니'라는 내용과 비교하면 3칸이 합당한 것으로 보인다. 또한 사자암의 지세도 4채나 되는 사찰 규모가 들어서기에는 공간이 크게 부족하다.

86 『五臺山事蹟』, 「我朝本山事蹟」, 전답을 하사하는 패의 문안에는 建文 3년(1401) 辛巳 11월 24일자로 되어 있다.

87 權近, 『陽村集』 권13, 「五臺山獅子庵重創記」.

산이 생긴 이래 일찍이 없었던 일이었다." 이에 사자암의 주지 각운 설악에게 연곡현連谷縣의 전답 20결結 58짐〔卜〕 8속束을 법당에 공양할 것으로 상법常法을 삼아 시행하도록 명시하였다. 이제 사자암은 태조의 원찰이자 비보사찰로 격상되었다. 사자암의 중건과 태상왕의 친행은 통일신라시대 보천과 효명 왕자가 오대산에 머문 것을 초월하는 오대산 불교계에 미증유의 일이었다.[88]

물론 사자암의 중창에는 적멸보궁에 대한 언급이 없다. 그런데 사자 암은 좁은 의미로 적멸보궁과 분리하여 지칭되기도 하지만, 적멸보궁 을 포함하여 범칭되는 경우도 있다. 사실 태상왕의 사자암 중창은 적멸보궁과 관련될 경우 보다 중요하다. 필자는 「오대산사자암중창기」 에 "중대를 오르내리는 사람이 모두 거쳐 가는 곳"이라는 내용을 유의한 다. "중대를 오르내리는 사람"에는 산천을 유람하는 사람과 함께 '적멸 보궁'에 참배하는 사람도 포함되기 때문이다. 고려 말기에 이미 중대에 '지궁'이 존재하였다는 인식은 거의 보편적이었고, 결국 태조 당시에 적멸보궁이 존재하였을 가능성도 배제할 수 없을 것이다. 후술하듯이, 65년이 지나 세조는 바로 이 사자암을 거쳐 '보궁'에 올라 분향 배례하였 다. 이것이 사실이라면 그 이전에 '보궁'은 존재해야 한다. 그런 측면에 서 사자암의 중창은 주목된다.

그런데 태상왕의 사자암 중수는 사실 돌출된 사안이 아니라 수륙재水 陸齋 도량 상원사와 관련되어 있다. 태조는 4년에 관음굴觀音堀·견암사 見巖寺·삼화사三和寺에서 처음으로 수륙재를 베푼 이후, 5년에는 성문

밖 3곳에서도 설행하였고, 7년에는 진관사津寬寺에서 수륙재를 올렸으며, 오대산 상원사와 금강산 표훈사表訓寺에 법석을 베풀었다.[89] 또한 1399년(정종 1) 1월에도 태상왕은 1월 1일 정종과 대신들의 하례賀禮를 거부하고 수륙재를 지냈으며, 10월에는 흥천사興天寺에서 수륙재를 거행하였다.[90] 태종도 1401년(태종 1) 1월에 건성사乾聖寺와 관음굴에서 수륙재를 설행하고는 이를 폐지하자는 신하들의 건의를 물리쳤으며, 10월에는 진관사·오대산 상원사에서 수륙재를 올렸다. 특히 10월 2일 상원사에서 베푼 수륙재는 천재天災를 없애기 위한 것으로 태조가 중대 사자암에 거둥하기 50일 전이었다.[91] 그러므로 태조의 중대 사자암 중창은 상원사의 수륙재 설행과 비슷한 흐름에서 나온 것이었다. 덧붙여 수륙제의 설행은 억울하게 죽은 고려 왕씨의 원혼을 달래는 것이 중심이었고, 기타 천지의 변괴를 막거나, 도성을 축성하다 죽은 자 및 선조나 왕족 등의 원혼을 위로하기 위한 것이었다.

언제부터인지 확실하지 않지만, 태종 무렵에 수륙재는 공식적으로 관음굴·진관사·오대산의 상원사·거제의 견암사見暗寺에서 매년 2월 보름에 설행되었다. 그러다가 1413년(태종 14)에는 태종의 명에 의해 이 4곳에서 정월 보름에 베풀도록 정식화되었다.[92] 그 과정에서 삼화사에서 설행되던 수륙재는 상원사로 옮겨졌다. 세종 6년(1424) 6월 상원사

---

89 『太祖實錄』, 4년 2월 24일 무자, 5년 2월 27일 을묘, 7년 1월 6일 갑인·8월 17일 경신조.

90 『定宗實錄』, 1년 1월 1일 임신·10월 19일 을묘조.

91 『太宗實錄』, 1년 1월 7일 정묘·10월 2일 정사조.

92 『太宗實錄』, 14년 2월 6일 경술조.

224

는 수륙재를 설행하는 도량일 뿐만 아니라 사찰의 위상도 제고되어, 양양襄陽의 표훈사와 함께 강원도 교종敎宗의 본산本山으로 지정되었다.

> 예조가 아뢰기를 "강원도 강릉 상원사上院寺는 원래 수륙사水陸社였으니, 혁제革除하는 것은 부당합니다. (이제) 교종敎宗을 고쳐서 전라도 전주의 경복사景福寺를 상원사에 붙이고, 1백 40결인 원속전元屬田은 60결을 더 주고, 항거승恒居僧은 1백 명으로 해주시기를 청합니다" 하니, 세종이 그대로 따랐다.[93]

인용문은 상원사가 전주의 경복사 대신에 강원도 교종 본산으로 지정된 사실을 보여준다. 태조-세종을 거치면서 사자암과 상원사는 점차 국왕의 원당과 강원도 교종의 본산으로 크게 발전하였으니, 오대산 불교계의 중심은 다시 월정사에서 중대의 상원사로 옮겨졌다.

1425년(세종 7) 12월 실화로 상원사가 소실되었고, 이에 따라 세종은 상원사에서의 수륙재를 혁파하였다.[94] 이후로 상원사는 중건되지 못하고 겨우 사람만 가리는 상태에 불과하였다.[95] 이런 상원사는 바로 조선 최고의 호불군주好佛君主 세조에 의해 중창된다. 세조가 즉위한 뒤에 창병을 앓자, 태자 시절부터 함께 하던 혜각존자慧覺尊者 신미信眉[96]가

---

93 『世宗實錄』, 6년 4월 28일 계유조. 『世宗實錄』을 검토하면, 수륙재 관련 기사가 적어도 30건이 넘는다.

94 『世宗實錄』, 7년 12월 19일 갑신조.

95 『五臺山事蹟』, 「我朝本山事蹟」 참조.

96 이규대(1994. p.16), 한상길(2009, pp.77-78)에 의하면 신미는 여말선초 상원사, 영감암, 월정사 등에 머물렀던 나옹의 법손인 涵虛堂 己和(1376~1443)의 門徒였

수백 리를 달려왔고, 두 제자 학열學悅·학조學祖[7]와 함께 병의 치료를 위하여 옷과 재물을 팔아 상원사를 중창하고 국왕의 만수무강을 빌려 하였다. 이에 감격한 세조는 1465년 2월 채색彩色, 쌀 5백 석, 무명베 5백 필, 정포正布 5백 필, 정철正鐵 1만 5천 근을 하사하였고, 왕비도 동일한 물목物目을 제공하였다. 뿐만 아니라 세자·종친·문무백관들에 게도 보시하게 하였다. 학열은 3월에 상원사 중창불사를 시작하여 1466년에 준공하였다. 세조는 내사內司에게 명하여 쌀, 돈, 의발衣鉢 등을 하사하고 사사四事를 갖추는 한편, 52명의 큰스님을 초청하여 낙성법회를 성대하게 베풀었다. 이윽고 세조는 9월에 한양을 떠나 상원사로 거둥하였고, '보궁寶宮'에 올라 예배함으로써 각종 이적異蹟과 서상瑞祥을 체험하였다. 이에 내탕고內帑庫의 비단을 하사하였고, 성오 평省烏坪에서 문무과 별시別試를 설행하였다. 또한 봉표封標의 패牌, 노비 15명, 잡역雜役과 염분鹽盆의 면제 등을 하사하였고 왕패를 내려 면세나 요역의 경감을 지시하였다고 한다.[98]

덧붙여 같은 해에 세조의 명을 받고 둘째 딸 의숙공주懿淑公主와 정인지鄭麟趾의 아들 정현조鄭顯祖 부부는 상원사(혹은 중대 문수사)에 문수동자상을 조성하였다. 그런데 1984년 그 복장유물이 발견되었다. 여기에는 『대방광불화엄경大方廣佛華嚴經』, 『오대진언五大眞言』, 『묘법연화경妙法蓮華經』 5종, 『원각경圓覺經』 2종, 『육경합부六經合部』 3

다. 이 점도 하나의 요인이었을 것이다.

97 선초 3화상의 생애와 불교계의 활동은 黃仁奎, 「朝鮮前期 佛敎界의 三和尙攷─信 尾와 두 제자 學悅·學祖─」, 『한국불교학』 제37집, 2004 참조.

98 『五臺山事蹟』, 「我朝本山事蹟」 참조.

종의 법사리와 묵서墨書 진언眞言 및 수정사리병과 함께 사리 3과, 수정구슬 1개의 불사리가 수습되었다.[99] 이는 고려 말기의 사리 신앙이 조선 초기에도 그대로 이어지고 있음을 보여준다. 그 밖에 세조가 상원사의 오대천에서 문수보살을 친견하여 병을 치료한 등의 이야기는 모두 줄인다.

상원사의 중창과 관련하여 김수온金守溫의 「상원사중창기上院寺重創記」가 사실의 기록에 치중한 반면, 『오대산사적』「아조본산사적我朝本山事蹟」은 다소 종교적 신앙적 측면이 강하게 반영되어 있다. 여기에는 '(寂滅)보궁寶宮'이라는 용어가 처음으로 등장한다.

세조는…… (12년) 10월 초 5일에 친히 본사에 이르렀다. 그 이튿날 도산都山이 대중 300여 명을 청하여 공양하였고, 여러 암자와 두 사찰에 양곡을 보시하여 분배하였다. 이날 재齋를 마친 세조는 친히 사자암에 이르러 곤룡포를 (갈아)입고 보궁寶宮에 올라 향을 피워 배례하였으며 봉양 보시하였다. 이날 밤 밝은 빛이 뻗어 내리고(光放) 땅이 움직이니, 서상은 하나가 아니었다.[100]

99 월정사성보박물관 편, 『유물로 보는 오대산 문수 신앙』, 月精寺聖寶博物館, 2004, pp.54~73 ; 文明大, 「상원사 목문수동자상의 연구」, 月精寺聖寶博物館(2001) 참조.

100 『五臺山事蹟』, 「我朝本山事蹟」, "上親幸金剛 禮曇無竭 巡海而南 十月初五日 親到本寺. 翌日都山請衆三百餘名供養 布施諸庵及兩寺散粮. 其日齋後 上親幸 至獅子庵 御袞龍袍 上寶宮行 香拜禮 供養布施. 是夜光放動地, 瑞祥非一, 上且驚且喜."

인용문은 상원사를 출발한 태조가 중건한 사자암에 이르러 예복인 곤룡포로 (갈아)입고 '(적멸)보궁'에서 '지궁地宮'에 분향 예배하였고, 그 결과로 다양한 서상이 출현하였다는 것이다.

여기에서 처음으로 등장하는 '보궁寶宮'은 주목되기에 충분하다. 필자가 확인하는 바에 의하면, 허응당虛應堂 보우(普愚, 1509~1565)도 1561년 적멸보궁을 참배하고 「중대공전즉사中臺空殿卽事」라는 시를 남겼다.[101] 그렇지만 '적멸보궁寂滅寶宮'이라는 용어가 정확하게 보이는 것은 후술하듯이, 1664년 윤선거(尹宣擧, 1610~1669)의 『노서유고魯西遺稿』의 속집續集에 나오는 「파동기행巴東紀行」이다.[102] 요컨대, 1401년 태상왕이 사자암을 중수하였을 적에 어떤 형태로든 배전拜殿 '적멸보궁'이 존재할 수도 있지만, 1466년에는 그 실존 가능성이 거의 확실하다. 이는 우리나라의 문헌에 나타나는 최초의 적멸보궁이다. 이렇게 만들어진 적멸보궁은 1878년 대규모적인 개건 작업에도 불구하고 남아 있는 내부의 원형으로 추정된다.[103]

둘째로, 세조가 적멸보궁에 오른 날짜는 「아조본산사적」에 세조 12년인 1466년 10월 초5일로, 『세조실록』에 윤3월 17일 무자戊子로 표기되어 있다. 두 기록 사이에는 약 7개월 정도의 괴리가 있다. 필자는 고성에서 상원사로 향하는 어가御駕의 노정이 차례대로 기록된 『세조실록』이 보다 정확할 것으로 본다.[104] 또한 『세조실록』에는 당일 적멸보

궁에 올랐다는 기록은 없고, 단지 "사리분신舍利分身의 기이함이 있어 군중軍中의 범죄자를 사유赦宥하였다"[105]고 기록하고 있다. 이는 세조가 '보궁'을 참배한 뒤에 서상이 나타났다는 『오대산사적기』「아조본산사적」의 기록을 뒷받침하는 것으로 보아도 좋다.

적멸보궁을 참배한 이후 세조가 경험한 상서는 인용문과 『세조실록』에 나오는 '방광光放'·'동지動地'·'사리분신'뿐만 아니라 우화雨花·감로甘露·이향異香 등도 포함된다. 세조가 금강산과 오대산 등을 친행親幸하면서 경험한 생생한 서상은 일본의 사신을 통해 일본 국왕에게 보내는 편지에도 실려 있다.

> 돌아옴에 미쳐서는 낙산사洛山寺·오대산 상원사上院寺·월정사月精寺·서수정사西水精寺·미지산彌智山 용문사龍門寺를 거쳤는데, 상원사 총림에서는 사리·우화雨花·감로甘露·이향異香 등의 상서祥瑞가 전과 같았다.[106]

여기서 "상서祥瑞가 전과 같았다"는 것은 인용문의 바로 앞에 나오는 금강산 유점사에서 세조가 경험한 서상이다. "요즘 내가 지방을 순행하

事蹟記』「我朝本山事蹟」에는 10월 초 5일로 표기되어 있다. 필자는 세조가 처음 상원사를 찾은 날이 8년(1462) 11월 5일 을미인데, 상원사 중창에 즈음하여 방문한 2차 거둥 날자가 월일을 혼동하여 오기한 것이 아닌가 하고 추정하지만, 명확한 증거는 없다.

105 『世祖實錄』, 12년, 윤3월 17일 무자조.

106 『世祖實錄』, 12년, 3월 28일 기해조, "暨還歷洛山·五臺上院·月精·西水精·彌智山·龍門 上院寺叢林 舍利·雨花·甘露·異香等瑞 復如前."

고 인하여 이 (금강)산에 나아가서 삼보三寶에 첨례瞻禮하였다. 한 기슭에 이르기 전에 땅이 진동하고, 동문洞門에 들어가자 서기瑞氣가 뻗치고 상서로운 구름이 둘렸으며, 하늘에서 사화四花가 다시 내려서 크기가 오동잎 같고, 감로가 뿌려서 초목이 목욕한 것 같았으며, 햇빛이 누래서 눈에 보이는 곳이 모두 금빛을 이루었다. 이상한 향기가 퍼지고, 큰 광명한 빛이 발하여 산과 골짜기가 빛나며, 선학仙鶴이 쌍으로 날아 구름 가를 돌고, 산중의 여러 절에 사리가 분신하여 오색 빛을 모두 갖추었습니다."[107]

이후 상원사는 세조의 원찰로서 국가의 비보裨補가 이어졌다. 세조가 13년(1467)에 호조에 명해 강릉부 산산제언蒜山堤堰을 상원사에 하사하였다.[108] 세조의 빈전殯殿에서 사리분신을 보고받던[109] 예종은 1469년 상원사에 산산제언蒜山堤堰을 내리고 잡역雜役과 염분세鹽盆稅를 면제하여 시혜를 이어갔다.[110] 성종도 1470년 상원사의 세외잡역稅外雜役·노비잡역·염분세를 면제하였고,[111] 특히 10, 11년 사이에 격렬하게 논의된 산산제언의 소유권을 결국 상원사에 귀결시키고는 이후 유신儒

---

107 위와 같음, "頃予省方 因詣玆山 瞻禮三寶. 未至山麓 地爲震動 行入洞門 瑞氣彌亘 祥雲繚繞 天雨四花 大如桐葉 甘露普灑 草木如沐 日色黃薄 眼界皆成金色. 異香 薰暢 放大光明 煒耀山谷 仙鶴雙飛 盤旋雲際 山中諸刹 舍利分身 五色悉備."

108 『太宗實錄』, 13년 11월 26일 무자조.

109 『睿宗實錄』, 즉위년 10월 9일 을미·10월 23일 기유, 1년 6월 6일 무오·8월 13일 갑자·8월 14일 을축조 참조. 특히 예종 1년 6월 6일과 8월 14일에는 領議政 韓明澮가 백관을 거느리고 전문을 받들어 진하하였다.

110 『睿宗實錄』, 1년 1월 24일 기해조.

111 『成宗實錄』, 1년 4월 6일 갑인조.

臣의 번복 요구를 물리쳤다.[112] 선초鮮初의 숭유억불 정책에도 불구하고 사자암, 특히 상원사는 왕실과 국가의 보호와 지원 아래 원찰로서의 면모를 제고하여 불교의 중흥을 기대할 정도로 발전하였다.[113]

V. 조선 후기 사고의 설치와 적멸보궁의 변모

조선 중기 오대산에 주석한 고승으로 일학 장로—學長老·청허 휴정(淸 虛休靜, 1520~1604)과 함께 그의 문도들이 불사를 추진하였지만,[114] 오대산의 불교계와 신앙을 중흥하는 데에 가장 중요한 인물은 사명 유정(四溟惟政, 1544~1610)이었다. 그는 1574년 무렵에 입산하여 남대 기린봉 정상에 종봉암鐘峰庵을 세웠고, 1587년 무렵부터 월정사와 영감난야(靈鑑蘭若, 靈鑑庵)에 주석하였으며, 임진왜란 이후 일본과 평화 교섭을 진행할 때에도 오대산을 그리워하는 시를 남길 정도로 명실상부한 오대산인五臺山人이었다.[115] 특히 그는 1587년에 월정사를

---

112 『成宗實錄』 10년 5월 4일 기미·6월 14일 기해 ; 同, 11년 5월 6일 을유~6월 3일 임자조 참조. 이는 성종 17, 8년에도 재론되었지만, 성종의 입장은 변하지 않았다.

113 상원사가 불교를 기반으로 재지세력과 결합하거나 경제적 토대를 강화한 내용은 김갑주, 「조선 초기 상원낙산사의 제언개간에 대하여」, 『동국사학』 제11집, 1969 ; 이규대, 「조선 초기 불교의 사회적 실태—영동지방 사원을 중심으로」, 『國史館論叢』 제56집, 1994 참조.

114 황인규(2012a), pp.151~152.

115 惟政, 『四溟堂大師集』 권7(한국불교전서, 제8책), 「獨坐思歸」, p.71, "五臺頻憶閉 東林." ; 『宣祖實錄』, 35년 2월 3일 병인조, "其書曰, '老釋 本五臺山人 稚少出家 便求祖印 轉入中國 得靈元大師衣鉢而還栖于妙香山.'"

중건하기 시작하였다. 당시 월정사는 "대들보와 마루가 꺾여" 있었고, "비가 들이치고 바람이 때리니, 부처님의 얼굴에는 이끼가 푸를" 정도로 퇴락하였다. 5년 동안 「권선문勸善文」을 가지고 각지를 유력한 끝에 1589년 법당을 중창하였고, 이듬해 단오절에 낙성하여 면모를 일신하였다.[116]

그리고 1605년 6월 일본과의 화친교섭에서 돌아와 영감난야에 머물던 유정은 강원감사의 책임 아래 외사고外史庫인 이른바 '오대산사고'를 건립한 것으로 추정된다. 사명 유정은 수화풍水火風의 삼재三災를 피할 수 있는 명당으로 기린봉 남쪽 기슭 영감사지靈鑑寺址에 1606년 4월 사고를 설립하였을 것이고, 6월에 『조선왕조실록』을 봉안하였다. 1592년 임진왜란으로 내사고內史庫인 춘추관春秋館과 외사고인 충주·성주의 사고가 소실되었고, 병화 가운데에 곳곳을 전전하다 겨우 1606년 강화도에 보존된 전주사고본全州史庫本을 토대로 제13대 명종까지의 『조선왕조실록』 3부가 복인復印되었는데, 바로 그 교정본이 오대산사고에 수장되었던 것이다. 이후 여기에는 『조선왕조실록』은 물론이고 왕실족보인 『선원보략璿源譜略』, 각종 『의궤儀軌』, 신간서적 등이 보관되었다. 오대산사고의 관리는 임진왜란에서 승병僧兵을 지휘하던 휴정 등에게 도총섭都摠攝을 제수한 사례를 원용하여 예조禮曹가 참봉參奉 아래에 월정사의 주지를 수호총섭守護總攝으로 임명하거나, 사고 곁에 세운 사고사(史庫寺, 靈鑑寺)의 주지가 직접 수호하게 하였다. 산 주위 40리에는 봉표封標가 내려져 입산이 금지되었고 전답이 하사되었다.

---

116 曺永祿, 『四溟堂評傳―진리의 길 구국의 생애』, 한길사, 2009, pp.143~152 ; 황인규(2012b) 참조.

당시에 수호군 60명과 승군 20명이 수직하였는데, 수직승守直僧에게는 신역身役과 잡역이 면제되었다.[117] 오대산에 『조선왕조실록』 등이 봉안된 것은 태조, 세조 등의 원찰이 존재하는 점과 함께 임진왜란에서 활약한 사명당의 영향이 작용한 것으로 추정된다.[118] 이후 휴정의 법맥을 이은 환적 의천幻寂義天은 진여원眞如院·환적암幻寂庵의 중수 및 신성암神聖庵의 창건 등으로 오대산의 불교계에 기여하였다.[119] 월정사의 중건과 오대산 사고의 설치는 세조 연간에 월정사와 상원사가 지닌 왕실 사찰의 위상을 회복한 점에 큰 의미가 있다. 다만 그 중심은 외견상 선초鮮初의 상원사에서 월정사로 옮겨진 것처럼 보이는데, 그 과정에서 가장 큰 역할을 한 것은 바로 유정惟政이었다.

오대산사고를 설치할 때에 조정에서는 인신印信을 하사하였는데, 이 밀부密符는 유사시에 군대 지휘자들에게 군사를 동원할 수 있도록 발급한 증명서였다. 월정사나 영감사의 주지는 이 밀부를 가지고 사고의 수호에 필요한 군사를 징발하였다. 그런데 1620년(광해군 12)의 경우처럼, 이는 사고뿐만 아니라 적멸보궁을 수호하기 위해 내려지기도 하였다. 월정사 성보박물관에 소장된 밀부는 "강원도오대산중대적멸보궁수호선교팔도석품제일도원장밀부자江原道五臺山中臺寂滅寶宮

117 『五臺山事蹟記』「璿源寶略奉安事蹟」; 차장섭, 「『五臺山史庫謄錄』과 五臺山史庫의 운영실태」, 『韓國史研究』 제12집, 2003 ; 신병주(2006) ; 月精寺聖寶博物館編, 『월정사 박물관 도록』, 月精寺聖寶博物館, 2002, pp.242~243 ; 조영록, 「五臺山史庫의 설치와 四溟大師」, 『東國史學』 제42집, 2006, pp.166~171 ; 裵賢淑, 「五臺山史庫와 收藏書籍에 대하여」, 『서지학연구』 제1집, 1986 참조.
118 曹永祿(2006), pp.167~170 ; 同(2009), pp.593~600.
119 황인규(2012b) 참조.

守護禪敎八道釋品第一都院長密符者 예조판하禮曹判下 경신정월일庚申丁
月日 국행교시國幸敎是 상언내上言內 신주급신도新鑄給信圖"[120]라는 문
구가 적혀 있다. 당시 적멸보궁의 수호를 주관한 인물은 부휴 선수(浮休
善修, 1543~1615)의 문도인 벽암 각성(碧嚴覺性, 1575~1660)으로 추정
된다. 그는 1619년 광해군의 지시에 따라 중국의 웅유격熊遊擊이 바친
진신사리를 자신과 세자 등의 원찰願刹인 봉인사奉印寺로 이안移安할
적에 참가하였고, 오대산 상원암에서 동안거 결제하면서 적멸보궁
수호총섭에도 관여하였던 것으로 보인다.[121] 이후 적멸보궁의 수호총섭
에 대한 사료는 찾을 수 없지만, 1758년(영조 34) 고승 만화 원오(萬化圓
悟, 1694~1758)가 입적한 뒤에 상원암에서 『화엄경』을 가르친 공로로
오대산적멸보궁수호겸팔도승풍규정원장五臺山寂滅寶宮守護兼八道僧
風糾正院長에 추증되었고, 1902년에도 만화 관준萬化寬俊이 적멸보궁
수호원장寂滅寶宮守護院長에 재임하고 있었다. 이를 비추어보면 조정
에서 밀부를 하사하여 적멸보궁을 수호하는 체제는 외견상 조선 말기까
지 지속되었던 것 같다.[122]

한편, 조선 후기 문인관료들은 오대산을 종종 방문하였다. 왜냐하면
사고의 소장서적이 좀먹거나 곰팡이가 스는 것을 방지하기 위해 햇빛에
말리는 포쇄작업曝曬作業을 시행하였는데, 이를 감독하기 위해 오대산
사고를 찾았던 것이다. 외사고의 포쇄작업은 『경국대전經國大典』의
규정에 따라 3년마다 사관史官을 겸직한 예문관의 대교待敎, 봉교奉敎,

---

120 月精寺聖寶博物館編(2002b), p.242.

121 황인규(2012b), pp.161~162.

122 황인규(2012b), pp.162~163.

검열檢閱 등이 시행하였지만, 불규칙한 경우도 많았다.[123] 또한 왕명을 받들어 장마나 풍설風雪에 의한 사고관의 손상을 봉심奉審하는 경우도 있고, 『조선왕조실록』·『선원보략』·각종 『의궤』의 고출庫出·인출印出·수정修訂의 경우에도 봉안하거나 이안하러 오대산 사고를 방문하였다. 뿐만 아니라 당시의 관료와 문인들도 금강산 관광을 제일의 유람으로 인식하였는데, 금강산을 왕복하는 길에 적멸보궁을 비롯한 오대산 일대를 유람하고는 그 결과를 생생한 기문記文으로 남겼다. 그 대표적인 인물로는 신익성申翊聖, 윤선거尹宣擧, 정시한丁時翰, 허목許穆, 송광연宋光淵, 조덕린趙德鄰, 김창흡金昌翕, 김원행金元行, 강재항姜再恒, 정기안鄭基安, 김홍도金弘道, 성해응成海應, 이유원李裕元 등이 있다. 필자는 그 가운데에 '적멸보궁'이 명시된 기록을 간결하게 살펴보겠다.

윤선거(尹宣擧, 1610~1669)는 『노서유고魯西遺稿』 속집 권3 「파동기행巴東紀行」에 '적멸보궁'을 관찰한 내용을 기록하였다. 그는 1664년 3월(음력) 상원사를 출발하여 중대에 올랐다.

일찍이 중대를 올라 사자암獅子庵, 금몽암金夢庵을 지나 암자 위 수십보 조금 넘는 곳에 일사一舍가 있다. 철기와에 벽이 이중이었는데, 편액에 '적멸보궁寂滅寶宮'이라고 쓰여 있다. (보궁) 안에는 금상金像을 안치하지 않은 채 단지 불영佛影을 설치하고 잡색雜色의 종이꽃을 어지럽게 꽂았을 뿐이다. 승려 색름幟凛이 창립하였다고 한다. 금몽암에는 색름의 고제高弟인 승려 의규義珪가 홀로 있다.[124]

123 신병주(2006), pp.200~206.
124 尹宣擧, 『魯西遺稿』, 續集 권3, 雜著 「巴東紀行」 갑신조 참조, "早登中臺 歷獅子庵

이는 앞에서 언급하였듯이 유자儒者 윤선거가 '적멸보궁'이라는 용어
를 사용한 최초의 기록이다. 다만 색름이 창립한 것이라는 서술로
보아, 당시의 적멸보궁은 새로 중수한 지 얼마 되지 않은 듯하다.
그런데 윤선거는 지관地官들이 언급하는 적멸보궁이 천하제일의 명당
임을 설명하면서 외사고의 최적지가 영감지靈鑑址보다 중대(의 적멸보
궁이)나 적어도 상원사라고 하면서 유감을 표명하였다.[125]

한편, 20년 정도 뒤인 1687년 10월 정시한(丁時翰, 1625~1707)은
북대를 거쳐 적멸보궁에 올랐다.

겨우 오르고 나니 바람이 거세게 불어 자세히 구경할 수 없었고, 법당에
큰 글씨로 '적멸보궁' 넉자가 쓰여 있었다. …… 전각과 요사는 단청을
입히고 그림을 그렸는데, 다른 절에서 흔히 보던 인물 그림과 달랐다.
새가 날고, 동물이 달리며, 풀과 나무가 벽에 베풀어져 있다. 지붕도
기교를 다해 치장을 하였는데, 공교하기 그지없었다. 이것은 바로
색름賾凜 수좌가 중창한 것이다. 색름은 성정性淨 스님의 제자이고,
의규義圭 스님은 색름 스님의 제자이다. 전각과 요사 뒤로 돌을 쌓아
놓은 곳이 있는데, 부처님의 두골(佛頭骨)을 모신 곳이라고 한다.
암자는 터가 반듯하고 산세가 옹호하고 있으나 혈穴이 풍부하지 못하
고, 맞은편의 안산案山이 자못 멀었다.[126]

金夢庵 庵上數十步許 乃建一舍. 鐵瓦重壁 扁曰寂滅寶宮. 內不置金像 只設佛影
亂揷雜色紙花而已 有釋賾凜胐立云. 夢庵中有僧義珪獨居 乃凜之高足也."
125 위와 같음, "中脈自毗盧峯而下 未過數節 卽大斷而復突起爲中臺. 左右前後 均停
正方 地師輩過之 皆言風水之第一地云. 史庫之設 不占此丘而託於靈鑑 未可知
也. 豈以中臺爲太深耶 則上院亦可矣."

　정시한의 기록은 적멸보궁의 공교로움, 특히 단청에 대한 묘사가 생생한 반면에 그 터는 명당이 아니라고 인식한 예외의 사례가 이채롭다. 윤선거가 만났던 색름과 그의 상좌 '의규義圭'도 그대로 주석하고 있지만, 상좌의 한자표기가 다르다. 또한 윤선거가 적멸보궁의 내부를 자세히 묘사한 반면에 정시한은 지궁地宮을 포함한 외부를 잘 그려내었다. 아마도 그는 법당 안에 들어가지 않았을 것이다. 지궁에 안장된 것을 '부처님의 두골'로 표기한 것도 흥미롭다.

　이보다 조금 늦은 17세기 후반에 송광연(宋光淵, 1638~1695)도 「오대산기五臺山記」에서 적멸보궁을 묘사하였다. "겨우 중대에 올라 적멸보궁에 앉으니 5대의 면목이 역력히 다 보였다. …… 비로봉에서 가운데가 꺾어진 곳이 중대이니, 그 이름이 지로智爐이다. 중대 위에는 적멸보궁이 있다. …… 적멸보궁의 오른쪽은 금몽암金夢庵인데, 수좌승 자언自彦이 머물러 보궁의 불존佛尊하는 임무를 맡고 있다. 금몽암의 아래가 사자암으로 승려가 없어 거의 피폐해졌으니, 애석하고도 애석하도다."[127] 적멸보궁에 오르는 길은 윤선거와 같았고, 적멸보궁의 불존은 금몽암에서 맡았다. 피폐해진 사자암의 묘사에서 보이듯이 예외적으로 불교를 비하하는 입장이 거의 없어 보인다.

　18세기에 들어서면 보다 많은 문인들이 적멸보궁을 둘러보았다.

126　丁時翰, 金成讚 譯註, 『山中日記』, 國學資料院, 1999, pp.279~280.

127　宋光淵, 『泛虛亭集』권7, 「五臺山記」, "僅上中臺 坐寂滅寶宮 五臺面目 眼底歷歷 …… 而以山川大勢之控挹於中臺者論之 …… 自毗盧中落者 爲中臺 其名爲智爐 臺上有寂滅寶宮 僧言此無常享爲五臺諸佛時會之所云. 其下結氣處爲上元寺 寺下爲眞如院幻寂堂華嚴庵. 寶宮之右爲金夢庵 首座僧自彦居之 爲寶宮佛尊之任. 金夢之下 爲獅子庵 而無僧將廢 可惜可惜."

조덕린(趙德鄰, 1658~1737)은 1708년 4월 오대산 상원사에서 중대로 출발하였다. "또한 10리를 가니 중대이다. …… 정찰精刹은 모두 10칸인데, 단청은 푸른색과 금은으로 휘황찬란하여 눈이 어지럽다. 가운데에 소상塑像을 두지 않고 단지 빈 좌상(空卓) 하나를 안치해 놓았을 뿐이다. 바깥 지붕의 네 가장자리에는 모두 철기와 한 장으로 처마를 이었다."[128] 적멸보궁에 빈 법좌를 둔 것은 윤선거의 서술과 같지만 법좌法座를 낮추어 '공탁空卓'으로 표기하였고 휘황찬란한 단청은 위에서도 언급되었지만, 10칸의 적멸보궁의 규모가 처음 등장한다.

김창흡(金昌翕, 1653~1722)은 1718년 윤8월에 적멸보궁에 올랐다. "사리각舍利閣의 뒤편에 다다르니 …… 이른바 부처님의 뼈를 안장한 곳(釋伽藏骨)은 여기인지 저기인지 확정할 수 없었다. 적멸보각寂滅寶閣은 석축 앞에 있지만 단지 비어 있는 방일 뿐으로 …… 새벽과 저녁의 향불은 금몽암에서 와서 지키는 승려가 봉행한다." 여기에는 '적멸보궁'을 '적멸보각'이나 '사리각'으로 명명하거나 '지궁'의 존재를 애써 외면하려는 성리학자性理學者의 일면이 잘 나타나 있다. 금몽암의 승려가 적멸보궁을 받드는 것은 송광연의 서술과 같고, 천하제일의 풍수라는 명당에 대한 감탄은 윤선거와 비슷하다.[129]

---

128 趙德鄰,『玉川集』권7,「關東錄」, "行數十里爲上院 …… 又行十里爲中臺. …… 精刹凡十架 丹碧金銀 煥晃奪目. 中不設塑像 只安空卓一坐. 外薄四際 率用鐵瓦 一葉以承簷."

129 金昌翕,『三淵集』권24,「五臺山記」, "歷獅子菴 到金夢菴 …… 菴後石梯層躋 可數十步 至舍利閣後有石築成壘者兩所. 有巖承之. …… 自此至主峰 累作咽喉 節節有石築云. 所謂釋伽藏骨 未定其於彼於此. 而寂滅寶閣 在石築之前 只是空室 有若人家之丙舍. 然晨昏香火 自金夢守僧奉之. …… 果是第一風水."

　강재항(姜再恒, 1689~1756)과 정기안(鄭基安, 1695~1767)도 적멸보궁에 올랐다. 강재항은 사자암 금몽암을 거쳐 돌계단을 따라 사리각에 이르렀다. "사리각 뒤가 적멸각(寂滅閣, 적멸보궁)인데, 뒤에 불골佛骨을 묻었다고 한다. …… (적멸)각 안에는 종이꽃이 어지러이 꽂혀 있다." 그가 적멸보궁 안의 종이꽃이나 주변의 구름 산이 보궁을 둘러싼 장관에 감탄한 것은 대체로 윤선거와 비슷하였다. 다만 적멸보궁 앞에 사리각이 있다고 기술하였고 '적멸보궁' 대신에 '적멸각'으로 서술하였다.[130] 정기안은 월정사와 사고史庫를 거쳐 중대로 나아갔다. 수많은 산의 조종祖宗인 적멸보궁은 그다지 넓지 않지만, 매우 화려 사치하다고 지적하였다. 금몽암에 거주하는 여러 명의 스님들이 조석으로 적멸궁을 받드는 것은 전과 같았다. 또한 높고 험한 곳에 적멸보궁을 세운 것을 '지성至誠'으로 높이 평가하면서도 '외교外敎'인 불교에 빠지는 것을 애석하게 여겼다.[131]

　더욱 주목되는 것은, 조선 후기 3원園을 대표하는 단원檀園 김홍도(金弘道, 1745~1806?)의 오대산 유람이다. 단원은 1788년(정조 12) 어명에 따라 금강산과 오대산 등을 직접 답사하고 70여 폭의 산수화를 그렸다.

130 　姜再恒, 『立齋遺稿』 권12, 「五臺山記」, "歷上院獅子庵 小憩金夢庵 .…… 遵石梯至舍利閣 閣後寂滅閣 後藏佛骨云. 而亂石錯置 累累成級 如是者凡二所 是謂中臺 …… 閣內紙花盛挿 百重雲山 擁護若神 誠爲奇特."

131 　鄭基安, 『晩慕遺稿』 권6 「遊楓岳錄」, "行至獅子菴 高絶精灑 眼界亦寬敞可喜. 坐少頃又行至中臺. …… 中爲地爐山. 地爐居五臺之中 衆山拱抱 勢若朝宗. 中臺之西 有寂滅寶宮 不甚宏大 而窮極侈靡. …… 王溪之西有小菴 扁以金夢 數僧居之 晨昏瓣香于寂滅宮. 高險空寂之地 無所求而爲此者 非至誠能之乎. 移此心而鄕道 亦何所不至乎. 惜乎其溺於外敎也."

이것이 바로 유명한 「금강사군첩金剛四郡帖」이다. 화첩에는 오대산과 관련하여 월정사·상원사·중대 적멸보궁·사고의 그림 4폭이 실려 있다.[132] 현재까지 그림으로 전해지는 오대산 불교사적으로 유일한 이 그림은 당시의 가람배치나 건물양식 등을 알 수 있는 중요한 자료이다. 이에 따르면, 중대 적멸보궁은 가파른 산을 배경으로 중앙에 담으로 둘러싸인 향각香閣이 있고, 그 위에 적멸보궁이 그려져 있다. 향각은 앞면 4칸, 옆면 2칸의 팔작지붕이고, 적멸보궁은 2층의 기단 위에 앞면 3칸, 옆면 2칸으로 된 팔작지붕으로 된 소규모 법당이다. 단원의 사실적 화풍으로 보면 이는 당시의 실제 모습과 일치할 것으로 보인다.[133]

조선 후기 적멸보궁은 17세기 중반 색름賾凜의 중수를 제외하고도 몇 차례 더 개수되었다. 일반적으로 언급되는 것은 19세기 초반의 두 차례이다. 이는 현재 월정사 성보박물관에 전해지는 불량문佛糧文 2종에 의해 뒷받침된다. 먼저 20매로 이루어진 1814년(순조 14) 「중대 불량문中臺佛糧文」은 시주를 권하는 경의警誼의 서문, 시주자 명단과 발원문, 화주 영담을 비롯한 참여 스님의 성명이 기록되어 있다. 이에 따르면, 본사나 건봉사의 스님뿐만 아니라 멀리 영천의 은해사 스님들도 시주에 참여하였다. 또한 18매로 이루어진 1825년(순조 25)의 「중대 불량어대재복문中臺佛糧御貸財福文」은 취봉 민현鷲峯愍玹의 연기문과 참여 사찰의 스님, 일반 시주자 등의 이름이 나열되어 있다. 적멸보궁이 쇠락하자 화주 영담 등이 불량을 권선하여 중수한다는 내용이 밝혀져

132 月精寺聖寶博物館編, 『遺物로 보는 五臺山 文殊信仰』, 月精寺聖寶博物館, 2004, pp.82~83.
133 한상길, 『월정사』(대한불교진흥원, 2009, 한국의 명찰 시리즈 3), pp.178~179.

있다.[134] 이상의 중수는 대규모로 공사가 진행되지 않은 것 같다. 왜냐하면 불량문에 구체적인 중수 내용이 언급되지 않았고, 또한 아래에 언급하는 1878년 혜은화상惠隱和尙의 개건改建을 설명한 현판의 내용에는 이에 대한 설명이 없기 때문이다.

보다 중요한 것은, 이보다 앞선 1767년(건륭 32, 영조 43)에 연파화상蓮坡和尙이 지붕의 중수를 주관하였다는 다음의 기록이다. "또한 동량棟樑 사이의 기록을 살펴보니 건륭 32년 정해에 우리 선옹사先翁師 연파노화상이 일을 주관하여 중수(重葺)하였는데, 불초한 후손 저도 지금 이러하니, 이는 그러하기를 기약하지 않아도 그러한 것인저!"[135] 물론 연파화상의 적멸보궁 중수는 그 구체적인 내용이 밝혀져 있지 않지만, 그 중수는 아래에 언급하는 1878년의 개건과 비견될 정도로 규모가 컸을 것이다. 그런데 1767년 연파화상의 적멸보궁 중수는 바로 김홍도의 「금강사군첩」이 만들어지기 21년 전이다. 그렇다면 김홍도의 「금강사군첩」에 보이는 적멸보궁은 연파화상이 중수한 형태를 모델로 그린 것이 거의 확실해 보인다.

중대 적멸보궁이 현재와 같은 모습으로 개건改建된 것은 1878년(고종 15, 광서 4)이다. 이는 적멸보궁에 걸려 있는 8개의 현판 가운데 3개에 실려 있는 내용으로 뒷받침된다. 그 〈현판 1〉에는 다음과 같은

---

134 한상길(2009), pp.179~180.

135 이강근(2000), p.22 ; 同(2002a), pp.92~93 ; 강원도 편, 『강원도지정 문화재 실측조사보고서─월정사 적멸보궁, 정암사 적멸보궁─』, 2001, p.59, "且見樑間 記 世在乾隆三十二年丁亥 我先翁師蓮坡老和尙 主事重葺 而余不肖後孫亦今是 所謂不期然歟!"

기록이 있다.

> 이 보궁은 높은 산꼭대기에 우뚝 서서 비에 씻기고 바람에 마모되어 동량이 (기울어지고) 무너졌으니, 평소에 바라보던 승려는 누군들 (슬프게) 느껴 상심하지 않았겠는가? 정암장로靜菴長老가 다년간 수선하고자 하였으나 겨를이 없었다. 이에 대화주大化主 혜은화상惠隱和尙이 경성京城에서 와서 개연慨然히 일신一新하여 수즙修葺하려는 뜻을 가지고 널리 단연檀緣을 모았다. 먼저 기울어지고 상한 상원사를 수선한 다음 적멸보궁의 토목공사(經始)를 다스렸다. 봄에 일을 시작하여 여름에 공功을 고하였다. 그 기와를 바꾸고 그 통桶을 고치며, 그 헌가軒架를 보수하고, 그 단청을 새로 꾸며 세존의 탑묘로 하여금 환한 모습으로 바꾸었다.[136]

위의 기록에 따르면, 혜은화상이 상원사를 중수한 다음에 적멸보궁을 개건한 것으로 보인다. 이 공사는 '일신一新'·'경시經始' 등의 용어에서 보이듯이 대규모로, 기와와 통桶의 교체, 헌가軒架의 보수, 단청 작업 등이 이루어졌다. 구체적으로는 뒷간의 철거, 방한용 외벽의 보완, 지붕의 확장과 동량·기와의 교체 등 방풍 방한을 위한 외부공사가 중시되었고 단청의 수리, 장엄 등의 내부도 일부 개조되었다. 그 결과 공포, 기둥 등 그 내부 양식은 세조대로 추정되는 조선 전기의 고격古格

---

136 위와 같음, "此寶宮 特立於高峰絶頂 雨洗風磨 棟樑□頹 緇素觀者 孰不感傷哉. 靜菴長老 意慾修繕多年 未遑矣. 爰有大化主惠隱和尙 自京城而來 慨然有一新修葺之志 廣募檀緣 先以葺上院寺之頹傷 次以經寂滅宮之經始 春以始役 夏以告功. 改其瓦 易其桶 葺其軒架 新其丹 使世塔廟奐然改觀."

242

이 유지되었지만, 그 외부 형태는 19세기 말의 형식을 띠는 이중구조로
바뀌었다. 그리고 〈현판 2, 3〉에는 상궁 11명을 비롯한 시주자의 명단이
있는데, 이는 왕실의 상궁들이 시주에 대거 참여한 것과 관련하여
왕실의 번영이나 안정과 관련이 있을 법하지만, 특별한 내용이 없는
것으로 보아 혜은화상과 인연을 맺은 개인들이 참여한 것으로 보인다.
이후에도 2000년에 이중문의 미닫이 창호 설치, 내부 마루 시공, 구리기
와로의 교체 등이 이루어져 외형마저 일부 변형되어 현재에 이른다.[137]

마지막으로 일제 강점기인 1931년, 오대산 불교계는 사기 사건에
휘말려 월정사의 재산뿐만 아니라 적멸보궁의 향화香火마저 끊길 위험
에 처하였다. 이에 종정 한암漢巖을 비롯한 불교계와 권상로, 이광수
등이 '오대산석존정골찬앙회五臺山釋尊頂骨讚仰會'를 설립하여 그 취지
서를 반포하고 규약을 정비하는 등 적멸보궁 찬앙운동을 전개하였다.
회장은 박영효朴泳孝이고, 법주法主는 방한암方漢巖, 그 밖에 고문과
평의원을 두었다. 그 발기인에는 최남선崔南善, 이능화李能和뿐만 아니
라 당시 총독이었던 사이토 마코토(齊藤 實), 정무총감 고다마 히데오
(兒玉秀雄)를 비롯한 중앙과 지방의 일본인 관리·은행가·실업가 등도
참여하였다.[138]

137 이상은, 이강근(2000, 2002a) 참조.

138 權相老,「五臺山釋尊頂骨讚仰會를 讚함」·李光洙,「부텨님의 정골을 뫼신 오대산
적멸보궁을 찬앙하사이다」,『불교사 불교』81권, 1931, pp.8~19.

VI. 맺음말

본고는 널리 오대산 불교계, 보다 좁게는 상원사와 사자암이 있는 중대를 시야에 두고, 신앙의 대상 '지궁地宮'과 그 장소 '배전拜殿'을 결합한 적멸보궁에 초점을 맞추어 그 역사상을 고찰한 것이다.

필자는 흔히 일컬어지는 자장의 중대 적멸보궁 개창설을 『삼국유사』 권4·3, 의해 제5 「자장정률」·탑상 제4 「대산오만진신」과 『오대산사적 기』의 「제일조사전기」 등을 중심으로 검토하였다. 그 학설은 신빙성이 전혀 없지 않으나 사료나 기타 증거의 부족으로 확증하기가 어려웠다. 만일 그 학설이 사실이라면 적멸보궁은 배전이 없는 '지궁地宮'의 형태에 부처님의 '정골頂骨'='두골頭骨'만 안치되었을 것이다. 그리고 문수보살을 강조한 자장이 월정사의 '임시 모옥(茅屋, 草庵)'을 개창하였고, 뒤를 이은 보천이 오대산 신앙을 5방 5불에서 5대臺 7사寺 체제로 발전시켰다는 과정과 함께 그 한계도 고찰되었다. 이에 따라 오대산 불교계의 중심은 지궁과 진여원이 있는 중대에서 신라 하대로 내려가면서 점차 하원下院의 월정사로 옮겨간 듯하다.

태조 왕건이 비보사찰로 정한 것으로 보이는 월정사는 고려시대에 크게 발전하였겠지만, 그 관련 기록은 『삼국유사』와 『오대산사적기』를 제외하면 거의 전하지 않는다. 필자는 이를 근거로 신라 하대 신효거사가 '암자'를 중수하였고, 사원寺院의 기본 규모로 중창한 것은 신의 두타였으며, 1100년경을 전후하여 '대찰大刹'로 중창하고 8각9층 석탑을 세워 사리를 봉안한 것은 유연 장로로 추정하였다. 그는 중대에 지궁을 개창하였을 가능성이 있는 인물이기도 하다. 그런데 1970년

8각9층석탑의 보수작업에도 그 진신사리는 발견되지 않았다. 그러나 월정사탑月精寺塔에서 수습된『전신사리경全身舍利經』등 각종 사리유물, 세존사리·시장경施藏經의 비문 등을『삼국유사』와『오대산사적기』와 검토하면 고려시대에는 각종 사리의 봉행이 유행한 것으로 판단된다. 결국 14세기 전반에 오대산 불교계는 고지대인 중대의 '지궁'과 함께 저지대인 월정사에도 '불사리'와 '법사리'가 봉안된 '사리불국의 세계'로 인식되었다. 나아가 14세기 후반인 고려 말기에 이르면 중대의 '지궁'은 기존 사실로 더욱 굳어졌다.

나말선초 오대산의 북대에 주석한 나옹 혜근이 입적한 뒤 그의 문도 나암 유공·수암 영공·지선·혜명은 나옹을 추모하는 기념사업의 일환으로 서대 수정암, 동대 관음암, 남대 영감암을 중창하였다. 또한 각운 설악의 상원사 중창과 영로암의 사자암 중수로 중대의 면모는 일신되어 오대산 불교계의 중심이 되었다. 특히 1401년 태상왕 이성계는 사자암을 중창하게 하고, 친행하여 참배한 뒤에 원찰로 삼았다. 이는 사실 상원사의 수륙재 도량화와 관련된 것이었다. 필자는 태상왕의 사자암 중건을 '적멸보궁'의 존재와 관련하여 그 실존의 소급 가능성을 열어두었다.

세종은 상원사를 강원도의 2대 교종본산敎宗本山으로 정하였고, 세조는 신미의 제자 학열에게 상원사를 중창하게 하였다. 그는 1465년 직접 내탕고의 재물을 내렸고, 왕실·종실·백관도 참가시켰다. 1466년 윤3월 세조는 상원사에 친행親幸하였고 몸소 '보궁'에 올라 분향참례하였다. 그 결과인지 몰라도 방광, 분신사리 등의 각종 서상을 체험하였다.『오대산사적기』의「아조본산사적」에 나오는 내용에 의하면 (적멸)'보궁'은 늦어도 15세기 중반에 확실히 실존하였을 것으로 보인다. 이후 성종에 이르기까지 상원사는 왕실과 국가의 비보사찰이 되었다. 각종 패나 전답 노비의 하사, 잡역과 요역의 면제나 경감 등의 조치가 이루어졌고, 강릉부 산산제언蒜山堤堰이 사여賜與되었다. 심지어 유학을 좋아한 성종成宗조차도 유신들의 건의를 뿌리치고 결국 산산제언을 상원사로 귀속시켰다. 조선 초 숭유억불의 통치이념에도 불구하고 오대산 불교계는 불교의 중흥을 기대할 정도로 발전하였고, 그 중심은 월정사에서 다시 중대와 상원사로 옮겨갔다.

임진왜란 직후 사명 유정의 활약으로 오대산 불교계는 중심이 월정사로 이동하는 약간의 변화가 나타났지만, 국가와의 관계는 다시 강화되었다. 그는 1587년 월정사를 중창하기 시작하여 1600년에 낙성하였고, 1606년에는 기린봉 남쪽 영감사의 터에 이른바 오대산사고를 건립한 것으로 추정된다. 조정은 사고를 수호하기 위하여 그 곁에 사고사(영감사)를 세우고 월정사의 주지, 간혹 영감사의 주지를 총섭으로 임명하여 관리하게 하였다. 아울러 오대산의 고승高僧을 '적멸보궁수호총섭'에 임명하여 적멸보궁의 관리도 맡겼다. 이는 외견상 조선 말기까지 이어졌다.

한편, 조선 후기 문인 관료들은 사고의 관리나 유람을 위해 중대의 적멸보궁을 찾았다. 대표적 인물로는 정시한, 송광연, 조덕린, 김창흡, 강재항, 정기안 등이 있다. 이들은 지궁의 외부 묘사와 함께 '불골' '석가불골'의 안장, 단청과 그림의 화려함과 생동감, 철기와로 된 지붕의 공교로움, 비워 둔 법좌와 종이꽃으로 장식한 배경, 적멸보궁이 천하제일의 명당이라는 점, 금몽암의 스님들이 적멸보궁을 받드는 점 등을 생생하게 묘사하였다. 다만 송광연을 제외한 이들은 성리학적 입장에서 적멸보궁 대신에 '적멸각'·'적멸보각'·'사리각'으로 서술하여 의도적으로 '궁宮'자를 피하였고, 불교를 '외교外敎'로 비하하였다. 그 가운데에 1664년 윤선거가 우리나라 최초로 '적멸보궁'이라고 명기한 점은 주목된다.

마지막으로 조선 후기에 적멸보궁은 여러 차례 중수되었다. 17세기 중반의 색름의 경우를 제외하고도 영담이 주도한 1814년과 1825년의 중수가 있었고, 특히 1767년 연파화상이 중수한 적멸보궁은 김홍도가 1788년 적멸보궁의 방문을 계기로 그린 「금강사군첩」의 모델이었을 것이다. 아울러 1878년 혜은화상이 추진한 외부 중심의 대규모 개건작 업은 조선 전기의 내관内觀과 19세기의 외관外觀이라는 이중적 구조의 적멸보궁이 오늘에 이르는 계기가 되었다.

제6장

사리 숭배의 발달과 그 고원성

- 사리 정의와 숭배에 관한 연원을 추적하며 -

●

원혜영

(고려대학교 민족문화연구원 박사후과정)

Ⅰ. 사리 정의와 숭배의 역사

사리 숭배를 고원함이라 규정하는 것은 지역과 역사적인 상황에 따른 수많은 차이에도 불구하고 본질적이고 기본적인 기반을 가지고 불교 안에서 효과적인 형태로 그 명맥을 이어왔기 때문이다. 사리 숭배 및 공양에 대한 수요는 아주 이른 시기부터 언제 어디서나 대규모의 장엄한 모습으로 공동체나 개인에게 복덕을 내릴 수 있다는 명목 아래서, 그 우주적이고 존재론적인 기능을 가진 채 구현되었다. 우리는 그 성스러운 존재에 관해서 언제부터 주목하기 시작했을까? 그리고 그 우주적이고 존재론적인 구현은 불교 문헌에서 어떻게 재현되었을까?

  사리 숭배는 그 공양물을 받는 주체로서 지상에 재현되는 헌신적이고 신비적인 신앙에서 비롯된 것이다. 성스럽고 장엄한 과정들은 붓다의 열반 이후, 창조적인 활동으로 부여되면서 성장하고 대중들을 자극하였다. 붓다 사리에 숭배하고 공양하고 존경을 표하는 일련의 행동들은 시주자의 공덕을 향상시키고 그들을 구제한다는 목적으로 믿어졌다. 사리sarīra는 "신체적 구조인 살아 있는 몸과 죽은 몸 모두를 의미한다"[1]는 경전의 기술이 존재하지만, 초기 열반경Mahāparinibbāna-suttanta 텍스트에서는 붓다의 사리에 공양하는 과정들로 인하여, 불교 전반에서 사리는 붓다의 유골로 인식된다.

---

1 DN.ⅱ, 141 ; Rhys Davids, T.W. Anāgatavaṁsa, *Journal of the Pali Text Society*(London: 1886), p.36.

　불교에서 말하는 공양(pūjā) 또는 숭배란 '열반한 붓다와 그 제자들이 집착을 떠나 청량해짐으로 인해 평화를 얻었고 그들에게 올리는 공경, 예식' 등이다.[2] 여래가 살아 있을 때나 돌아가셨을 때 향, 꽃, 의복, 음식, 깃발 등을 가진 사람들이 여래를 숭배하여 무한한 공덕을 얻는다. 살아 있는 존재에게도 이 숭배와 공양은 가능하지만, 그들이 이 세상을 떠난 후에도 그들과 동일시되는 스뚜빠의 건립이 그것을 대신한다. 초기 텍스트에서 규정하고 있듯이, 스뚜빠를 세울 수 있는 성인들은 '붓다와 그의 제자들인 성문, 그리고 연각, 전륜성왕'으로 한정한다.[3] 그들의 강렬하고 순수한 정신성, 우월성을 드러내는 작업이 스뚜빠의 건립이다.

　스뚜빠는 열반을 상징한다. 붓다의 유골을 안치해서 그 위에 벽돌이나 돌을 반구 형태로 쌓아올린 것을 '스뚜빠stūpa'라고 한다.[4] 반구형의 돔은 '알(aṇḍa) 또는 자궁(garbha)'을 상징한다. 알이나 자궁은 베다시대 이래 인도 신화에서 시원적 형상으로, 또 풍요의 상징으로 쓰였다. 인도에서는 '모든 것이 무無로 돌아가 오랜 암흑의 시간을 지나 새로운 세계가 다시 생겨날 무렵, 출렁이는 어둠의 물 위에 홀연히 빛을 발하며 떠다니는 금빛 알이 있다'며 창조신화에서 나옴직한 익숙한 광경을 설명하기도 한다. 이러한 상징은 불교 스뚜빠의 돔에도 투영되었다.[5]

2　Dhp.195,196 ; Milin. 179.

3　『遊行經』(T1), 20b-c ; 『大般涅槃經』(T1), 200a ; MPS Ⅱ.142 ; ANⅡ,245.

4　스뚜빠는 thuba, thūpa라고도 불린다.

5　Adrian Snodgrass, *The Symbolism of Stūpa*(Ithaca, 1985), pp.189~195; 杉本卓洲, 『インド佛塔の硏究』(京都, 1984), pp.205~222.

스뚜빠의 돔을 동아시아에서는 엎어진 발우 같다고 하여 복발覆鉢이라 부르는데 이런 용어는 인도에서도 알려져 있다.[6]

스뚜빠의 숭배가 비약적으로 발전한 것은 기원전 3세기 아쇼카Aśoka 왕 때이다. 산치Sāñcī 대탑이 만들어진 것도 아쇼카가 만든 것이다. 아쇼카는 통치책의 일환으로 불교를 이용하면서 스뚜빠 숭배를 처음으로 확립한 것으로 보인다. 기록에 의하면 아쇼카는 그의 영토 전역에 있는 주요 도시에 스뚜빠를 세우고 붓다의 유골을 나누어 그곳에 봉안하였다. 붓다의 유골에 신통한 영험이 있었을 뿐 아니라, 그에 대한 숭배는 불교도들로 하여금 붓다의 유해에 귀의와 경배를 바침으로 오래전에 열반의 세계로 사라진 붓다의 실재성을 믿게끔 하였다. 스뚜빠 자체가 붓다의 외적인, 그리고 시각적인 현현물들로서 받아들여지게 되었다. 왕들에게 쓰이던 봉본에 붓다의 유골을 봉안함으로 인해 아쇼카는 붓다가 곧 전륜성왕, 즉 세계의 제왕이라는 관념을 퍼뜨렸다.[7] 스뚜빠 주위를 태양의 방향, 다시 말해서 시계 방향으로 돌며 경배하는 모습은 확고한 관습에 의한 것이다.

숭배와 공양의 역사는 붓다에 의해서 주목받았고, 열반 당시에 유해에 가해지며 상징적인 건축물이 되었다. 붓다의 열반에 관련된 이야기와 불교 미술품 등에서 보인 섬세함은 사리 숭배에 관련된 분석을 명쾌하게 하는 틀을 제공한다. 초기 열반경 텍스트에서 보인 붓다의 이야기는 집중력 있게 불교미술에 관심을 불러일으킨다. 이야기와 건축물, 그리고 미술의 독자성이 사리 숭배라는 공양의례에 적절하게

6 望月信亨, 『佛教大辭典』, 제4권(世界聖典刊行協會, 1936), 3835c.
7 벤자민 로울랜드, 『인도미술사』, 이주형 옮김(예경, 1999), pp.67~68.

이해시킨다. 이국적일 수도 있고 이질감 있는 인도 문화의 시각적 양상은, 다시 말해서 사리 숭배라는 의례를 붓다의 열반이라는 상황과 맞물려 극적으로 받아들이게 한다. 그래서 특유한 문화적 상황이나 역사적 상황이 초기불교 텍스트와 무관하지 않음을 인지하게 하여 자연스럽게 흡수시킨다.

특히 붓다 자신도 살아 있을 때, 스뚜빠의 아름다움에 대해 피력한 내용은 불교 전통의 틀 안에서 우리에게 이야기와 건축물, 또는 미술품들을 대함에 흥미로움을 일으킨다. 또한 감탄하는 붓다의 말 속에서 우리는 스뚜빠에 더욱 주목하게 됨을 발견한다. 스뚜빠는 붓다의 사리를 모신 상징성으로 유명하지만 이전부터 존재했던 인공물이다. 탑묘 (cetiya)[8]는 스뚜빠의 다른 형태의 이름으로 존재하는데, 과거불을 숭배하는 탑묘를 보기 위해 붓다는 열반 직전에 아난다를 대동한다.[9]

---

8 Percy Brown, *History of Indian Architecture*(D B Taraporevala Sons & Co. Bombay, 1942) Ⅰ:4 ; Cetiya는 엄밀하게 말하면 스뚜빠와는 좀 다른 형태로 기술되어 있어 차이가 있는 것으로 보이지만, 관련성을 언급하고 있다. 불교 스뚜빠에 있는 토로나(torana)는 원래 문이다. 나무 또는 대나무로 된 기둥을 양쪽에 세우고 그 위쪽에 긴 나무를 가로 방향으로 연결한 형식이다. 이것은 후대 산치나 바르후뜨에서 보는 바와 같이 정교한 형식으로 발달하였다. 성스러운 나무나 봉분을 둘러싸기 위해 나무 기둥과 가로대로 구성된 울타리들이 만들어졌다. 이들은 뒤에 불교 스뚜빠를 둘러싸는 베디까(vedikā), 즉 울타리로 발전하였다. 많은 학자들이 지적하듯이 서인도의 불교 석굴사원에서 볼 수 있는 Cetiya 당의 둥근 천창은, 나무를 엮어 둥근 모양의 서까래를 만들고 그 위에 짚을 덮은 목조건물의 둥근 천장을 모방한 것이다. 퍼시 브라운은 Cetiya의 아치는 베다시대에 기원했던 것으로 보며, 후대 불교석굴사원에서는 나무로 된 아치가 석굴 정면 윗부분에 있는 말발굽 모양의 창에 가죽 끈으로 고정되었다고 설명한다.

9 DN. Ⅱ. 102~107.

아난다여! 베살리 시는 아름답다. 우데나 탑묘도 아름답다. 고따마까
탑묘도 아름답다. 쌋땀바 탑묘도 아름답다. 바후뿟따 탑묘도 아름답
다. 싸란다다 탑묘도 아름답다. 짜빨라 탑묘도 아름답다.[10]

붓다는 열반 직전에 자신의 운명을 예감했던 것으로 보이며, 주변의
아름다운 광경을 눈 속에 모두 담아가려는 듯이 간절하게 탑묘를 둘러보
았다. 우데나Udena 탑묘는 약사Yakṣa 우데나의 탑묘가 있는 장소에
만들어진 승원이다.[11] 고따마까Gotamaka 탑묘는 베살리 시의 남쪽에
위치해 있으며 붓다는 이곳에서 몇 차례 지냈다. 이 탑은 고따마 붓다
이전에 고마까 약사에게 바쳐진 곳이다.[12] 쌋땀바Sattamba 탑묘는 베살
리 서부에 있는 탑으로 까씨Kāsi국의 왕인 끼끼Kīki의 7공주가 라자가하
를 떠나 그곳에서 정진했다. 그래서 '일곱 망고 탑'이라고 불린다.[13]
바후뿟따Bahuputta 탑묘는 베살리 시 근교 북쪽의 탑으로 고따마 붓다
이전부터 있었다. 원래 바후뿟따는 많은 가지를 갖고 있는 니그로다
나무를 두고 사람들이 그렇게 불렀다. 많은 사람들이 그 나무에 신들이
산다고 믿었으며, 자식을 위한 기도를 했고 그래서 그 탑이 지어졌다.[14]
싸란다다Sārandada 탑묘는 고따마 붓다 이전의 탑으로 싸란다다 약사에

10 DN. II.103.
11 Srp. III.251.
12 Ppn. I.811.
13 Ppn. II.1010 ; 자따까에 의하면(Ja. IV.241), 그들은 케마(Khemā), 우빨라반나
(Upalavaṇṇa), 빠따짜라(Paṭācārā), 고따마(Gotamā), 담마딘나(Dhammadiṇṇā),
마하마야(Mahāmāyā), 비싸까(Visākhā)로 태어났다.
14 Ppn. II.273.

게 바쳐진 것으로 나중에 여기에 건립되었다.[15] 탑묘에 약샤라는 이름이
언급된 것은 후대 힌두교의 숭배와 관습이 흡수된 것이다. 장소와
관련된 신들, 또는 각종 수호신들과 자연신들이 인격화되어 섬겨졌으
며, 그중 대표적으로 중요하게 여겨지는 것이 약샤이다. 약샤는 나무신
이고, 지하에 묻힌 광물들을 지키는 신이며, 부와 풍요를 가져다주는
신이다.[16] 인도인들 신앙의 심층에 뿌리를 내리고 있던 이와 같은 전통
신들이 발달하여 불교에 흡수되었다.

　초기 열반경 텍스트에서 언급한 이 문장들에서 베살리의 탑묘는
많은 것들을 상징한다. 붓다의 눈에 비친 아름다운 베살리는 그 자신이
죽음을 직감하고 바라본 풍경이다. 붓다는 베살리 도시 전체를 아우르
고 있는 탑묘를 통해 자신의 심정을 암시적으로 드러낸다. 위의 인용문
이 과거불을 신앙의 대상으로 삼는 탑묘라는 점에서도 주목받지만,
잇따라 나오는 스토리로 인해 유명하기도 하다. 붓다의 수명에 관련된
유명한 이 에피소드는 붓다의 열반 상황 직전에 붓다가 원한다면 1겁이
나 머물 수 있음을 설한 내용이 들어 있다. 그러나 아난다가 더 오래
사시라는 간청을 하지 않았기에 붓다가 열반에 들 수밖에 없었다는
상황으로 결론 내려졌다.[17] 아름다운 탑묘를 둘러보고 붓다가 살 수

---

15 DN. II.75 ; AN. III.167.

16 벤자민 로울랜드, 위의 책, p.45,48 ; 아쇼카는 약샤들의 도움을 받아 하룻밤
　사이에 팔만 사천의 스뚜빠를 세웠다고 하는 이야기가 전해진다.

17 DN. II.102~107. 이 스토리는 나중에 아난다에게 죄목을 묻게 되는 조항의 하나로
　유명하다. '아난다는 마치 마라의 마음이 사로잡힌 듯하다'는 경전의 서술이
　그를 변호하듯이 전해진다. 아난다의 간청이 있었다면 붓다의 열반은 이루어지지
　않았을 것이라는 의견들도 있다.

있는 기간을 언급한 것은 역설적이기도 하지만, 붓다는 과거불의 탑묘와 미래에 세워질 자신의 스뚜빠도 예감했던 것으로 보인다. 과거불을 신앙하는 탑묘의 거론은 또 다른 사리 숭배의 신앙을 자연스럽게 연결한다. 붓다의 사리 숭배 이전부터 인공의 건축물은 인도인들에게 익숙하고 친근한 것이 되었다. 붓다가 생전에 베살리 탑묘를 둘러보는 이 에피소드는 스뚜빠를 주목하게 하는 요소를 지녔다.

흥미로운 점은, 붓다의 열반 상황에서 사리 숭배는 미래 공동체의 주요한 원동력을 제공한다는 것이다. 사리 숭배의 과정에서 오는 의례는 고전적인 패턴을 소유하고 있으며, 재가자들이 붓다 사리에 숭배하는 상황들은 결코 새로운 것이 아니다. 사리 숭배의 취향은 초기 열반경 텍스트를 통해서 그 상황들을 직접 본 듯이 풍부하다. 사실적이며 세부적 묘사는 지역적이고 문화적인 영감까지 덤으로 얻게 한다.

이 에피소드에서 붓다의 열반 후에 오는 현상계의 재현들은 초경험적으로 묘사되며 이상화되고 상징적으로 승화되어 인간, 신, 그리고 붓다의 제자 등을 포함해서 3차원의 공간과 정신의 세계까지 거론된다. 붓다의 열반이 직면한 문제들이 엄청나고 그의 사리에 공양하고 숭배하는 사건들은 두고두고 역사적인 인물인 붓다의 스토리에서 회자된다. 붓다만이 역사성을 갖고 있는 인물이기에, 제석천이나 범천 등에서 얻을 수 있는 상상력, 그리고 창조성에서 더 나아가 신뢰감을 얻고 있다.

엄격한 질서를 부여하는 붓다의 열반 상황들은 세부적으로 절제되더라고 탁월한 성과를 거둔다. 붓다의 열반은 새로운 공동체의 시작으로 해석될 여지를 충분히 남겨두면서도 그 상황들은 사리 공양 및 숭배에 집중시키는 미래 지향성과 함께 부인할 수 없는 심오한 종교적 영감을 지녔다. 붓다의 열반 스토리는 총체적인 공동체의 축제였으며, 붓다의 사리는 공동체의 확산에 기여한다. 그 공동체의 확산에 주도적인 역할을 담당한 것이 스뚜빠이다.

초기 스뚜빠가 가진 창조적인 힘이야말로 자연과 맺는 독특한 관계를 규정해주며, 자연의 자리에 무던하게 존재하면서 끊임없이 모방의 저력을 이어왔다. 자연과 연결된 스뚜빠는 초창기에 미적으로 화려함을 갖고 있었고, 후대로 갈수록 자연에 거스름이 없는 단순미로 향해 간다.[18] 하지만 변하지 않는 것이 있다면 그 근원성에 대한 물음일 것이다. 앞으로도 새로운 스뚜빠의 출현은 붓다의 근원성에서 연결고리를 찾을 수 있다. 그것은 매우 강력하고 자유로운 산출물을 낳는 에너지이다. 스뚜빠는 고대인들의 창조물이지만, 초기 모델에 안주하지 않고 자신이 속한 사회와 문화에 맞게 자유롭고 예술적인 경지로 창조해 나간다.[19]

그렇다면 이런 자유로운 창조물의 근원은 어디에서 시작되어 발달되어 온 것일까? 붓다의 열반 상황으로 거슬러 올라가서 문헌학적 조사를 토대로 하지 않으면 안 되는 이유는, 그것을 파생하여 생긴 건축물이

---

18 스뚜빠의 변화 과정에서 등장한 모든 형태들 중에서, 중국의 탑의 원형이 우리나라에 미친 영향은 크다. 중국에 따르면 그들의 취향에 맞도록 탑이 변형되어야 했다. 5-8세기 사이 중국의 탑은 한국이나 일본에서 만들어진 탑의 원형이 되었다. 그래서 중국의 탑보다는 한국과 일본의 탑들이 더 단조롭고 단순미로 향하여 간다.

19 원혜영, 「스뚜빠의 변화된 모습에서 보인 생명성」, 『철학』 제97집(한국철학회, 2008), p.50

붓다의 사리와 동격으로 강조되고 있기 때문이다. 붓다의 사리는 논리적 연장선상에서 숭배라는 광범위한 역사와 배경을 그 건축물에 고스란히 재현한다. 그것을 배경으로 하는, 붓다의 열반 에피소드의 모습은 어떠했을까?

Ⅱ. 사리 숭배에 관련된 성스러운 신세계

'사리 숭배에 관련된 성스러운 신세계'는 초기 열반경 텍스트에서 보인 붓다의 열반 당시의 상세한 에피소드에 근거한다. 붓다의 유체에 가해진 상황들은 전륜성왕의 유체 방식을 다루는 것과 닮아 있으며, 거기에 신들의 공양이 조화롭게 이루어져 있고 대자연의 현상인 대진동으로 인해 사리 숭배의 성스러운 신세계는 펼쳐졌다. 신화적이고 축제적인 성향은 붓다의 사리를 통해 경험되며, 이러한 신세계를 독자들에게 전하면서 감흥으로 이끈다.

특히 붓다의 입멸 상황에 관련한 '대진동 에피소드'에서 붓다의 정신세계를 경험할 수 있게 된 것은 새로운 신세계를 경험함이다. 붓다는 입멸 직전에 '초선, 2선, 3선, 4선의 사선정을 거쳐, 4등지, 상수멸까지 들어간 것'[20]에서 그친 것이 아니라, 거꾸로 출정하여 '4등지를 거쳐, 다시 4선, 3선, 2선, 초선, 그리고 다시 초선, 제2선, 제3선, 제4선에서 출정하여 반열반'[21]에 들었다. 붓다의 정신세계는 침묵하는 듯, 정적을 표면화하면서도 역동성을 내면화한다.[22] 이런 정신세계는 대진동이라

---

20 MPS[DN. Ⅱ x vi 6.8~10] 참조.
21 MPS[DN. Ⅱ x vi 6.8~10] 참조.

258

는 신세계에 반응을 유도했으며 대자연은 그것에 화답한다.

우주와 교감하는 대사건을 '대진동'으로 표현한 것은 내면의 작고 정교한 정신세계가 외부의 장엄하고 숭고한 사건으로 펴진 것이다. '대진동'은 붓다 입멸에 대한 우주와 소통이며 성인의 입멸에 대한 우주의 반응이다. 한 개인의 입멸이 아니라 공동체의 입멸이며 다른 변화된 공동체를 예견하는 우주적 반응이다.[23] 우주의 기운이 붓다의 열반이라는 사건을 계기로 일대 변화를 겪으며 완벽한 형태와 완벽한 상황으로 입멸의 정신세계를 '대진동'을 통해서 전환한다. '대진동의 에피소드'는 두 개의 관심 세계, 즉 공간적 세계와 시간적인 세계가 역사라는 개념 속에서 적절히 배분된다. '땅이 진동하고 하늘이 변화하고 바닷물이 출렁이고 우뚝 선 수미산이 흔들리는 광경'은 이전에 보았던 장면이 아니다. 바람이 지나가는 장면을 볼 수는 없지만 '수목이 꺾여지며 눈으로 으스스한 기운'을 느끼게 하는 공간적인 변화에 큰 충격을 준다. 이런 마술적 능력, 비상한 것들은 인간을 정서적으로 매혹시킨다.[24] 텍스트에서는 대진동 후에 뒤 이어져 나오는 게송들로 차분하게 붓다의 열반을 음미할 수 있게 한다.[25] 게송들은 '별, 달, 쌓인 눈' 등의 자연적 표현과 '법의 바퀴, 중생들의 괴로움' 등을 적절하고 매끄럽게 처리하여 비통함을 비유적으로 나타낸다. 붓다의 정신세

22 원혜영, 「대진동」, 『한국불교결집대회논문』(한국불교결집대회 조직위원회, 2004).

23 원혜영, 「대진동」, 위의 책 참조.

24 『大般涅槃經』(T1) 205a29~205b03 ; 원혜영, 『아름다운 공동체, 붓다의 열반 에피소드』(경서원, 2009), p.303.

25 『遊行經』(T1) 26c16~27b14.

계, 대자연의 반응인 대진동, 그리고 미학의 정점인 게송들의 연결은
클래식 음악을 듣는 것처럼 길고도 장중함을 지녔다. 붓다의 열반
자체가 우주적인 것들과의 소통 장치처럼 많은 것들을 제시한다.

세속적인 붓다의 장례 절차로 돌아가 보자. 그들은 어떻게 붓다의
장례법을 실현했는가? 여기서 그들은 누구일까? 붓다의 입멸은 신들도
참여하였기에 세속의 범주를 넘어서 신화적 이미지를 담고 있다. 천신
들은 무상성을 알고 있기에 붓다의 죽음에 냉담한 듯 보이는 경전들의
서술들로 인해, 비구들이 슬피 곡하고 부르짖으면서 스스로 억제하지
못하는 것을 지적해서 대비를 이루기도 한다.[26] 반면, '천신들이 머리를
헤쳐 풀고 팔을 들어 울며, 땅에 쓰러져 앞으로 뒤로 구르면서 울고
있는 장면'[27]들도 일부 초기 열반경 이본異本에 존재한다. 신들이 붓다의
입멸에 반응하는 것에 차이가 있지만, 그들이 열반 상황을 함께한
것에는 일치를 보인다. 신들이 벌린 사리 공양의 상황은 더욱 신비적이
고 축제적이다.

놀라운 것은, 초기불교에서 사리 공양의 주도적 집행은 재가자들에
게 부여되었다는 점이다. 이것은 초기 불교가 수행에 전념하고 출가자
들의 우월한 특권의식이 어느 시대보다도 강력한 시점에서 당황스러운
의문이 아닐 수 없다. 말라족이 주도한 사리 공양은 재가집단의 위상을
말한다. 초기 열반경에서 출가자 및 붓다의 제자들인 성문들이 제외된
상황이 주목되는데, 그 이유와 근거를 『밀린다팡하Milindapañha』[28]는

---

26 『遊行經』(T1) 027b24.

27 MPS[DN.Ⅱxvi]p.158. 11 ; 원혜영, 『아름다운 공동체, 붓다의 열반 에피소드』,
위의 책, p.320.

거론한다. 이 텍스트에서 승자의 아들은 성문을 의미한다.

아난다여! 여래의 사리 공양하는 일을 너희들이 점유해서는 안 된다.
그러나 대왕이여, 왜냐하면 승자의 아들들에게 있어서 이 공양하는
것은 그들의 본래 행해야 할 일이 아닙니다. 형성된 것들을 분명하게
이해하고, 여리작의如理作意, 마음 집중을 세운 관찰, 대상의 본질에
대한 파악, 번뇌와의 싸움, 최고선 획득에 경주하는 것, 이것은 승자의
아들이 해야 할 일입니다. 공양은 나머지 신들과 인간들이 해야 하는
일입니다.[29]

초기불교 시대의 성문과 비구들의 위상이 높았음에도 불구하고,
사리 공양의 중대사를 재가자들에게 넘기는 초기 열반경 텍스트의
전거들에서 사실상 많은 의문점을 제시한다. 『밀린다팡하』는 그 의문점
을 해결해주었으며 공양의 몫은 신들과 인간들이 행하는 일임을 강조한
다. 고전의 의문점을 다른 고전의 텍스트가 해결하고 있는 셈이다.
　그렇다면 초기 열반경 텍스트에서 보인 사리 공양의 형식, 규모
그리고 종류는 어떠했을까? 갖가지 꽃들과 그윽한 향 등으로 공양은

---

28 Milindapañhapāil, Pāil Series 28, Romanized from Myanmar version published
　in 1999(Ministry of Religious Affairs, Buddhasāsana Society, 2008).

29 Milindapañhapāil, 위의 책, p.177 ; … abyāvaṭā tumhe ānanda hotha tathāgatassa
　sarīrapūjāyāti. akammaṃ h'etaṃ mahārāja jinaputtānaṃ yad idaṃ pūjā;
　sammasanaṃ sankhārānaṃ, yoniso manasikāro, satipaṭṭhānānupassanā, ā
　rammaṇa-sāraggāho, kilesayuddhaṃ sadatthamanuyuñjanā, etaṃ jinaputtānaṃ
　karaṇīyaṃ karaṇīyaṃ; avasesānaṃ devamanussānaṃ pūjā karaṇīyā.

이루어졌으며 다양한 맛과 향, 질감을 가지고 있는 좋은 음식들이
제공되었다. 12종류의 악기를 동원한 음악이 흐르고, 천막을 둘러
설치한 뾰족한 원형의 원옥을 지어 한 공간에 공동체가 모일 수 있도록
하였다.[30] 붓다의 유해에 다가가서 춤과 노래와 연주와 화환과 향으로
존경하고 공경하며 공양했다. 그들은 그렇게 원옥에서 하루를 보내며[31]
성스러운 사리 공양을 축제처럼 즐겼다. 축제는 인간들 사이에 드리워
진 모든 차별을 잊고 유대와 일체감을 되찾는 사건일 뿐만 아니라
인간에 의해 소외되고 억압되고 적대시되었던 자연과 화해하는 잔치이
다.[32] 축제 기간은 7일 동안 지속되었으며, 이 기간은 공동체의 유대감과
결속을 다지는 신세계의 길로 이어졌다.

붓다의 유해에 가해진 방식, 다시 말해서 유체 처리방식은 색다른
이미지를 부여한다. 사리 공양이 붓다의 유해에 공양하는 방식이라면,
이 유체에 가해진 처리방식은 '붓다에 몸에 베어들게 함'이라는 고급스
러움을 뜻한다. 유체에 이러한 과정들이 가해진다는 사실은 놀랍다.
놀랍고 경이로운 과정을 이색적이거나 이질적이지 않게 하기 위해
경전들은 붓다와 전륜성왕의 유체 처리방식을 닮았다고 서술한다.

붓다의 유체에 가해지는 행위는 다음과 같다. '향탕으로 몸을 씻으며
500장의 모직으로 몸을 감싼 다음, 황금관 안에 넣고 삼씨기름을 쏟는
다.'[33] '전단향나무와 침향나무와 가래나무와 녹나무 땔감을 관 위아래

---

30 SV. p.596 ; MPS[DN. II x vi] p.159 ;『佛般泥洹經』(T1) 173a14.

31 원혜영, 「이야기 형식으로 표현된 붓다의 축제적인 장례」,『교불론논집』제14권(한
국교수불자연합회, 2008), p.407.

32 이승종, 「축제로서의 삶」,『축제와 문화』(연세대학교 출판부, 2003), p.21.

에 덮고, 좋은 4면의 높이와 넓이를 30길이로 하여 불을 붙여 화장하고, 12부의 풍악을 울리며 향과 꽃으로 그 위에 모두 흩고서 재와 숯은 골라 버리고, 좋은 향수로 깨끗하게 씻어 금 단지 속에 넣고, 탑을 세워 비단과 번을 달아 꽃과 향을 뿌리며 풍악을 울린다.'[34]

붓다와 전륜성왕과의 유체 처리방식이 닮았다는 사실은 후대의 첨가 내지 삽입으로 보는 경향이 없지는 않지만,[35] 그 방식은 인도 고전에서 제왕의 이미지를 소유한 전륜성왕의 장엄함과 그것으로 인해 불사리의 공덕과 위신에 가피를 받고자 하는 믿음이 당시 불교도들에게 팽배해 있었기에 가미된 것이다. 세속을 떠난 붓다와 '세계 정복' 또는 '세계 군주'라는 이상을 가진 전륜성왕과는 서로 상반되는 이미지를 가졌었지 만, 두 개념이 합쳐지면서 붓다의 위상은 높아졌다. 전륜성왕의 개념은 초기 베다뿐만 아니라 아리안 이전부터 있었으며, 불교적 개념에서 함께 거론되면서 붓다의 다른 세속의 짝으로 자리매김한다.[36] 전륜성왕 의 장례법을 붓다의 장례법에 비유하여 거론되는 경전의 서술들은 전설적이고 신화적인[37] 붓다의 장례법을 더욱 상징적이면서도 세속과

---

33 『遊行經』(T1) 28b10~28b12.

34 『佛般泥洹經』(T1) 173a18~173a26

35 원혜영, 「붓다와 전륜성왕에게 행한 유해 방식은 닮았는가」, 『인도철학』 제23집(인 도철학회, 2007), p.78 ; 전륜성왕에 대한 언급은 전륜성왕의 관념과 기원이 이전부터 있어왔다는 주장을 표면적으로 뒷받침하면서도, 초기 열반경의 편찬자 들이 붓다 입멸 이후라는 입장을 든다면, 아쇼카왕이 모든 종파를 총괄하는 이상적인 행적을 누군가 기리기 위해 보편자인 전륜성왕을 첨가했을 가능성도 남겨두어야 한다.

36 Zimmer, Hemrich, Philosolphies of India(New York, Meridian Books, 1957), pp.129~130.

거리감을 좁히게 만든다.

III. 무불상의 상징과 스뚜빠의 위상

열반한 붓다의 본질을 드러낸다는 것은 최상의 정신성을 표현해야 하는 작업이다. 붓다의 존재에 걸맞은 형상이나 관념은 사실상 어떤 표현으로도 불가능하다. 붓다를 인간으로 표현하기까지는 많은 시간이 걸렸다. 그것은 인도 문화의 역사적인 기류에 기인한다. 인도 문화의 기저에 잠복해 있던 상 숭배 의식과 관습은 거의 존재하지 않았다. 인도에서 인더스 문명기(B.C. 2500~1800)에 상을 만드는 관습은 있었지만, 베다시대(B.C. 1500~600)에 새로이 유입한 아리아인들에게는 인간적인 형상의 상을 조성하거나 숭배하는 관습은 없었다.

상의 숭배가 뚜렷하게 보이기 시작한 것은 마치 인간처럼 열정적으로 상을 숭배하는 박띠bhakti 경향이 인도 전반에 대두된 기원전 2~3세기부터이다.[38] 종전의 박띠 숭배는 자기 신뢰와 통제를 통해 자기 계발에

---

37 고대 인도문헌에서는 태양의 바퀴가 이끄는 대로 세계를 통치한다고 하여 전륜성왕(Cakravartin)이라 한다. ; 木村泰賢·平等通昭, 『梵文佛典文學の研究』(東京, 1930) ; 신화적인 서술들은 율장 등을 통해 붓다의 생애에 대한 관심들이 가해지면서 신비적인 형태로 꾸려지게 되었다. 붓다에 대한 관심이 높아져 가면서 불전문학이라 불리는 형태가 이루어졌는데, 『랄리따비스따라』『마하바스뚜』, 『붓다차리따』, 『니다나까따』 등이 여기에 속한다.

38 Coomaraswamy, Ananda Kentish, "The Origin of the Buddha Image", The Art Bulletin, Vol.9, No.4. Jun. (Colleqe Art Association, 1927), pp.287~317 ; 이주형, 「쿠마라스와미의 불상기원론」, 『강좌미술사』 11(한국미술사연구소, 1998), pp.49~76.

이를 수 있다는 엄격한 테라바다 가르침을 대신하면서, 신적인 존재에 인간의 형상을 대입해서 숭배하기 시작한 역사를 기반으로 한다. 토속적인 풍요의 신들이 이 당시에 출현했다.

붓다의 열반 후에 약 500년간은 불상이 존재하지 않았다. 붓다의 열반 수 세기 동안 스뚜빠의 건립과 숭배는 '스뚜빠가 곧 붓다이고 붓다가 곧 스뚜빠'라는 공식에서 그 신성함과 강한 매력으로 인해 고조되는 재가자들의 염원을 담았기 때문이다.

그럼에도 불구하고, 다사까 오사무(高田修)는 붓다가 살아 있던 당시 불상이 조성되었다는 텍스트상의 문헌이 존재함[39]을 제시한다. 붓다가 죽어서 도리천에 태어난 어머니에게 설법하기 위해 자리를 비운 사이에 코샴비국의 아다야나왕과 코살라국의 쁘라세나지뜨왕이 붓다의 상을 만들었다는 이야기는 후대 불교권에서 알려졌다. '우전왕 상優塡王像'이라고 불리는 상들이 전해지기도 한다.[40]

붓다를 직접적으로 형상화하기 전까지 많은 것들이 붓다를 대신한다. 붓다를 상징하는 것으로는 보리수, 법륜, 불족적, 스뚜빠 등이 있다. 이것들은 깨달음의 나무, 진리의 수레바퀴, 붓다의 발자국, 열반의 상징이라는 면에서 우주의 기원에서 나온 것으로 신성시된다. 특히 스뚜빠가 우주를 형상화한 것이라는 생각, 또 그 안에 사리를 봉안함으로 스뚜빠가 생기를 띠게 된다고 하는 생각은 아마 베다시대의

39 高田修, 『佛像の起源』(東京, 1967), pp.9~19 ; 이주형, 「불상의 기원 - 쟁점과 과제 -」 『미술사논단』 3(1996), pp.365~396.

40 Martha L. Carter, *The Mystery of the Udayana Buddha*, Supplemento n. 64 agli Annali, vol.50 (Napoli, 1990).

제단에서 기원한 듯하다. 베다시대의 제단은 마하푸르샤Mahāpuruṣa
를 상징하는 사람을 희생 제물로 봉헌함으로 생기를 띤다고 여겼다.[41]
무불상의 상징을 대신하는 이런 것들의 의미는 붓다를 직접 인간적으로
형상화한 것보다 어쩌면 더 깊이 있는 신뢰감을 대중들에게 심어줄
수 있었을지도 모른다. 붓다의 인간 형상을 삭제하거나 비워두는 형식
은 붓다의 면전에서 행한 행위들에 근엄함과 조심스러움 등을 자아낸
다. 붓다는 인간적인 형태로 묘사되지 않았고 상징적인 존재로 암시되
었어도 위상은 컸으며, 또한 도상학적인 상상력은 크게 자극되었던
것으로 보인다.

　인간의 형상은 세간 속에서 그려지고 형상화시켜 존재하지만, 존엄
하고 귀한 존재는 세속 세계에서 표현하지 못할 접근 불가능성을 지녔
다. 무불상의 이미지는 인위적이지 않고 본면목을 드러내는 최상의
방법이다. 상징과 은유로 표현되는 것들 가운데 가장 멋진 불교미술학
적 상징은 '무불상의 상징'일 것이다. 붓다의 존재를 표현한다는 것
자체는 초기에 금기시되는 상황들이였으며, 초기불교 시대의 스뚜빠
벽면에 드려진 붓다의 존재는 표현되지 않고 그 존재를 상징처럼 빈
공간으로 대신한다. 무불상은 무위적인 것을 그대로 드러냈다고도
할 수 있겠다. 그럼에도 불구하고 그 존재의 위상은 높았고, 주변에
새겨진 조각들로 하여금 이야기는 유추되고 구성되었다. 무불상의
시대에 사리 숭배의 위상도 그만큼이나 함께 커갔다.

　사리 숭배가 곧 스뚜빠의 숭배로 이어진 것은 필연적이다. 왜냐하면

---

41 벤자민 로울랜드, 위의 책, p.68.

인도 수행자들이 '깨달은 자'라고 하는 것은 스뚜빠를 증거로 내세울
수 있기 때문이다. 깨달음은 붓다의 전유물이 아니라 다른 모든 독각과
아라한에게까지 그 범위는 넓어졌다. 당시 대중들은 생존하고 있던
수행자를 보는 것은 간절한 기원에 속하는 것이었고, 이것은 거의
이루어지지 못했다. 세월이 흘러 붓다와 그 유명한 제자들이 세상을
떠나자 그들의 숭배는 스뚜빠를 경배하는 의식으로 자연스럽게 옮겨갔
다. 결과적으로 이 모든 의식은 스뚜빠를 숭배의 대상으로 삼게 만들었
다. 바로우는 스뚜빠 숭배의 역사를 초기부터 현재까지로 추정한다.[42]
데피세는 '붓다의 스뚜빠가 다른 수행자들의 스뚜빠와는 달리 번호로
계정되어 있다'[43]고 말한다. 그의 이러한 언급은 사리 분배를 통해
넓게 퍼진 스뚜빠가 확산되었다는 증거로 볼 수 있다. 반드시 유명한
수행자이기 때문에 광대한 스뚜빠가 지어진 것은 아니다. 특정한 사회
집단의 평판만으로도 스뚜빠는 지어졌다.[44] 이러한 현상은 인공물이
종교 집단의 결속을 가져오는 결과를 가져왔다. 스뚜빠의 이런 확산은
불교 수행자들의 위대함보다는 불교도들의 숭배자적 생활방식과 더
밀접한 관련이 있다. 쇼펜은 일반적으로 붓다와 유명한 수행자의 스뚜
빠는 같은 종교적 현상에서 특화된 실례들이라고 말한다. 다시 말해서
같은 믿음, 같은 태도, 같은 건축학적 구조, 같은 상징, 그리고 같은
종교적 의례행위들이 스뚜빠와 관련 있다. 쇼펜은 "역사적 유물의

---

42 원혜영, 『아름다운 공동체, 붓다의 열반 에피소드』, 위의 책, pp.399~400.

43 De Visser, *The Arhants in China and Japan* (Berlin, 1922-1923), p.80.

44 Lamotte, Etienne(E), *History of Indian Buddhism*(Université catholique de
　　Louvain, Institut orientaliste, 1988), pp.333~334.

숭배와 역사적인 붓다의 스뚜빠는 인도불교 안에서 수행자를 둘러싸고 일어나는 일반적인 일이고, 고정된 믿음과 관습들에 의해서 단지 특별하고 두드러지게 나타나는 실례의 일종이다"[45]라는 가설에 무게를 싣는다. 초기불교에서 존경받는 것은 고정된 관습들에 따른 일종의 공동체 의식으로 인해 굳어진 것들이다. 붓다의 스뚜빠와 다른 수행자의 스뚜빠가 본질적으로 다르다고 생각하는 것은, 같은 구조의 인공물이라고 하더라도 두 인공물을 대하는 우리의 태도가 다른 것이지, 초기불교 공동체 안에서 그들의 위상은 똑같다.

IV. 불상의 데뷔, 출현, 새로운 시작

붓다 열반 후, 수세기 동안 스뚜빠 건립과 예배를 통해 붓다의 유골에 대한 숭배가 확고하게 자리 잡는 것은 사실이다. 붓다가 남긴 유골은 붓다와 직접 연결된 것으로서 그를 대신할 만한 충분한 자격과 신성함을 갖추었다. 이에 비해 불상, 즉 인간의 형상은 보는 사람들에게 나름대로 강한 정서적 힘을 발휘하지만, 그 원형인 붓다의 존재와의 관계가 모호하고 언제든지 그러한 모호성에 대한 의구심에서 벗어나기 힘들다. 특정한 상이 어떻게 붓다를 대신할 수 있는지에 관련하여 분명하게 입증할 수는 없다.[46] 하지만 사리 숭배, 즉 스뚜빠에 대한 숭배는 불상과

---

45 Schopen, Gregory, *"An Old Inscription from Amarāvati and the Cult of the Local Monastic Dead in Indian Buddhist Monasteries"* (Journal of the International Association of Buddhist Studies 14, no. 1991c, 2), p.302.

46 이주형, 「인도초기 불교미술의 불상관」, 『한국미술사교육학회지』 15(한국미술사

비교되는 권력의 경쟁 구도에 있었다는 사실도 부인할 수 없다. 불교라
는 범주 안에서 스뚜빠와 불상의 숭배가 대중들의 공양과 존경의 대상임
에는 분명하지만 역사적 의미, 텍스트상의 전거들, 미술사적인 고찰
그리고 불교도들이 느끼는 감흥에 차이가 생기면서 불상은 조성되었
다. 기원후 1세기에 간다라와 마투라, 두 곳에서 처음으로 불상이
만들어졌다.[47]

특히 마투라는 다양한 문화가 꽃피운 지역이었다. 이곳에는 여러
종교가 융성하여 '신들의 도시'로 묘사되기도 한다.[48] 힌두교, 자이나교,
불교는 각기 다른 방식으로 마투라에 종교적 의미를 부여했다. 힌두교
에서 마투라는 비슈누의 화신인 크리슈나의 탄생지로 알려졌다.[49] 일부
힌두교도들은 마투라에서 하루를 보내는 것이 바라나시에서 일생을
보내는 것보다도 더 많은 공덕을 쌓은 것이라고 선전하면서 마투라의
성스러움을 알렸다.[50] 당시에 공덕에 관련한 이런 언급들은 다른 종교뿐
만 아니라 마투라가 불교의 중심지로 거론되면서 힘을 얻게 되었다.
마투라의 불교조각은 양적으로뿐만 아니라 역사적으로도 매우 중요한

교육학회, 2001), pp.85~126.

47 Coomaraswamy, Ananda Kentish, "The Origin of the Buddha Image," *Art Bulletin*
9-4 (1927), pp.287~328.

48 Cunningham, Alexander, *The Ancient Geography of India*(New Delhi:
Numshiram Manoharlal Publishers, 1871), p.429.

49 Coomaraswamy, Ananda Kentish, *Myths of the Hindus and Buddhist*(New
york :Dover Publications, 1967), pp.217~244.

50 Growse, F.S. *Mathurā: A District Memoir*(New Delhi: Asian Educational Services
1882), pp.50~70·pp.126~158.

의미를 지닌다. 이곳은 간다라와 다른 양상의 불상으로 구별된다. 간다라 양식은 헬레니즘에 영향받았다. 그 근거로 기원전부터 이 마투라 지역에서 제작되어 온 불상이 약샤Yakṣa상이 지니는 육중하고 생명감 넘치는 모습을 계승했음을 들고 있다. 마투라 불교조각의 전성기인 쿠샨시대에는 이곳에서 만들어진 불상이 사르나뜨, 쉬라바스띠, 꼬샴비 등지로 옮겨졌고 그 양식적 특징은 간다라와 펀잡까지 영향을 미쳤다.[51] 마투라에서 만들어진 불상은 간다라에서 도입된 것으로 보이는 옷 주름의 형태 등이 보다 더 자연스럽고 리듬감 있게 표현되었으며, 불상에서 나타난 위풍당당한 체구와 경이로운 위엄과 힘을 느낄 수 있게 해준다. 초인적인 신성을 부여하고 있어서 붓다의 대인상들에서 규정된 여러 비유적인 특징들[52]도 나타난다. 간다라 불상이 마치 가면과 같은 차가움을 소유하고 있다면, 마투라 불상은 온기와 풍성함을 느끼게 한다. 불상의 데뷔, 출현은 거스를 수 없는 대세였다.

초기 불상의 출현은 현대 불상과도 위상이라는 측면으로 본다면 다르다.[53] 현대 불상은 사리를 직접 안치하고 있는 스뚜빠보다 대중들에

---

51 Sharma, R.C. *Buddhist Art, Mathurā School*(New Delhi: Wiley Eastern. 1995), pp.119~120 ; 약샤의 상들은 마투라의 스뚜빠들에서도 울타리에 둘러져 있고 기둥들에도 새겨졌다. 특히 약샤상들은 불교 스뚜빠에 조각되어 현란하고 관능적으로 표현되어 있기도 하다. 마치 娼婦처럼 거리낌 없이 도발적인 아름다움과 환락을 드러내고 있다. 평화로운 붓다의 세상 바깥에 세속의 무상함을 신랄하게 표상하는 것으로, 인도적이라는 할 수 있는 것들로 철저하게 신체적 미묘한 표현에 충실하였다.
52 32신상 80종호를 말한다.
53 원혜영, 「스뚜빠의 변화된 모습에서 보인 생명성」, 『철학』 제97집(한국철학회, 2008) ; 대중적 관점에 입각한다면, 연구자는 현대의 스뚜빠는 불상에게 권위를 내어준

게 더 인기가 있다. 그렇지만 그 당시에 불상이 출현함에도 불구하고
붓다의 유골을 안치한 스뚜빠가 성스러움을 대변하며 사원에서 중요하
게 다루어졌다. 초기 열반경 텍스트에서 붓다가 열반 후, 중재 끝에
유골을 8등분하여 인도의 여덟 곳에 스뚜빠가 세워졌고,[54] 이것을 기점
으로 해서 붓다의 스뚜빠는 팔만 사천 개로 늘어나게 되었다. 불교도들
이 붓다의 사리에 손쉽게 숭배할 수 있도록 한 아쇼카 왕의 업적도
이러한 스뚜빠의 대세에 편승한다.

　사리 분배가 화합을 촉진할 수 있다는 사실은 붓다의 사리 분배에서
명확하게 나타난다. 분배가 화합이라는 상반된 등식이 성립하는 경우
는 붓다의 사리 분배에서 나타난다. 이것은 비논리적인 형태로 새롭다.
왜냐하면 분배는 다른 방향으로 발전할 가능성과 이전의 상황을 배제하
는 형식을 띠고 있음에도 불구하고 초기불교의 공동체에서 사리 분배는
화합과 연결된다. 초기불교 공동체가 가진 권위나 권력이 없는 자유로
운 토대가 붓다의 사리 분배에도 이어졌기 때문에 가능하다.

상태로 본다.

54 원혜영,『아름다운 공동체, 붓다의 열반 에피소드』, 위의 책, pp.349~395 ; 빨리본에
의하면, 위제희의 아자따사뚜 마가다왕, 외살리의 리차비족들, 알라캄파에 사는
부리족들, 라마가마에 사는 콜리아족들, 파와에 사는 말라족 등은 자신들도 붓다와
같은 끄사뜨리야인이므로 사리탑을 세워서 공양할 것이라 약속한다. 한편, 까빌라
바스뚜의 석가족들은 붓다가 그들의 친척이라는 이유를 들어 사리를 분배받았다
는 점에서 앞의 부족들과 구별된다. 위타디빠까 바라문은 "세존은 끄사뜨리야이고
나는 바라문이기에 유골 일부를 받을 자격이 있다"고 해서 사리를 분배받았다.
그들은 붓다의 유골 8분의 1을 요구해서 그들의 나라에 스뚜빠를 세웠다. 후대
주석서는 사리 분배가 공동체 화합을 위해 중요한 역할을 담당하고 있음을 역설적
으로 부각시켰다.

한편, 당시 스뚜빠의 위상에 비해 상대적으로 불상의 입지는 작았지만, 마투라 지역에서 성스러운 불상은 완벽한 비례를 가져야 한다는 인도인들의 조형관을 반영하듯이, 축적되는 기술적 역량이 정점에 이르렀다. 마투라의 불상은 붓다의 신비적 성향이 한층 강조되면서 더 이상 인간의 차원에 있지 않고 세계를 압도하는 초월적인 존재임을 암시한다. 두 눈은 반쯤 감겨 있어 사람과 시선을 교환하지 않았으며 섬세하고 아름다운 곡선은 매우 감각적이었다. 이러한 감각성이 엄격한 초월성과 묘한 긴장 관계를 이루고 있다.[55] 이러한 상들은 특히 감동적인 위엄과 정적을 함께한다. 철저하게 자기 몰입과 정적의 느낌을 가진 이런 불상들은 완벽하게 삼매에 들어 있다는 단순화된 구성을 제공한다. 그래서 그런 불상을 접한 대중들은 안정감을 전달받는다. 불상이 가진 전체적인 이미지는 스뚜빠만큼 육중함을 표현하면서도 인간의 형상이 가진 묘한 매력이 주는 느낌에서 아름답다는 인상을 지울 수 없다는 점에 있다. 스뚜빠보다 적극성을 띠었다고 보는 것은 이러한 점에 있다고 할 수 있겠다.

특이하지만, 간다라의 부조에 있는 불상에서는 세속적인 복장의 형태로 망토나 꽃 모양의 장식이 부착된 것도 보인다. 어떠한 장식도 배제한 출가 수행자의 복장으로 불상을 만드는 것은 불상 조상사의 초창기부터 지켜온 확고한 원칙으로, 간다라 불상도 예외는 아니었다. 그러나 이러한 불상들이 늘어난 것은 붓다에 대한 관념의 변화를 반영한 현상으로 보인다. 이러한 화려한 치장은 붓다가 깨달음에 이른 단순한

---

55 이주형, 『인도의 불교미술』(한국국제교류재단, 2006), pp.31~32.

수행자 이상의 신적 존재로 형상화되었음을 나타내며, 인도불교사에
서 중요하게 대두된 밀교적 경향도 재개되었을 것이다. 동시에 이러한
차림새를 한 불상의 등장은 왕의 복장과 관련된 것으로 붓다가 군주
숭배와 결합되어 불상을 왕처럼 표현한 것이라는 해석도 있다.[56] 사실상
불상의 출현은 엄격하게 신비적이고 초월적인 존재를 세속화시키려는
대중들의 의도에 의한 새로운 시작을 알리는 것이며 깨달음의 세계를
대중화하기 위한 일환으로 보인다.

무불상 시대에 인간의 형상이 제외된 도상학적인 표현들에서 전달되
는 서사적 구조가 어색하고 비합리적으로 느껴졌을지 모르겠지만,
그것은 의미 전달 체계에서 무한한 가능성을 내포하고 있는 상징성을
의미한다. 스뚜빠의 역할은 이러한 무불상의 의미 체계와 유사한 전달
체계를 대중들에게 심어주었으며 스뚜빠 안에 경전을 넣고 그것을
붓다만큼이나 동일시하여 숭배하는 경향들도 사리 숭배가 주는 고원함
이 스뚜빠로 이행되었기에 가능하다.

마투라 지역에서는 불상만큼이나 스뚜빠들에 대한 에피소드들도
함께 한다. 법현은 마투라에 들러서 중인도 불교풍습을 이야기했다고

---

56 宮治昭, 「バーミヤンの'飾られた佛陀'の系譜とその年代」『佛敎藝術』137(佛敎藝
術學會, 1981), pp.11~34 ; 5세기경부터 옷이나 머리에 장식을 한 불상이 만들어진
것을 탁실라의 조울리안이나 가즈니 근방의 타파 사르다르에서 극소수이지만
볼 수 있고, 바미얀 벽화에서는 이러한 불상이 제법 늘어난다. ; '소조불상'으로
폰두키스탄 출토된 것으로 7세기로 추정되며 카불박물관에 구장된 것, 또 다른
'소조불상'으로 폰두키스탄에서 출토된 것으로 7세기 것으로 추정되며 기메미술관
에 있는 것, 그리고 '각이 진 망토를 입은 인물' 타칼에서 출토된 것으로 라호르박물
관에 있는 것들이 이것들을 대변한다.

전해진다. 승려들은 붓다의 으뜸가는 제자인 사리불의 스뚜빠를, 비구
니들은 여성의 출가를 도와준 아난다의 스뚜빠를, 아직 정식 승려가
되지 못한 사미들은 붓다의 아들인 라훌라의 스뚜빠를, 아비담 논사들
은 아비담 스뚜빠를, 율사들은 율 스뚜빠를 공양하고 숭배했다고 한
다.[57] 대승을 따르는 사람들은 반야바라밀과 문수보살, 관세음을 공양
했다고 한다.[58] 스뚜빠에 관련된 기록들에서 흥미로운 점은 여러 종류의
스뚜빠가 존재했다는 것이다. 다양한 숭배 대상에 따라 다른 형태의
스뚜빠가 존재했을 가능성은 우리가 상상하는 것보다 많았다.

붓다의 제자들의 숭배는 유골을 안치한 모습의 스뚜빠였을 것이다.
아비담·율·경을 숭배하기 위한 스뚜빠의 경우는 법사리로 인식된
경전을 스뚜빠 안에 안치하는 형태로 추정된다.[59] 경전을 스뚜빠 안에

---

57 법현, 『법현전』 이재창 옮김, 『한글대장경 고승전 외』(동국대학교 역경원, 1980),
    p.508 ; 탁실라에서는 스뚜빠를 방 안에 세운 경우도 있다. 이런 스뚜빠는 그곳에
    기거하다 열반한 승려를 추모하기 위한 것으로 보인다.; Marshall, John Hubert,
    A Guide to Taxila(Calcutta; India, 1918), p.17 ; 이주형, 『간다라 미술』(사계절,
    2003), p.111.

58 법현, 위의 책, p.52 ; 法顯, 『高僧法顯傳』(T51) 859b ; 『법현전』에서 마투라에
    관련된 이 언급은 대승과 소승 간 구분의 명확한 기준을 알기 어렵게 한다.
    그 당시까지 대부분의 대승불교도들이 기존의 부파 내에서 활동하고 있었기
    때문에, 아직까지도 독립하지 않는 상태를 말하는 것으로 보인다. 당시의 부파불교
    는 사회적으로 반드시 대승불교와 對蹠的인 관계에 있지 않았다고 생각된다.
    Heinrich Bechert, "Note on the Formation of Buddhist Sects and the Origins
    of Mahāyāna," German Scholars on India, vol.1(Varanasi, 1973), pp.11~14.

59 이주형, 『동아시아 구법승과 인도의 불교 유적』(사회평론, 2009), p.150 ; 이런
    기록들은 법현의 기록에서 보이지만 7세기 현장의 기록에서는 사라진다. 보편적
    인 스뚜빠의 형태와는 다른 형식이었으며, 5세기를 전후한 시기에 유행한 것이라

안치하는 형식을 배제한다면, 중국의 신강성新疆省과 감숙성甘肅省
지역에서 발견된, 소위 '북량탑北涼塔'이 좋은 예가 된다. 북량탑은
중국 5세기 것으로 보이며, 현재 베를린 아시아미술관에 소장되어
있다. 그것은 원추형에 가까운 산개傘蓋 부분과 기중 형태의 탑신으로
이루어져 있다. 이와 같은 형태는 인도나 중앙아시아의 스뚜빠에서
보편적인 것이지만, 아래에서 두 번째 단에 『십이인연경十二因緣經』이
새겨져 있다는 점에서 다른 스뚜빠에서 찾아볼 수 없는 특징을 가졌다.[60]
경전을 스뚜빠 안에 보관하는 형태가 존중되면서 스뚜빠 외관에 새겨놓
은 형태는 스뚜빠가 단순한 유골을 안치하는 장소 이상의 것들을 요구한
다고 할 수 있겠다.

　하지만 스뚜빠라는 건축물에는 공통된 형식원리가 존재하며, 시간
과 공간을 초월한 성스러운 숭배로 내재되어 대중들에게 반영된다.
성스러운 존재로 부여된 스뚜빠는 초월성을 적절하게 부각시키기 위
해, 또는 위치 지워지는 공간이 이상적이라는 것을 알려주기 위해
도상학적이며 의례적인 기능까지 재현한다. 그것은 대칭성, 중심축의
중시, 집중성, 정면성 등으로 압도적인 크기를 부여하며 존재감을
가지고 신성함을 드러낸다. 불상의 출현을 제외하고는 그 유명세를

는 가설을 세울 수 있다.

60 Tsiang, Katherine, "Embodiments of Buddhist Texts in Early Medieval Chinese
　Visual Culture," In Body and Face in Chinese Visual Culture, ed. Wu Hung
　and Katherine Tsiang(Cambridge and London: Harvard university Asia Center,
　2005), pp.103~117; 殷光明, 『北京石塔損軀』(新竹: 覺風佛敎藝術文化基金會,
　1999) ; Wang, Eugene, "What Do Trigrams have to Do with Buddha? The
　Northern Liang Stupas as a hybrid Spatial Model" Res 35: (1999), pp.70~91.

강력하게 각인시킨 것은 불교 역사상 일찍이 없었다.

현대에는 불상이 보이지 않으면 무엇인가 결핍된 것 같은 부정적인 느낌이나 심각한 현상으로 보는 경향이 있다. 하지만 상이 배제된 상징적 표현 너머의 초월적인 고원성에는 붓다 및 성인들의 사리 숭배를 행할 수 있게 하는 스뚜빠가 존재한다. 스뚜빠는 육신과 감각의 세계를 초월하게 하고 대중들로 하여금 친밀함을 느끼게 만든다. 스뚜빠를 향한 소박한 추모나 사리 숭배는 그 자체로도 충분한 자격을 갖추며 공동체에 강한 정신적 유대감으로 이어진다. 사리 숭배의 역사는 불교 공동체의 결집이며 화합이고, 고원함을 존속하려는 열망이다.

참고문헌

자장의 오대산 개창과 중대 적멸보궁 (자현)

『四分律』, T.22.

『妙法蓮華經論優波提舍』, T.26.

『三國遺事』, T.49.

『續高僧傳』, T.50.

『大唐大慈恩寺三藏法師傳』, T.50.

『大唐西域記』, T.51.

『法苑珠林』, T.53.

『衆經目錄』, T.55.

『歷代編年釋氏通鑑』, T.76.

『品高僧摘要』, T.87.

『東師列傳』, 韓佛全10.

「皇龍寺刹柱本紀」.

「檜巖寺無學王師妙嚴尊者塔碑文」.

『乾鳳寺事蹟』.

『六經後誌』.

『通度寺誌』.

金富軾, 『三國史記』.

閔漬, 『五臺山事跡記』.

李重煥, 『擇里志』.

韓國學文獻研究所 編, 『通度寺誌』, 亞細亞文化社, 1979.

月精寺 編, 『五臺山-月精寺·上院寺』, 月精寺, 未詳.

朱南哲, 『韓國建築史』, 高麗大出版部, 2006.

正覺, 『印度와 네팔의 佛教聖地』, 佛光出版社, 2002.

최완수,『한국불상의 원류를 찾아서 1』, 대원사, 2002.

韓國佛教研究院,『月精寺(附)上院寺』, 一志社, 1995.

韓國佛教研究院,『通度寺』, 一志社, 1999.

한상길,『月精寺』, 大韓佛教振興院, 2009.

다카다 오사무,『佛像의 誕生』, 이숙희 譯, 예경, 1994.

벤자민 로울렌드,『印度美術史-굽타시대까지』, 이주형 譯, 예경, 1999.

샐리 하비 리킨스,『玄奘法師』, 신소연·김민구 譯, 民音社, 2010.

스와미 싸띠아난다 사라스와띠,『꾼달리니 딴뜨라』, 한국 싸띠아난다 요가 아쉬람
    출판위원 譯, 한국요가출판사, 2008.

아지트 무케르지,『쿤달리니』, 編輯部 譯, 東文選, 1995.

中村元 外,『佛陀의 世界』, 金知見 譯, 김영사, 1990.

高田修,『佛像の起源』, 東京: 岩波書店, 1967.

山尾幸久,『古代の日朝關係』, 東京: 塙書房, 1989.

張高擧,『佛教聖地法門寺』, 西安: 三秦出版社, 2003.

塚本啓祥,『法華經の成立と背景』, 東京: 佼成出版社, 昭和 63年.

高翊晋,「新羅密教의 思想內容과 展開樣相」,『韓國密教思想硏究』, 東國大學校出版
    部, 1986.

金福順,「新羅 五臺山事跡의 形成」,『江原佛教史 硏究』, 小花, 1996.

金相鉉,「三國遺事 慈藏 기록의 검토」,『天台宗 田雲德 總務院長 華甲紀念-佛教學論
    叢』, 丹陽郡: 天台佛教文化研究院, 1999.

金英美,「慈藏의 佛國土思想」,『韓國史 市民講座(제10집)』, 一潮閣, 1992.

辛鍾遠,「慈藏과 중고시대 사회의 사상적 과제」,『新羅初期佛教史研究』, 民族社,
    1992.

辛鍾遠 ,「慈藏의 佛教思想에 대한 재검토」,『新羅初期佛教史研究』, 民族社, 1992.

月精寺聖寶博物館 編,『月精寺八角九層石塔의 재조명』, 月精寺聖寶博物館, 2000.

이선이(태경),「佛腹藏의 의미와 造像經」,『法』, 大韓佛教曹溪宗 佛教中央博物館,
    2008.

주보돈, 「毗曇의 亂과 善德王代 政治運營」, 『李基白先生古稀記念 韓國史學論叢上』, 一朝閣, 1994.

許興植, 『高麗로 옮긴 印度의 등불』, 一潮閣, 1997.

許興植, 「1306년 高麗國大藏移安記」, 『高麗佛敎史硏究』, 一潮閣, 1986.

姜好鮮, 「高麗末 懶翁惠勤 硏究」, 博士學位 論文, 서울대학교 대학원, 2011.

金鐸, 「金剛山의 유래와 그 종교적 의미」, 『東洋古典硏究』 第1輯, 1993.

金炯佑, 「胡僧 指空硏究」, 『東國史學』 제18집, 1984.

남동신, 「慈藏의 佛敎思想과 佛敎治國策」, 『韓國史硏究』 제76호, 1992.

南武熙, 「三國遺事에 반영된 고려 국내 유통 「慈藏傳」의 복원과 그 의미」, 『韓國學論叢』 제34호, 2010.

南武熙, 「『續高僧傳』 「慈藏傳」과 『三國遺事』 「慈藏定律」의 원전 내용 비교」, 『文學/史學/哲學』 제19호, 2009.

盧在性(慧南), 「澄觀의 五臺山 信仰」, 『中央僧伽大學論文集』 제8호, 1999.

朴魯俊, 「唐代 五臺山信仰과 不空三藏」, 『關東史學』 제3호, 1988.

朴魯俊, 「唐代 五臺山信仰과 澄觀」, 『關東史學』 제3호, 1988.

朴魯俊, 「五臺山信仰의 起源硏究-羅·唐 五臺山信仰의 比較論的 考察」, 『嶺東文化』 제2호, 1986.

박미선, 「新羅 五臺山信仰의 成立時期」, 『韓國思想史學』 제28집, 2007.

신동하, 「新羅 五臺山信仰의 구조」, 『人文科學硏究』 제3호, 1997.

辛鍾遠, 「『三國遺事』 善德王知幾三事條의 몇 가지 문제」, 『新羅文化祭學術發表會論文集』 제17집, 1996.

辛鍾遠, 「慈藏의 佛敎思想에 대한 再檢討-初期戒律의 意義」, 『韓國史硏究』 제39호, 1982.

廉仲燮, 「髻珠에 관한 사상적 관점에서의 재조명」, 『宗敎硏究』 제61집, 2010.

廉仲燮, 「〈善德王知幾三事〉 중 第3事 고찰」, 『史學硏究』 제90호, 2008.

廉仲燮, 「『五臺山事跡記』 「第1祖師傳記」의 수정인식 고찰-閔漬의 五臺山佛敎 인식」, 『國學硏究』 제18집, 2011.

廉仲燮, 「慈藏 戒律思想의 한국불교적인 특징」, 『韓國佛敎學』 제65호, 2013.

張志勳, 「慈藏과 芬皇寺」, 『新羅文化祭學術發表會論文集』 제20호, 1999.

許興植, 「高麗에 남긴 鐵山 瓊의 行跡」, 『韓國學報』 제39호, 1985.

許興植,「佛腹藏의 背景과 造像經」,『書誌學報』제10호, 1993.

許興植,「指空의 遊歷과 定着」,『伽山學報』제1호, 1991.

자장과 한국불교의 보궁 신앙 (남무희)

山琦宏,『支那中國佛敎의 展開』, 淸水書店, 1942.

金煐泰,「彌勒仙花攷」『佛敎學報』3·4, 1966.

金煐泰,「新羅 眞興大王의 信佛과 그 思想 硏究」『佛敎學報』5, 1967.

南都泳,「眞興王의 政治思想과 治積」『統一期의 新羅社會 硏究』, 1987.

신동하,「고구려의 사원조성과 그 의미」『한국사론』19, 1988.

서영대,「韓國古代 神觀念의 社會的 意味」, 서울대 박사학위논문, 1991.

장지훈,「佛敎의 政治理念과 轉輪聖王-三國時代 佛敎受容 문제와 관련해서-」『史叢』
        44, 1995.

김복순,「신라 오대산 事蹟의 형성」『강원불교사연구』, 도서출판 소화, 1996.

박남수,『新羅手工業史硏究』, 신서원, 1996.

장지훈,『한국 고대 미륵 신앙 연구』, 집문당, 1997.

강우방,「한국의 사리 장엄」『불교미술사학』1, 2003.

신대현,『한국의 사리 장엄』, 혜안, 2003.

신대현,「중국의 사리 신앙과 사리 장엄」『불교학보』48, 2008.

Pankaj Mohan,「6세기 신라에서의 아쇼카 상징(Asokan Symbolism)의 수용과 그
        의의」『韓國思想史學』23, 2004.

김영하,『新羅中代社會硏究』, 일지사, 2007.

맥브라이드 리차드,「『삼국유사』의 신빙성 연구-중국 및 한국문헌자료의 사례-」
        『일연과 삼국유사』, 신서원, 2007.

박금표,『불교와 인도 고대국가 성립에 관한 연구』, 한국학술정보[주], 2007.

츠가모토 게이쇼,『아쇼카왕 비문』, 호진·정수 옮김, 불교시대사, 2008.

이거룡,『전륜성왕 아쇼카』, 도피안사, 2009.

윤성환,「650년대 중반 고구려의 대외전략과 대신라공세의 배경」『국학연구』17,
        2010.

남무희,『동아시아 신삼론 사상의 개척자; 고구려 승랑 연구』, 서경문화사, 2011.

남무희, 『한국 계율불교의 완성자; 신라 자장 연구』, 서경문화사, 2012.

남무희, 「정암사의 역사와 법맥」, 『수마노탑의 특징과 그 가치』, 정암사 수마노탑 학술대회, 정선군, 2012.

박대재, 「『삼국유사』에 보이는 대통사 기록의 맥락과 전거」, 『공주 대통사지와 백제』, 고려대학교 아세아문제연구소, 2012.

남무희, 『후삼국 통일의 또 다른 주인공; 김부대왕 연구』, 서경문화사, 2013.

한국 사리 신앙의 전래와 성격 (장미란)

『高麗史』.

『高僧傳』(T.50).

『廣弘明集』(T.52).

『舊唐書』.

『法苑珠林』(T.53).

『三國史記』.

『三國遺事』.

『梁書』.

『五台山事跡』.

『集神州三寶感通錄』(T.52).

『弘明集』(T.52).

姜友邦, 「한국의 舍利莊嚴」, 『불교미술사학』 창간호, 통도사성보박물관 불교미술사 학회, 2003.

길기태, 「彌勒寺 創建의 信仰的 性格」, 『韓國思想史學』 30, 韓國思想史學會, 2008.

김세용, 「조선시대 邑號陞降에 대한 일고찰-강원도를 중심으로-」, 『사림』 42, 수선사 학회, 2012.

김주성, 「백제 무왕의 치적」, 『百濟文化』 27, 公州大學校 百濟文化研究所, 1998.

김주성, 「百濟 武王의 卽位過程과 益山」, 『馬韓·百濟文化』 17, 원광대학교 마한백제 문화연구소, 2007.

김주성, 「미륵사지 서탑 사리 봉안기 출토에 따른 제설의 검토」, 『東國史學』 47,

東國大學校 史學會, 2009.

김풍기, 「五臺山 인식의 역사적 변천과 문화사적 의미」, 『동방한문학』 26, 동방한문학회, 2004.

박미선, 「新羅 五臺山信仰의 成立時期」, 『韓國思想史學』 28, 韓國思想史學會, 2007.

박상국, 「상원사 문수동자상 복장발원문과 복장전적에 대해서」, 『한국불교학』 9, 한국불교학회, 1984.

배영진, 「長安 光宅寺 七寶臺의 조성과 그 의의」, 『인문연구』 56, 영남대학교 인문과학연구소, 2009.

신대현, 「중국의 사리 신앙과 사리 장엄」, 『불교학보』 48, 東國大學校 佛敎文化硏究院, 2008.

신동하, 「新羅 五臺山信仰의 구조」, 『人文科學硏究』 3, 동덕여자대학교 인문과학연구소, 1997.

안철상, 「교차문화적 관점에서 본 동아시아의 초기 사리 신앙 수용의 비교」, 『한국불교학』 별집, 한국불교학회, 2008.

염중섭(자현), 「佛國寺 大雄殿 영역의 二重構造에 관한 고찰 -華嚴과 法華를 중심으로-」, 『宗敎硏究』 49, 韓國宗敎學會, 2007.

염중섭(자현), 「오대산 문수화엄 신앙의 특수성 고찰」, 『한국불교학』 63, 한국불교학회, 2012.

염중섭(자현), 「五臺山 文殊華嚴 신앙의 특수성고찰」, 『한국불교학』 63, 한국불교학회, 2012.

元永煥, 「朝鮮時代 江原道行政體制 變遷에 관한 硏究」, 『江原史學』 10, 강원대학교 사학회, 1994.

李慶禾, 「三世佛을 통해 본 백제 미륵사지」, 『韓國思想과 文化』 49, 한국사상문화학회, 2009.

李勛相, 「朝鮮後期 邑治 社會의 構造와 祭儀」, 『歷史學報』 147, 역사학회, 1995.

조경철, 「백제 무왕대 神都 건설과 미륵사·제석사 창건」, 『백제문화』 39, 공주대학교 백제문화연구소, 2008.

주경미, 「隋文帝의 仁壽舍利莊嚴 硏究」, 『中國史硏究』 22, 중국사학회, 2003.

주경미, 「탑형 사리 장엄구: 건축 이미지의 공예적 변용」, 『미술사와 시각문화』 5, 미술사와 시각문화학회, 2006.

주경미, 「불교미술과 물질문화: 물질성, 신성성, 의례」, 『미술사와 시각문화』 7, 미술사와 시각문화학회, 2008.

주경미, 「百濟 彌勒寺址 舍利莊嚴具 試論」, 『역사와 경제』 73, 경남사학회, 2009.

주경미, 「北宋代 塔形舍利莊嚴具의 硏究」, 『中國史硏究』 60, 중국사학회, 2009.

강병희, 「문헌으로 본 월정사 팔각구층석탑」, 월정사 성보박물관 편, 『월정사 성보박물관 학술총서』 I, 강원도, 월정사 성보박물관, 2000.

國立中央博物館 編著, 『佛舍利莊嚴』, 국립중앙박물관, 1991.

문명대, 「상원사 목문수동자상의 연구」, 월정사 성보박물관 편, 『월정사 성보박물관 학술총서』 II, 강원도, 월정사 성보박물관, 2001.

미찌하다 료오슈, 『중국불교사』, 계환 옮김, 우리출판사, 2003.

신대현, 『한국의 사리 장엄』, 혜안, 2003.

웨난·상청융, 『법문사의 불지사리』 1, 심규호·유소영 옮김, 일빛, 2005.

정병조, 「강원도 지역의 불교-오대산의 문수 신앙을 중심으로-」, 월정사 성보박물관 편, 『월정사 성보박물관 학술총서』 II, 강원도, 월정사 성보박물관, 2001.

주경미, 『중국고대 불사리 장엄연구』, 일지사, 2004.

주경미, 「백제의 사리 신앙과 미륵사지 출토 사리 장엄구」, 『원광대 마한백제문화연구소 학술발표논문집』, 익산, 원광대학교 마한백제문화연구소, 2009.

최연식, 「백제 후기 불교교학의 변천과 미륵사상의 성격」, 『백제불교 문화의 寶庫 미륵사』, 국립문화재연구소, 2010.

홍윤식, 「益山 彌勒寺 창건과 선화공주의 역사적 의미」, 『원광대 마한백제문화연구소 학술발표논문집』, 익산, 원광대학교 마한백제문화연구소, 2009.

沖本克己 편, 『(新アジア仏教史-中國III 宋元明淸-) 中國文化とぃての仏教』, 東京, 佼成出版社, 2010.

적멸보궁의 변천과 사상 (장성재)

『華嚴經』.

『三國遺事』.

『續高僧傳』.

『高麗史』.

『朝鮮王朝實錄』.

『三家龜鑑』.

『牧隱文藁』.

『三峰集』.

『魯西先生遺稿』.

『愚潭集』.

『五臺山事跡』.

『江原道太白山淨巖寺事蹟』.

『江原道麟蹄縣雪岳鳳頂庵七創事蹟記』.

「覺皇寺釋迦世尊眞身舍利塔碑銘」.

「通度寺舍利塔碑」.

「皇龍寺刹柱本紀」.

「國淸寺金堂主佛釋迦如來舍利靈異記」.

「淨巖寺水瑪瑙塔誌石」.

「梁州通度寺釋迦如來舍利記」.

「普賢寺釋迦如來舍利碑」.

「娑婆教主釋迦世尊金骨舍利浮圖碑」.

「覺皇寺 釋迦世尊眞身舍利塔碑銘」.

「金剛山乾鳳寺釋迦靈牙塔奉安碑」.

「釋迦如來齒相立塔碑銘」.

「四溟大師紀蹟碑銘」.

李能和, 『朝鮮佛敎通史』, 조선불교통사역주편찬위원회 역, 동국대학교출판부,
    2010.

오대산 중대 적멸보궁의 역사 (이원석)

『高麗史』;『高麗史節要』;『太祖實錄』;『定宗實錄』;『太宗實錄』;『世宗實錄』
    ;『睿宗實錄』;『成宗實錄』

『三國遺事』;『五臺山事蹟記』;『朝鮮佛敎通史』(下) ;『朝鮮寺刹資料』(上下) ;『朝鮮
　　金石總覽』(上)

『懶翁和尙語錄』(한국불교전서 제6책) ;『東師列傳』(한국불교전서 제10책) ;『梅月堂
　　集』권10(한국불교전서제7책) ;『四溟堂大師集』(한국불교전서, 제8책) ;『著譯叢
　　書』(한국불교전서 제12책) ;『楓溪集』(한국불교전서 제9책) ;『虛應堂集』(한국불
　　교전서 제7책)

姜再恒『立齋遺稿』; 權近『陽村集』; 金昌翕『三淵集』; 徐居正 외『東文選』;
　　宋光淵『泛虛亭集』; 尹宣擧『魯西遺稿』; 李穡『牧隱藁』; 鄭基安『晩慕遺稿』
　　; 趙德鄰『玉川集』

丁時翰著, 金成讚 譯註, 『山中日記』, 國學資料院, 1999.

許興植編, 『韓國金石全文』(中世 下), 亞細亞文化史, 1984.

權相老, 「五臺山釋尊頂骨讚仰會를 讚함」·李光洙, 「부터님의 정골을 뫼신 오대산
　　적멸보궁을 찬앙하사이다」, 『불교사 불교』 81권, 1931.

김두진, 『신라 화엄사상사 연구』, 서울대학교출판부, 2002.

남무희, 『신라 자장 연구』, 서경문화사, 2012.

邊太燮, 『韓國史通論』, 三養社, 1996.

月精寺聖寶博物館編, 『月精寺 팔각구층석탑의 재조명』, 月精寺聖寶博物館, 2000.

月精寺聖寶博物館編, 『江原道 佛敎文化財의 綜合的 檢討』, 月精寺聖寶博物館,
　　2001.

月精寺聖寶博物館編(a), 『오대산 적멸보궁의 綜合的 檢討』, 月精寺聖寶博物館,
　　2002.

月精寺聖寶博物館編(b), 『월정사박물관도록』, 月精寺聖寶博物館, 2002.

月精寺聖寶博物館編, 『遺物로 보는 五臺山 文殊信仰』, 月精寺聖寶博物館, 2004.

李基白, 『韓國史新論』, 一潮閣, 1985.

자현, 『월정사의 유래와 한강의 시원』, 운주사, 2011.

辛鍾遠, 『新羅初期佛敎史硏究』, 民族社, 1992.

曹永祿, 『四溟堂評傳-진리의 길 구국의 생애』, 한길사, 2009.

강원도 편, 『강원도지정 문화재 실측조사보고서-월정사 적멸보궁, 정암사 적멸보궁-』,
　　2001.

한상길, 『월정사』, 대한불교진흥원(한국의 명찰시리즈 3), 2009.

강병희, 「문헌으로 본 월정사 팔각구층석탑」, 月精寺聖寶博物館, 『月精寺 八角九層
    石塔의 재조명』, 2000.

강순형 「한국불교의 불탑사리 신앙－고려・조선의 부처사리(佛舍利) 신앙」, 月精寺
    聖寶博物館, 『오대산 적멸보궁의 綜合的 檢討』, 2002.

김갑주, 「조선 초기 상원낙산사의 제언개간에 대하여」, 『東國史學』 제11집, 1969.

金杜珍, 「新羅下代 崛山門의 形成과 그 思想」, 『省谷論叢』 제17집, 1986.

金杜珍, 「新羅下代의 五臺山信仰과 華嚴結社」, 論叢刊行委員會, 『伽山李智冠스님
    華甲紀念論叢 韓國佛教文化思想史』 상권, 1992.

金福順, 「新羅 下代 華嚴의 一例－五臺山事蹟을 중심으로－」, 『史叢』 제33집, 1988.

金福順, 「신라 오대산 사적의 형성」, 『강원불교사연구』, 소화, 1996.

金福順, 「자장의 생애와 율사로서의 위상」, 『대각사상』 제10집, 2007.

김영미, 「高麗 前期의 阿彌陀信仰과 結社」, 『淨土學研究』 제3집, 2000.

金鐘澈, 「梵日國師 形象化의 네 층위」, 『古代都市 溟州와 崛山寺』, 國立中原文化財
    研究所・江陵市, 2011.

金禧庚, 「한국불교의 불탑사리탑신앙－佛舍利信仰과 韓國의 舍利莊嚴」, 月精寺聖
    寶博物館, 『오대산 적멸보궁의 綜合的 檢討』, 2002.

김흥삼, 「羅末麗初 屈崛山門의 禪思想」, 『白山學報』 제66집, 2003.

朴魯俊, 「唐代 五臺山信仰과 澄觀」, 『關東史學』 제3집, 1988.

朴魯俊, 「唐代 五臺山信仰과 不空三藏」, 關東大學校 嶺東文化研究所, 『嶺東地方
    鄕土史基礎調査研究結果報告』, 1989.

박미선, 「新羅 五臺山信仰의 成立時期」, 『韓國思想史學』 제28집, 2007.

裵賢淑, 「五臺山史庫와 收藏書籍에 대하여」, 『서지학연구』 제1집, 1986.

宋日基, 「五臺山 月精寺의 佛教典籍」, 月精寺聖寶博物館, 『江原道 佛教文化財의
    綜合的 檢討』, 2001.

신병주, 「'오대산본'『조선왕조실록』의 간행과 보관」, 『역사와 현실』 제61호, 2006.

辛鍾遠, 「新羅五臺山事蹟과 聖德王의 卽位背景」, 『崔永禧先生華甲紀念韓國史學論
    叢』, 탐구당, 1987.

자현, 「오대산 월정사의 역사」, 『월장사의 한암과 탄허』, 국립중앙박물관, 2013.

廉仲燮(자현), 「五臺山 文殊華嚴 신앙의 특수성 고찰」, 『韓國佛敎學』 제63집, 2012.

염중섭(자현), 「月精寺의 寺名에 관한 동양학적인 검토」, 『신라문화』 제36집, 2010.

염중섭(자현), 「『오대산사적기』「제1조사전기」의 수정인식고찰−민지의 오대산 불교 인식−」, 『국학연구』 제18집, 2011.

이강근, 「오대산 中臺 寂滅寶宮 건축에 대한 연구」, 月精寺聖寶博物館, 『오대산 적멸보궁의 綜合的 檢討』, 월정사성보박물관, 2002.

이강근, 「조선 후반기 제1기 불교건축의 형식과 의미−사리각에서 적멸보궁으로−」, 『강좌미술사』 38호, 2012.

이강근, 「上院寺 寂滅寶宮에 대한 조사보고서」, 『성보』 2호, 2000.

이규대, 「조선 초기 불교의 사회적 실태−영동지방 사원을 중심으로」, 『國史館論叢』 제56집, 1994.

李智冠, 「忠州靑龍寺普覺國師幻庵定慧圓融 塔碑文 : 校勘譯註」, 『伽山學報』 제6호, 1997.

이학동, 「五臺山 寂滅寶宮의 立地形勢와 風水地理的 解析」, 『실학사상연구』 제14집, 2000.

정동락, 「梵日의 선사상」, 『대구사학』 제68집, 2002.

조영록, 「五臺山史庫의 설치와 四溟大師」, 『東國史學』 제42집, 2006.

차장섭, 「『五臺山史庫謄錄』과 五臺山 史庫의 운영실태」, 『韓國史硏究』 제12집, 2003.

黃仁奎, 「朝鮮前期 佛敎界의 三和尙攷−信尾와 두 제자 學悅·學祖−」, 『한국불교학』 제37집, 2004.

황인규a, 「여말선초 나옹문도의 오대산 중흥불사」, 『불교연구』 제36집, 2012.

황인규b, 「조선 중기 월정사와 상원사·적멸보궁」, 『역사와 교육』 제14집, 2012.

사리 숭배의 발달과 그 고원성 (원혜영)

T: 大正新修大藏經.

AN: Aṅguttara-Nikāya.

DN: Dīgha-Nikāya.

Dhp: The Dhammapada, PTS, edition.

MPS: Mahā-Parinibāna-Suttanta.

Milin: Milindapañha.

Ja: Jātaka.

Ppn: Dictionary of Pali Proper Names.

SV: Sumaṅgala-Vilāsinī, Buddhaghosa's Commentary on the Dīgha-Nikāya, part Ⅱ, London: PTS, 1971.

Srp: Sāratthappakāsinī(Saṃyutta-Aṭṭhakathā).

後泰佛陀耶舍竺佛念譯, 『遊行經』(T1).

東晋法顯譯, 『大般涅槃經』(T1).

西晉白法祖譯, 『佛般泥洹經』(T1).

東晉沙門釋法顯, 『高僧法顯傳』(T51).

법현, 『법현전』이재창 옮김, 『한글대장경 고승전 외』동국대학교 역경원, 1980.

벤자민 로울랜드, 『인도미술사』이주형 옮김, 예경, 1999.

원혜영, 「대진동」, 『한국불교결집대회논문』, 한국불교결집대회 조직위원회, 2004.

원혜영, 「붓다와 전륜성왕에게 행한 유해방식은 닮았는가」, 『인도철학』, 인도철학회, 2007.

원혜영, 「스뚜빠의 변화된 모습에서 보인 생명성」, 『철학』제97집, 한국철학회, 2008.

원혜영, 「이야기 형식으로 표현된 붓다의 축제적인 장례」, 『교불론논집』제 14권, 한국교수불자연합회, 2008.

원혜영, 『아름다운 공동체, 붓다의 열반 에피소드』, 경서원, 2009.

이승종, 「축제로서의 삶」, 『축제와 문화』, 연세대학교 출판부, 2003.

이주형, 「불상의 기원-쟁점과 과제-」『미술사논단』3, 1996.

이주형, 「쿠마라스와미의 불상기원론」, 『강좌미술사』11, 한국미술사연구소, 1998.

이주형, 「인도초기 불교미술의 불상관」, 『한국미술사교육학회지』, 15, 한국미술사교육학회, 2001,

이주형, 『간다라 미술』, 사계절, 2003.

이주형, 『인도의 불교미술』, 한국국제교류재단, 2006.

이주형, 『동아시아 구법승과 인도의 불교 유적』, 사회평론, 2009.

宮治昭, 「バーミヤンの'飾られた佛陀'の系譜とその年代」 『佛敎藝術』 137, 佛敎藝術學會, 1981.

高田修, 『佛像の起源』, 東京, 1967.

木村泰賢; 平等通昭, 『梵文佛典文學の研究』 東京, 1930.

望月信亨, 『佛敎大辭典』, 제4권, 世界聖典刊行協會, 1936.

杉本卓洲, 『インド佛塔の研究』, 京都, 1984.

殷光明, 『北京石塔損毁』, 新竹: 覺風佛敎藝術文化基金會, 1999.

Cunningham, Alexander, The Ancient Geography of India, New Delhi: Numshiram Manoharlal Publishers, 1871.

Coomaraswamy, Ananda Kentish, "The Origin of the Buddha Image," Art Bulletin 9-4, 1927.

Coomaraswamy, Ananda Kentish, Myths of the Hindus and Buddhist, New york :Dover Publications, 1967.

De Visser, The Arhants in China and Japan, Berlin, 1922-1923.

Heinrich Bechert, "Note on the Formation of Buddhist Sects and the Origins of Mahāyāna," German Scholars on India, vol.1, Varanasi, 1973.

Growse, F.S. Mathurā: A District Memoir, New Delhi: Asian Educational Services 1882.

Lamotte, Etienne(E), History of Indian Buddhism, Université catholique de Louvain, Institut orientaliste, 1988.(윤호진, 『인도불교사』 시공사, 2006).

Marshall, John Hubert, A Guide to Taxila, Calcutta; India, 1918.

Martha L. Carter, The Mystery of the Udayana Buddha, Supplemento n. 64 agli Annali, vol.50, Napoli, 1990.

Milindapañhapāil, Pāil Series 28, Romanized from Myanmar version published in 1999, Ministry of Religious Affairs, Buddhasāsana Society, 2008.

Percy Brown, History of Indian Architecture, D B Taraporevala Sons & Co. Bombay, 1942.

Sharma, R.C. *Buddhist Art, Mathurā School*, New Delhi: Wiley Eastern. 1995.

Schopen, Gregory, "*An Old Inscription from Amarāvati and the Cult of the Local Monastic Dead in Indian Buddhist Monasteries*," Journal of the International Association of Buddhist Studies 14, no. 1991.

Snodgrass, Adrian, *The Symbolism of Stūpa*, Ithaca, 1985.

Tsiang, Katherine, "Embodiments of Buddhist Texts in Early Medieval Chinese Visual Culture." In Body and Face in Chinese Visual Culture, ed. Wu Hung and Katherine Tsiang, Cambridge and London: Harvard university Asia Center, 2005.

Rhys Davids, T.W. Mahā-Parinibāna-Suttanta, Dīgha-Nikāya II, PTS, London, 1975.

Rhys Davids, T.W. Anāgatavaṁsa, Journal of the Pali Text Society, London, 1886.

Wang, Eugene, "*What Do Trigrams have to Do with Buddha? The Northern Liang Stupas as a hybrid Spatial Model*" Res 35: 1999.

Zimmer, Hernrich, *Philosolphies of India*, New York, Meridian Books, 1957.

● 자현玆玄

동국대학교 철학과와 불교학과를 졸업하고, 동대학 미술사학과와 성균관대
학교 동양철학과에서 박사학위를 취득하고, 고려대학교 철학과 박사과정을
수료했다. 현재 동국대학교 교양교육원 강의교수로 있으며, 대한불교조계종
교수아사리, 울산 영평선원 원장, 월정사 부산포교원 원장 등을 맡고 있다.

● 남무희南武熙

국민대학교 사학과에서 박사학위를 취득하고, 국민대 박물관의 '동두천시 문
화유적분포지도' 사업과 고려대 아세아문제연구소의 '디지털『삼국유사』'
개발팀에 참여했다. 현재 국민대 · 을지대 · 방송통신대 등에 출강하고 있다.

● 장미란張美蘭

동국대학교 불교학과를 졸업하고, 동 대학원에서 석사와 박사 학위를 취득했
다. 동국대 불교학과 강사와 한국불교학회 간사를 역임했다. 현재 한국불교
학회 이사와 동국대 교양교육원 강의교수로 재직 중이다.

● 장성재張成在

동국대학교 철학과를 졸업하고, 동 대학원에서 석사와 박사 학위를 취득했
다. 동국대와 중앙승가대 및 서울예술대 등의 강사를 거쳐, 현재 동국대 경주
캠퍼스 문화예술철학전공 교수로 재직 중이다.

● 이원석李元錫

동국대학교 사학과를 졸업하고, 동 대학원에서 석사와 박사학위를 취득했다.
현재 동국대 교양교육원 강의교수로 재직 중이다.『근대중국의 국학과 혁명
사상』등 다수의 저서와 논문이 있다.

● 원혜영元惠英

연세대학교 철학과에서 박사학위를 취득하고, 대진대학교 철학과 초빙교수
를 거쳐 현재 고려대 민족문화연구소의 Post-doc 연구원으로 재직 중이다.
『아름다운 공동체, 붓다의 열반 에피소드』등 다수의 저서와 논문이 있다.

사찰연구총서 2

한국의 사리 신앙 연구

초판 1쇄 발행 2014년 2월 6일 | 초판 1쇄 인쇄 2014년 2월 12일

편찬 오대산 월정사 | 펴낸이 김시열

펴낸곳 도서출판 운주사

    (136-034) 서울시 성북구 동소문로 67-1 성심빌딩 3층

    전화 (02) 926-8361 | 팩스 0505-115-8361

ISBN 978-89-5746-269-7 93220   값 18,000원

ISBN 978-89-5746-291-1(세트)

http://cafe.daum.net/unjubooks 〈다음카페: 도서출판 운주사〉